21世紀家族へ〔第四版〕

落合恵美子著

有斐閣選書

第四版への序文

「二一世紀になったのだから、『二一世紀家族へ』じゃなくて『二一世紀家族だ』じゃないでしょうか。」 本書を教科書として使ってくださっている方から冗談めかしたご意見をいただいたことが、一五年ぶりの改訂を決意させてくれた。たしかにタイトルの問題もあるが、さらに日本社会の変容が大きかった。「学生たちは昔の話だと思って読んでますよ。」 本書を使ってくださっている別の方も教えてくれた。初版が出版された翌年、オウム事件と阪神淡路大震災が起きた。そのあたりを転換点に日本社会は大きく変わったと言う人は多い。平成も終わりを迎え、昭和の「家族の戦後体制」を論じた本書が歴史書と受けとめられるようになったとしても、それは当然かもしれない。

しかし、ここでひとつの問いが頭をもたげてきた。本書に書いたことは、本当に過去の話になったのだろうか。「家族の戦後体制」は終わったのだろうか。日本社会は変化したと言われるが、新しい時代が幕を開けたという確かな実感もない。このあいまいさをあいまいなまま放置するのではなく、社会科学の見かたを用いて可能な限りくっきりとその構造を描いてみることが、社会科学者としての、そして本書の著者としての責任なのではないかと考えた。そこで新たに二章を書き下ろし、二一世紀の初頭の現実をいかにとらえ、今後の展望につなげることができるのかを論じることとした。

初版と新版の段階では、第10章を「個人を単位とする社会へ」と題したように、ヨーロッパや北米の諸社会と基本的に同じ方向へ日本社会も向かっていると考えていた。しかし、第三版以降、日本の道がこれらの社会のたどった道から分岐していることが次第に明らかになってきた。二〇世紀の終わりから二一世紀初めの数十年が世界史の転換期であることは誰もが感じ取っているだろう。この変容する世界の中で、日本の位置もまた変化している。日本の人々や政府の自己認識も変化している。そこに思わぬ陥穽があることに、新たに追加した二章で向き合うこととなった。

本書はこれまでに英語、韓国語、中国語に翻訳され、思いがけず国外にも多くの読者を得ることができた。たいへん光栄なことであり、翻訳者と関係者の皆さまに深くお礼を申し上げたい。本書では、従来の社会科学の中心であったヨーロッパや北米地域の外に位置する社会を、正当に社会科学の対象とすることに心を砕いてきた。従来の学説の単純な応用ではすまない、しかし独自の文化を強調しすぎる自己オリエンタリズムの陥穽も避けなければならない。本書はおもに日本の家族に焦点を当てたものだが、問いの構造は他のアジア諸国や他の非欧米地域の社会にも共通する面があるだろう。特にアジア地域の方々に熱心に読んでいただけたのは、本書の問いに共感していただけたからではないかと想像している。

時代の課題を解くためには、方法論的ナショナリズムを超え、近隣地域の、そして世界の人たちと共に考える方法論的コスモポリタニズムをめざさなければならない。そのように考えて、この四半世紀、本書の改訂を重ねる傍ら、アジアの学術の共通基盤づくりに微力ながら努めてきた。その成果はアジアの家族と親密性についての各国の古典的研究を集めたリーディングスとして、またアジア家族比較調査のデータベースとして、近日中にご覧いただける予定である。

なお、追加した二章はこの一〇年以上にわたって書き溜めてきた論考をもとにしている。紙数の制約もあって舌足らずになったのではないかと危惧するが、もとになった論考も有斐閣から別に出版予定なので、必要に応じて参照していただけたらありがたい。

最後になったが、本書を四半世紀にわたって刊行し続けてくださり、今回また改訂の機会を与えてくださった有斐閣と、思いがけず大仕事になった改訂作業を一緒に楽しみながらサポートしてくださった担当編集者の松井智恵子さん、非常に専門的な校閲をしてくださった世良田律子さんに深くお礼を申し上げる。

二〇一九年九月

著　者

第三版への序文

わたしは今、アジア五地域の家族の比較調査研究に携わっている。韓国・中国・台湾・シンガポール・タイの五地域で、育児と高齢者ケアのしかたを中心に、これらの地域における家族とジェンダーの変容を比較検討しようというプロジェクトである。[*1] 中国では強力な親族ネットワークに加えて、おじいさんに孫の面倒をまかせても食事の心配がないという中国男性の家事能力の高さに目を見張った。タイではもともと女性がよく働くが、伝統的育児援助の衰退と保育所の未整備との狭間で、やむをえず主婦になるケースも出てきている。シンガポールでは家事も育児も介護も外国人メイドにまかせることが多いが、子どもの教育に集中するために高給の仕事を辞める女性たちもいる。そして韓国では、子どもの教育のために夫婦が別居することもあるという教育熱や、日本を上回る離婚の多発や不倫の流行に驚いた。

本書第1章で論じるような年齢別女子労働力率のグラフを描いてみると、上記五地域に日本を含めた六地域のうち、結婚・出産退職して子どもが育つと再就職する、いわゆるM字型就労のパターンを示すのは、韓国と日本だけである。他は、タイや中国では女性も男性と同じく高齢期の入り口まで高い就職率を維持し、シンガポールや台湾では子どもが幼い時期は共働きを続け、学校が忙しくなるころに次第に母親が仕事を辞めていく。

アジアの家族は想像以上に多様で、それぞれに大きく変わろうとしている。女性の主婦化や教育熱の高まりなど変化の方向に共通性はあるようだが、ひとつの形に収斂するかどうかは予断を許さない。アジアの社会科学で国際比較といえば、従来は欧米との比較が多かった。近代の典型を欧米に見て、それとの対比で自国の発展の程度を測ってきたのである。しかしこれからはアジアどうしの比較から学ぶことが、もっと重要になってくるのではないだろうか。後発近代化地域としての経験の共通性に加え、宗教、法、慣習などの伝統文化もしばしば共有する隣国の経験は、自国の問題を考えるときの直接のヒントになるだろう。反対に、近いと思っていた国の予想外の実態は、自国の狭い常識に囚われていた発想を、いっきに解き放ってくれるかもしれない。一九八〇年代以来の経済発展を経て、アジアの近代社会が実態をもってきた現在こそ、本格的な比較研究を開始すべきときではなかろうか。

本書は、欧米型の家族変動論に学びながら、そのままでは分析しきれない日本家族を理解するために、さまざまな工夫を凝らした戦後日本家族変動論の試みである。わたしの直面した課題は、アジアの、あるいはさらに一般化すれば非欧米圏の家族変動論を構築しようとするとき、多かれ少なかれ共通する課題であろうと思う。本書は英語に続き、韓国語に訳されることになったが、アジア諸社会の比較へと思考を発展させる触媒にしていただけたら嬉しいと思っている。

ところで、アジア家族を論じるときに、とりわけ気をつけねばならないと思うことがある。それは、「団結力が強く弱者に優しいアジア家族」という神話である。国際会議などの場で、あるいは国内でも、アジア家族の伝統について誇らしげに語る政治家や研究者は少なくない。老親との同居率の高さや儒教的な孝養の精神を根拠に、「わが国では高齢者問題は生じない」と胸を張る姿も再三見かけた。家族の相互扶助を前提として、西欧型と異なる福祉国家モデルを提唱する「アジア型福祉社会論」もこの流れに属する。「東洋」に「西洋」の裏返しのイメージを貼り付けるオリエンタリズムの視線をもつのは、西洋人ばかりとは限らない。当の東洋人が自らをオリエンタリズムの視線で見て、そのイメージを自らのアイデンティティの核とするということもしばしばある。「アジアの伝統家族」についての議論は、その典型例と言えよう。*2

この種の議論が知ってか知らずか見逃しているのが、本書で強調した人口学的条件である。近代化の過程で、多くの社会は「人口ボーナス」の時代を経験する。人口成長の過程、死亡率低下と出生率低下との狭間で、働き盛りの多い人口構造が出現することを「人口ボーナス」と呼ぶ。人口ボーナスは産業の発展のためばかりではなく、高齢者扶養のためにも大変な好条件である。子どものない高齢者は減少し、文化理想どおりの直系家族や合同家族が作りやすくなる。兄弟姉妹が大勢育ち上がって、助け合いの手にも事欠かない。大きくて強いアジアの家族とは、伝統というより、人口ボーナスの時代の賜物だったのである。しかし、人口ボーナスの時代は永遠には続かない。いち早く人口ボーナスが終息し、高齢社会に突入した日本は、「日本型福祉社会論」の限界を思い知らされている。アジア諸国では日本の勘違いを繰り返さないようにしてほしいものだ。

本書の内容について、簡単に解説しておこう。本書の理論的焦点は二つある。一つは、家族の社会史的研究から着想を得た「近代家族」という概念である。家族愛の絆で結ばれ、プライバシーを重んじ、夫が稼ぎ手で妻は主婦と性別分業し、子どもに対して強い愛情と教育関心を注ぐような家族が「近代家族」だが、すなわちわたしたちが当たり前の家族だと思ってきたような家族は、実は近代という時代の産物にすぎず、時代的限定をつけて「近代家族」と呼ばれるべき存在であるという主張が、この概念には含まれている。当たり前だと信じてきたことを相対化できれば、当たり前でないようなことが次々に生じてくるような事態を、病理とか逸脱とかではなく、時代の変化として冷静にとらえることができる。未来への展望や現実的処方箋も、そこから生まれてこようというものだ。

もう一つは、人口学的条件への注目である。人口学というと、数字ばかりを扱う冷たい学問のように思う人もいるが、生まれ、さまざまな出来事に遭遇し、そして死んでいく人生というものを、正面から扱うのが人口学であるともいえる。しかも人生はさまざまだが、集合的に見ると論理が通っている。家族研究やライフコース（「人生」を学問的に言い換えた概念）研究の原理論は人口学であるべきだという主張は、少し考えれば納得してもらえるだろう。本書では、人口転換と「第二の」人口転換に挟まれた時代の家族が「近代家族」であったとして、二つの論点を結びつけている。

非欧米圏の家族変動論としての本書の基本姿勢は、欧米の近代化であれ、アジアの近代化であれ、抽象度の高い普遍的な論理で、できるだけ解明していこうということである。人口学は普遍的論理の典型であるし、「近代家族」もヨーロッパの文化的固有性を超えた広がりを見せている。そのうえで、普遍的な変化の速度の差や、地域の伝統文化に枠づけられた行動様式の差などにより、現象面での違いが形づくられると考える。すなわち、欧米のパターンが普遍的で、日本などアジアのパターンは文化的特殊性の現れだと考えるのではなく、ひとつの近代の多様な現れとしてどちらもとらえたい。

本書の初版の出版からちょうど一〇年の歳月が流れた。長く読み継いでいただけるのは著者としてこのうえなく光栄かつ幸福なことであり、読者の皆様に感謝している。しかし一〇年という歳月は、本の内容について再考を促すのにじゅうぶんな時間でもある。第三版出版を機会に、この一〇年間の社会状況と学界動向、本書の内容に関連する議論などを踏まえて、本書の主張に現時点からの再検討を加えておこう。*3

本書の内容に関わる学問的論点としては、まず核家族化仮説の当否があげられる。本書第4章で述べるように、「核家族化」が起きたというのが戦後日本家族の変化についての定説であった。その見かたをとる代表者である森岡清美は、直系家族制から夫婦家族制への転換、すなわち世帯形成規範の変化として、この変化を位置づけた。高度経済成長期における核家族率の上昇がその中心的な根拠である。これに対し、核家族率の上昇は人口学的条件によるもので、直系家族制的世帯形成規範に決定的な変容は起こらなかったと主張する立場がある。その立場からの論者としては、先駆的業績を残した原田尚や伊藤達也がおり、本書もその系列に連なっている。*4

しかし、より精密な人口学的分析は、直系家族制規範が高度経済成長期に変容したことを明らかにした。人口学的条件をコントロールしてもなお，子の結婚時に子と同居した親の割合は高度経済成長期を通じて一貫して低下したことを実証した，廣嶋清志や盛山和夫の業績である。[*5] ただし廣嶋も言及しているように，同時に途中同居の傾向も目立ってきており，直系家族制規範が消失しつつあるのか途中同居型に変容したのかは，答えの出ないままであった。この点については近年，日本家族社会学会の全国家族調査データを用いて，加藤彰彦が検討を行った。結婚直後の親との同居率はコーホートが若いほど低下しているが，結婚後一五年目くらいの同居率はどのコーホートでも三〇％ほどに収束するという。しかし子ども側から見た同居率は子ども数の影響を受けるので，子ども数が減った時代に三〇％が維持されたのは，親側から見た子どもとの同居率は低下したということだろう。直系家族制規範が維持されたまま途中同居型に変化したとはいえないのではないか。[*6]

核家族化仮説はヨーロッパの家族史研究でも中心的な論点であったが，複雑な世帯構造の家族を伝統とする地域が多いアジアでは，その重要性はいっそう大きい。ピーター・ラスレットによる伝統的大家族の否定は，結局のところ西ヨーロッパについてしか妥当せず，ヨーロッパの東部や南部，およびヨーロッパ以外の世界の大半については今後の研究に委ねられている。[*7] 複雑な世帯構造の伝統をもつ社会が近代化するとき家族はどう変わるか，という問いに，答えはまだ出ていないのである。[*8]

戦後に日本女性は主婦になったという主婦化仮説についても，詳論すべき点がいくつかある。著者自身としては，まず仮説の時代的範囲を戦前まで拡大しておきたい。年齢別女子労働力率曲線を戦前についても描いてみることができる。図1‐3は戦前について梅村又次の推計[*9]にもとづいてグラフ化し、戦後の統計と重ね合わせたものだが、「M字型」にならない戦前と「M字型」の戦後との対比が鮮やかである。しかし戦前における二〇代以降の女子労働力率のレベルの低下も著しく、主婦化は戦前から始まっていたと言わざるをえない。

主婦化の過程については、推計値ではなく実証データを用いた分析もある。岡本英雄らは、一九一六〜三〇年以降の三つの出生コーホートの女性について、若くなるほどM字の底が深くなり、第一次産業従事者の割合が減って第二次および第三次産業従事者の割合が増加することを、学歴や就労形態とも関連させて詳細に描きだした[*10]。

しかし他方では、主婦化仮説に疑義を呈する論者もいる。田中重人は、産業構造の転換すなわち農業を含む自営層の縮小による主婦化は、いわば見せかけの主婦化であって、性別分業の強さを測定するためにはその効果を除去しなければならないとする。そこで、自営層を除いて就業率を計算し直し、市場労働部門では女性の就業が増えたとして「職場進出説」に軍配を上げる[*11]。本書では産業構造の転換が主婦化をもたらしたこと、他方で女性の雇用労働力率は上昇していることを指摘しており、事実についての認識は田中と齟齬はない。しかし性別分業の強さの測定という田中の関心は、社会全体での主婦の増加の歴史的重要性を指摘する本書とは、また別の理論的課題から発していると考える。

なお、主婦化の進んだ原因についてもさまざまな議論があるが、まだ結論を見たとは言えないように思う。職場と家庭の分離、人口学的理由、「育児＝愛情＝女性」規範、保育所不足、通勤時間の長さ、核家族化など、さまざまな要因で検討されてきた[*12]。

冒頭に触れたアジア五地域調査では、日本が経験したような主婦化が現在のアジアで起きているかという点が、まさに理論的かつ実証的焦点となっている。前述のように現状ではM字型はまったく一般的ではないが、これから一般化するのか、あるいは多様性が残るのか、変化の方向を決める要因は何なのかなど、比較研究の課題は尽きない。

本書では、「家族の戦後体制」という概念を提案し、その体制は一九七五年に終わったと主張している。「家族の戦後体制」を形づくってきた三本柱の条件のすべてが失われたから、すなわち女性は脱主婦化し、再生産平等主義は崩壊し、「人口ボーナス」の時代（本文中ではこの表現は用いていない）も去ったからという理由である。しかし、本書出版後一〇年がたって、後二者の人口学的条件は確かに失われたが、女性の脱主婦化はほとんど進まないという現実がある。岩井八郎は一九七〇年以降のスウェーデン、ドイツ、アメリカ、日本をライフコースの観点から比較して、「日本はこの四半世紀の間、例外的に変化の乏しい社会であった」と言う[*13]。日本でもM字の底は浅くなっているが、これら欧米諸国と比べればあまりに緩やかな変化と言わざるをえない[*14]。晩婚化により二〇代後半まで高就業率を保っていた一九六〇年代後半生まれの世代も、三〇代前半になるといよいよ結婚と出産に踏み切り、底の位置は高いとはいえ、はっきりとしたM字型を刻んだ。

ではこの変わりにくさの原因は何なのか。答えるのは難しい大きな問いだが、欧米諸国と日本との条件の違いを考えれば、オイルショック以降もバブル経済崩壊まで日本は経済的繁栄を続けたことであろう。経済不況が男性の経済力を低下させ、男性に頼れなくなった女性の就業率を上昇させた欧米と違って、日本では男性一人で家族を養う体制が存続できた。バブル経済崩壊以後、繁栄は失われたのだが、制度面の改革は進まず、日本社会はいまだに新たな歴史的局面に対応できないでいる。ここにもまた「失われた一〇年」がある。

脱主婦化の動きが緩慢だからといって、「家族の戦後体制」が安泰だということにはならない。すでに人口学的条件は失われているのであり、脱主婦化の遅れは、結婚のコストを高めることにより、晩婚化とそれによる出生率低下、すなわち再生産平等主義の崩壊を加速している。OECD諸国を比較すると、出産・育児期の女性の労働力率が高い国ほど出生率が高いという正の相関が見られる（図12-2）。女性が就労を続けながら子どもを産み育てやすい環境整備をした国ほど、つまり新しい体制を作れた社会ほど、出生率が回復しているということである。

このほかにも、本書の記述に修正や注釈を加えねばならない箇所はいくつかある。第8章では子育て支援の近隣ネットワークに希望を見出した。しかしその後、育児雑誌などで「公園デビュー」という言葉が作られ、育児にからむ近所づきあいがお母さんたちのストレスの種と言われるようになった。その行き着く果てが一九九九年に東京都文京区で起きた、母親どうしの葛藤からくる相手の子どもの殺害という痛ましい事件だった。今や近隣ネットワークに頼るより、「母親による育児の限界」を社会的に認知して、母親の就労の如何を問わず保育所全入を進めるべき段階なのではないか、とわたしは考えを一歩進めた。[*15]

また第3章の冒頭で一九八〇年の「金属バット殺人事件」に触れたが、近頃ではこのような「重すぎる愛」を払いのけるためというのとは一線を画する親殺しが出てきた。二〇〇三年の大阪での若年カップルによる母親殺しは、殺さねばならないほどの理由が見当たらないため、親子関係が濃すぎるからではなく希薄なゆえの親殺しではないかと話題になった。近代家族の濃密すぎる人間関係の弊害を本書ではおもに述べてきたが、現代の日本ではポスト近代の家族が新たな問題を伴いながら姿を現してきているのかもしれない。

思えば第1章でわたし自身が乳母車を押して歩いた経験を書いたが、その赤ん坊は今年二〇歳になる。わたしは本書を、戦後日本を子どもとして、あるいは若い女性、若い母親として生きてきた体験から出発して書いたが、すでに世代が一巡してしまったということに目のくらむ思いがする。

わたしは、いわば親世代の家族を相対化するためにこの本を書いた。批判するため、と言ってもよいだろう。しかし今となっては、彼らも懸命に自分たちのよいと思う家族を作ろうとしてきたのだと、それなりに理解できる。アジア五地域調査でも、スラムや田舎の出身で、働くこととしっかりした家族を作ることを足がかりに、中流への上昇を果たそうとする人たちにしばしば出会った。[*16] 戦後家族を作った高度経済成長期の日本人と、彼らの姿が二重映しに見えた。

日本の家族論の歴史は、世代と切り離せない。戦地から辛くも生還した世代は、戦前的な「家」とは異なる民主的で愛に満ちた家族を作ろうとした。その理論的表明が「核家族パラダイム」である。[*17] しかしその子ども世代は、愛という名の支配や、一つのタイプの家族が規範化することから生じる抑圧を告発した。

では、これから声をあげてくるであろう、もうひとまわり若い世代は、どのような言葉で家族を作る、あるいは作らないことを語るのだろうか。本書を一つの足がかりとして、新しい家族論が育ってくることを願ってやまない。

最後に、本書のトレードマークともなった表紙の絵を刷新してくださった栗岡奈美恵さんにお礼を申し上げる。二一世紀の流れは、壷から溢れ出した水のようにもう止めることはできない。

二〇〇四年三月

著　者

新版発刊にあたって

本書の初版の刊行後、多くの方から尋ねられたのが、戦後体制が終わって、家族はこれからどこへ行くのか、という問いであった。こうした問いを投げかけられるたび、わたしは忸怩《じくじ》たる思いに苛《さいな》まれた。八〇年代は、「ポスト――」という言葉が流行したように、あるシステムが終わりつつあると叫ぶこと自体が意味のある時代だった。しかし九〇年代は、政治状況を見ても明らかなように、壊した後に作ること、来るべき時代のシステムの具体像をポジティブに語ることこそが求められている。しかし本書の初版において、肝腎の二一世紀の家族像が十分に描き出せていたとは言えない。

それが描けるような気が急にしはじめたのは、脱稿後である。不思議なものだが、その後、半年か一年ごとに、ちょうど車で曲がり角を曲がるように、先の風景が急に開けて見えるように感じられた。最近では、これでもか、これでもか、というほどの風圧をともなって、新しい風景があちらから迫ってくる思いさえする。これが変動期というものか。同じような感覚を共有している方も、おそらく多いだろう。

家族について見えてきたのは、「個人化する家族」。誰もが「家族」に属すということはなくなり、「個人」よりも大きい社会的単位は存在しなくなる、という社会のイメージである。民法改正案をめぐる議論や、男女雇用機会均等法、労働基準法の改正、年金制度の見直しなど、最近相次いでいる法改正や制度改革の根底には、こうした方向への流れがあると思うのだが、いかがだろう。新版で書き加えた第10章は、こうした「個人を単位とする社会」のイメージを描いたものである。読者のご批判をまちたい。

新版ではこのほかに、データの更新や新しい図表の追加、若干の書き換えなどを行った。図版の作成を手伝っていただいた谷田部弘美さん、原稿整理を手伝ってくださった置塩真理さんに感謝している。また、栗岡奈美恵さんには、新版らしく気分を一新してくれる、新しい表紙とイラストを描いていただいたお礼を申し上げたい。

初版は思いがけず多くの反響をいただいた。第一四回山川菊栄婦人問題研究奨励賞を受賞したこと、長銀国際ライブラリーの一冊に選ばれ英語訳が出版されたことは、まさに望外の喜びであった。しかしわたしにとって何よりも嬉しかったのは、本書を読んで「目から鱗《うろこ》が落ちた」という感想を、大勢の方々からお寄せいただいたことである。実をいえば、本書に結実した研究の過程で、目から鱗が落ちる体験をしたのは、誰よりもまずわたし自身であった。多くの読者のみなさんがその経験を共有してくださったとは、まさに著者冥利《みょうり》に尽きる。この場を借りてあらためて感謝の言葉を申し述べたい。

一九九七年一一月

著　者

はじめに

この本はたくさんの方たちとの対話から生まれました。試行錯誤の講義につきあってくれた同志社女子大学をはじめとする各大学の学生たち。全国のさまざまな会合の場で、若輩の拙い話に耳を傾けてくださった社会人のみなさん。話の内容に合わせて、あるときは爆笑し、あるときは顔をしかめ、またあるときは小さくあいづちを打ち、あるときは放心して居眠りまで始めてくださったみなさんのわたしへのメッセージが、この本を造ったといっても過言ではありません。もしこの本に少しでも読者の関心に応えるところがあったり、ややこしい議論がいくぶんかでもわかりやすく表現できた箇所があったとしたら、それはすべてこうしたみなさんのおかげです。

また、本書の企画から構想の段階では、有地亨先生にひとかたならぬお世話になりました。現代家族の来しかた行く末をめぐっての有地先生との楽しかったディスカッションと、いただいたさまざまなアドバイスは、随所に生かさせていただいたつもりです。とはいえ、わたしの力不足と勉強不足から、はなはだ行き届かぬ点の多い仕上がりになってしまいましたが。

栗岡奈美恵さんには、著者のたっての願いということで、わたしの大好きな可愛くてちょっと不思議なイラストを寄せていただきました。雲野加代子さんは繁雑な原稿整理を手伝ってくださったのみならず、いつもフレッシュな感想を聞かせてわたしを励ましてくれました。そして最後になりましたが、有斐閣の満田康子さんの忍耐強いサポートがなければ、わたしはこの難航に難航を重ねた仕事をとうに投げ出してしまっていたはずです。

この場を借りてあらためてお礼を申し上げます。

一九九四年一月

著　者

もくじ

カバー・本文エッチング＝栗岡奈美恵

プロローグ

20 世紀家族からの出発

◇「戦後」へのカーテンコール

一九九〇年の春、わたしは東京は八幡山の大宅壮一文庫にこもり、くる日もくる日も古い雑誌をめくっては、その中に現れる女性のビジュアルなイメージの変遷を調べていました。今は懐かしいようなミニスカート姿あり、大女優たちの可憐な娘時代あり。そんなことをしているうち、わたしはおもしろいことに気がつきました。

女性たちの微笑みかたにも、流行りすたりというか、時代があるようなのです。敗戦後二、三年の女性像は笑みを取り戻してはいるけれど、うつむき加減ではにかむようにしか笑わない。一九五〇年になると女性たちは、はちきれるような笑顔で、そろって空を仰ぐ。その後、年々、と言ってもいいくらい規則的に女性たちは仰角を下げ、と同時に少しずつ表情にかたさを加え、五五年には目線はほぼ水平になり、口元にいかにも作られた笑みを浮かべるばかりになってしまいます。たまたまそうした図柄が二点や三点あるというのではなく、雑誌の種類を変えてみても、イラストでも、グラビア写真の中の女優たちも、気味が悪くなるくらい同じ表情をしているのですから不思議です。

ところがさらに奇妙なことに、女性像の変化は一九五五年でおおむねストップします。六五年にも七五年にも、雑誌の中の女性たちは五五年とほとんど同じ顔で微笑み続けました。七〇年前後に、先進国に共通のいわゆる性革命の影響を受けて、未婚女性向けの雑誌を中心に大きな変化がありましたが、七五年までには特に主婦向け雑誌はほとんどもとどおりの様子に戻っていました。その後なのです。再び変化に継ぐ変化の、いわば「イメージの実験」の時代が開始されたのは。[*1]

「戦後」はしばしば急激な変化の時代として語られてきましたが、むしろ、ある一定期間安定した構造を保った時代として、いうなれば一つの社会体制として語ることができるのではないか、そしてその前後の、いわば構造の出現と変容の時期と区別することができるのではないか、という本書の着想がわたしの中に芽生えたのは、この小さな発見をしたときといってよいでしょう。

この着想はさらに、もっとささいな日常的な観察によっても支持されているように思われました。ここしばらく、レトロだのリメイクだのといって、一昔前の音楽やファッションがコマーシャルやら巷にあふれるという現象が続きましたが、時ならぬ脚光を浴びているのは、どうもやはり一定の時代のもののようなのです。ブームはたしか、ヨーロッパの「世紀末」あたりから始まりました。そして一九二〇年代、三〇年代を経て、やがて五〇年代、六〇年代ブームへ。日本でいえば、「サザエさん」や「ちびまる子ちゃん」人気に加えて、歌手山本リンダの復活もありました。そして、映画「ALWAYS三丁目の夕日」（二〇〇五年）あたりからの「昭和」ブーム。

一般に懐かしいという感情は、ただ昔のものだからというだけでは起こりません。自分がどこかで見知ったものだから、今の自分に何かつながるところがあるから、人は懐かしいと感じるのです。かといって、今と根本的に変わらないのでは、ただ古びてつまらないだけ。いうなれば、今まさに失われかけているわたしの原点、という思いこそが、懐かしいという感情を喚起するのでしょう。

そういう意味で、カーテンコールの拍手を浴びてきたのが、日本でいえば「戦後」という時代なのです。家族という面に限ってのことではありますが、構造をもった一つの過去として「この時代」を振り返ろう、今ならそれができるという気になったのは、こんな「今」を肌身に感じているからかもしれません。

◆家族危機論をこえて

しかしただ過ぎゆくものへの後ろ向きの関心ばかりで、一冊の本を書き下ろそうという気になったわけではありません。家族が急激に変化しつつあるという認識が、政府、マスコミ、研究者から一般の人々にまで広がっています。出生率の低下や何やらは、日常的な話題になりました。家族はどこへ行くのか、二一世紀の家族はどうなるのか、こうした未来への問いにぜひ今、答えを与えなくてはという思いをみんながつのらせています。

この変化を漠然と「家族の危機」と考えている人も多いようで、一九九〇年代初めころは「このごろの家族はだめになった」という印象をもっているかと尋ねると、大学のクラスでも社会人の集う会合でも、半数をはるかに超える手が挙がりました。しかしちょっと待ってください。こうした家族危機論の根拠はどのくらい確かなのでしょうか。

マスコミや世間一般の家族危機感を煽ってきたものに、経済企画庁国民生活局が発表してきた社会指標（一九七四〜八四年）や国民生活指標（一九八六〜九〇年）がありました（一九九二〜九九年は新国民生活指標〔PLI〕、二〇〇二〜〇五年は暮らしの改革指標〔LRI〕）。国民生活を「経済的安定」「環境と安全」

「健康」「勤労生活」などといった八つの生活領域に分け、それぞれについてのプラス指標とマイナス指標の動向を総合して各領域の状態を評価してきたのですが、これによると、一九七五年以来、ほとんどの領域が向上の一途をたどってきたなか、唯一「家庭生活」だけは大幅な悪化を示したということになっていました。特に八三年までの低下が深刻で、プレス発表を受けたマスコミ各社は毎年毎年、家族の危機と書き立てました。

しかし用いられた指標を少し詳しく検討すると、おかしなことに気がつきます。家庭領域の悪化に大きく影響したマイナス指標の少年非行発生率や小中学校の長期欠席児童・生徒割合は、家族の状態だけを反映しているとはいえません。独居老人数もマイナス指標とされていましたが、人口学的理由で避けられない部分もありますし、一人暮らしのほうが気ままでいいといったケースもあるでしょう。しかもその独居老人数という指標を国際比較にも用いたことで、成人した娘・息子は原則的に親と別居する慣習の欧米の家庭生活が低く評価され、日本の家族は危機にあるが欧米に比べればまだまだ健全であるなどという、見当違いの「常識」がまかりとおることになってしまいました。国民生活指標は一九九二年から大幅改訂され、従来の八領域を用いないことになりましたが、筆者も一員であった改訂委員会のねらいの一つは、このような家族についての誤解を避けることにあったのです。

振り返ってみると、家族についての漠然とした危機感は、確かなデータにもとづいてというより、人々の意識の底に沈み込んだ気分のように、戦後を通じて存在してきたということがわかります。同じく官庁の資料、たとえば『厚生白書』では、一九五〇年代後半から六〇年代の初めにかけて、戦災孤児や母子家庭など戦争に起因する問題と並んで、家制度の「解体」から生じる戦後家族の弱さの指摘が見られます。政府のみならず一般の人々も、夫婦関係などについては「家からの解放」を歓迎する一方、親子関係については、かの小津安二郎監督の「東京物語」など一連の映画に描かれているように、漠然とした不安を覚えないわけではなかったようです。

「核家族化」が進んだといわれる高度経済成長たけなわの時期になると、家族制度復活うんぬんが表立って主張されることはなくなりましたが、そのかわり核家族の脆弱性や、経済成長による歪みを指摘する論調が強くなりました。こうした、いわば資本主義批判に、「家制度の残滓」という封建遺制批判を折衷するのが、当時もっともポピュラーな家族論でした。

さらに一九七〇年代になると、「家族解体」とか「家族崩壊」とかいう表現が、家族問題を論じるときの決まり文句になってきました。もはや「家」などといったある特殊な家族類型ではなく、あらゆる意味での家族というものが危機にあるというのです。大平正芳内閣が「家庭基盤の充実」を一つの政策課題として掲げ、その流れを受けて家族問題を特集した『国民生活白書（昭和五八年版）』、通称「家族白書」がまとめられ、さきほどの国民生活指標が家庭生活領域の悪化を警告し続けたのも、このころのことです。

戦後を通じて「家族の危機」という言説がこれほど好まれてきた理由は何か、と問いを立てれば、それはそれで興味深い思想史的なテーマではありましょうが、家族自体に関心があり、確かな議論のための手がかりをつかみたいと思う者にとって、この状況はけっして歓迎できるものではありません。

「家の解体」から「家族解体」へと、家族はどんどん壊れて衰弱しつつあるという人々の気分は漫然と連続してきたものの、原因論は互いにひどく矛盾しています。そのどれが真実を突いていたのか、いや、そもそも家族は本当に危機にあるのか、病理的な変化とそうでない変化とはどのように区別できるのか、などといった基本的な理解についての議論は、意外なほど手薄だったように思えます。

真に「危機」から脱出する手がかりを得るためには、いったん現象を思いきり突き放して、遠くから見つめ直してみる作業が不可欠だとわたしは信じます。「危機」とか「病理」とかいうときの、わたしたちの判断の根拠を逆に問い直すというような作業も含めて。必要なのは扇情的な家族危機論ではなく、冷静な家族変動論なのです。そしてその出発点はわたしたちの身近な過去を見つめ直すこと。一見迂遠なようですが、今わたしたちはどこへ行こうとしているのかを知るためには、これまでわたしたちはどこにいたのかを正確に知っておかねばなりません。「二一世紀家族」を見通すためには、「二〇世紀家族」とは何だったのかを明晰に認識しておかなければならないのです。

◇ 本書の構成

というわけで、「二一世紀家族へ」というタイトルを掲げたこの本のテーマは、一見逆説的ではありますが、社会学の用語を使っていえば、戦後日本の家族変動論ということになります。とはいえ、戦後の家族の変化をただ歴史的に振り返ってみようというのではありません。過去の理解を未来への展望として投射できるような、骨格のはっきりした理論的把握を試みたいのです。

章の順序はおおまかには時代の流れに沿っていますが、それだけではありません。本書では「家族の戦後体制」という考えかたを提案します。さきほど、戦後のある一定期間、比較的安定した構造を保った時代が存在したと思われるといいましたが、その時代の家族のありかたをこう名づけてみることにしたのです。わたしは「家族の戦後体制」には三つの特徴があると考えています。その成り立ちを最初の四つの章でスケッチして、次の第5章であらためてそれらを中間総括します。そしてそれ以降の章では、いったん成立した「家族の戦後体制」が今度は変容に向かっていく時代を取り扱い、その過程で生じ、いわゆる「家族危機」の現れとみなされているいくつかの「家族問題」を、三つの特徴との関連でとらえ直してみたいと思います。そして第10章では家族が向かっていく方向を可能な限り展望し、第11章と第12章では初版出版から四半世紀たった二一世紀初めの日本家族の現状を本書の理論的枠組みを用いて検討します。

本書の理論的な軸になっているのは、家族の社会史的研究から生まれてきた近代家族論という考えかたです。やはり社会史の基礎となっている歴史人口学の理論にも多くを負っています。また、読み始めていただければすぐにわかるように、女性学が培ってきたような「女の視点」も随所に感じられることと思います。この本はもちろん女性のためだけに書かれたのではまったくありませんが、女子大学で教職に従事してきた経験から、特にわたしより年下の女性たちが家族について考えるときの力になればと、いわば「妹たちへのメッセージ」となるよう心がけた部分もあります。

この本の構想は、「はじめに」でもふれたように、教室や講演会などさまざまな場でのさまざまな方たちとのコミュニケーションの中で練り上げられてきました。個人的な相談事をもちかけてくださった方も少なくなく、わたしがみなさんからいただいた貴重なフィードバックは計り知れません。そうした双方向的な「ライブ感覚」をなんとか再現できないものかと、この本は思い切って会話調で書き下ろすことにしました。必ずしも教科書的な平易な解説をめざしたのではなく、むしろ通念とは異なる家族の見かたを提案しようとしている本書で、そうした文体を用いるのが正しかったのかどうかはわかりませんが、一章一章が一回完結の連続講座を聞くようなつもりになって、わたしの出すクイズの答えを考えたり、共感したり反発したりしながら楽しんでいただけたら幸いです。

1

女は昔から主婦だったか

◇女はなぜ主婦なのか

最初から私的な話題で恐縮ですが、子どもが小さかったころ、わたしはマンションに住んでいました。マンションというのはおもしろいところで、まあ、同じような価格の住戸を買って住むからなのですが、同じくらいの年齢層が多く住んでいます。わたしの住んでいたマンションにも、同年配の夫婦がたくさんいました。するとちょうどいいことに、子どもの年齢も同じくらいになりますから、子ども関係のつきあいとかおしゃべりとかが自然に広がっていって、けっこうよく近所の人とおしゃべりしたりするものです。そんなふうにして、同じマンションの奥さんと立ち話していたとき、彼女が突然こんなことを言いだしました。

「わたしね、自分は主婦に向いていないような気がするの。なんか、本当は、主婦の仕事って好きじゃないんじゃないかなって。子どもも産んでみたけれども、わたし、あんまり子どものこと好きじゃないみたい。今、一人いるけれど、二人目なんか欲しくないなぁ。」

その奥さんはどんな人かというと、近所でも評判の「主婦のエキスパート」といった人です。「家事でわからないことがあったら、あの人に聞け」と、マンション中で言われているような……。その彼女がこんなことを言い始めたので、わたしはびっくりしてしまいました。ところが彼女の本音は、「家事ばっかりやっているのは、どうも自分の性に合ってない」ということだったのですね。彼女は完全癖だから、やるとなれば完璧にやってしまうのだけれど、本心を言えば、ＯＬ時代のほうが生きがいを感じていたらしいのです。そんな人だから、仕事もできたのでしょうね。バリバリやっていたけれども、でも、やっぱり女は結婚するものだと思っていた。結婚したら、子どもを産むものだと思っていた。そうしたら、家のことに専業になるものだと思っていたのですね。それで、そういう暮しをしてみたのだけれども、どうも性に合わないと……。彼女がつくづく言うには、「それにしても、どうして昔から、女は主婦だって決まっているのかしらね」「男は外で働いて、女は主婦って、どうして決まっているのかしら」。彼女のその言葉を聞いたとき、わたしは何かがすうっとわかったような気がしました。わたしは今まがりなりにも研究というようなことをしているわけなんですけれども、どうしてわたしがこういう研究をしているのかということが、我ながら初めてすっとわかったような気がしたのです。

それまで、「あなたは、何の研究をしているんですか」と尋ねられて、「家族社会学です」とか、「出産の歴史を研究しています」とか、「社会史です」とか、いろいろな答えをしてきました。でも、どうも相手の人に、すっきり納得してもらえないんですよね。それで、ゴチャゴチャ説明することになってしまう。でも、彼女のその言葉を聞いたときに、わたしは、わたしのやりたかったこと、考えていたことは、たった一言で説明できるということに気がついたのです。「女はなんで主婦なんだろう」、その答えが見つけたくて、わたしは研究してきたのだな、と。今の世の中に生きている女性で、この問い、「女はどうして主婦なんだろう」という問いを、一度も自問してみたことのない人というのは、ほとんどいないのではないでしょうか。それがプラス、マイナスどちらの意味であっても。

「女だけど主婦になんてなるものか」「女なんだから、わたしは主婦として生きていくのよ。ああ、幸せ」、いろいろなケースがあるでしょうけれども、人生の選択のとき、従うにせよ、反発するにせよ、「女は主婦だ」ということとの関係で、女はいつも発想しなきゃいけない。「でも、それはなぜなんだろう」って、みんな、少なくとも一回や二回は、人に言わなくても考えたことがあるのではないでしょうか。

わたしも、ある時期それを考えたのです。考えて、その答えを見つけたくて、こんな道にのめり込んでしまって、そして今日に至っているのです。では、その答えは何か。その答えは、もう少し後にしましょう。でも、このことだけは言っておきましょう。その答えというのは、思いのほか近くに転がっています。思いがけず、目の前に。わたしも最初は、この問いはものすごく大きな問いだと思い込んで、それこそサルと人間の境目くらいまで立ち戻って考えてみなくてはと考えていた。でも、それが大きな間違いだったんですね。

◆世代別のM字型カーブ

さて、その答えの前に、一つ、クイズをやっていただきましょう。これから年齢別女子労働力率曲線のグラフを描きます。各年齢層の女性人口を一〇〇パーセントとして、そのうちの何パーセントが働いているかが、年齢別女子労働力率です。年齢別に算出した値をつなげてやると、それが年齢別女子労働力率曲線になります。未婚のとき、多くの女性は働きますが、結婚退職や、出産退職で、家庭に入る。そして子どもが手を離れると、また働き始める。というわけで、女性の働きかたは、山が二つあって真ん中がへこんでいる「M」の字のようになりがちです。ですからこれを、「M字型雇用曲線」と呼びます。こういうM字型は、日本や韓国で典型的に見られますが、すべての国の女性の働きかたがM字型なわけではありません。台形型（あるいは、逆U字型）というのもあります。台形型になる国は、アメリカやスウェーデンなどヨーロッパと北米の多くの国々、そしてアジアでは中国、タイなどです。M字のへこみがなく、上がずっと平らな、男性の働きかたと同じ台形型になっているのです（図1-1）。

さて、このM字型カーブですが、普通は、何年度の年齢別女子労働力率曲線ということで、一本引けばそれで終わりなのですが、実をいうと、その描きかたでは現実に生きている女のリアリティに合いません。たとえば、現在の年齢別女子労働力率曲線を見るとします。二〇歳の女性が「これから自分はどう生きていくんだろう」と思って、それから上の年齢のほうをずうっと見ていきます。そうか、自分も三〇歳くらいになったら仕事を辞めて、四〇歳くらいになったらこのくらいの割合で再就職していて、五〇歳では……というふうに、つい目で追っていくものです。ところが、実際には、そんなふうに生きる人というのはいません。一九六〇年に二〇歳だった人は、一〇年後には、七〇年のグラフの中の三〇歳として、もう一〇年後には、八〇年のグラフの中の四〇歳として登場してきます。六〇年のグラフを追いかけてみても、それはその人の人生じゃない。現在のグラフでお母さんくらいの年齢のところを見れば、それはまさにお母さんたちの世代が今どうしているかということであって、

図1-1　年齢別女子労働力率の国際比較

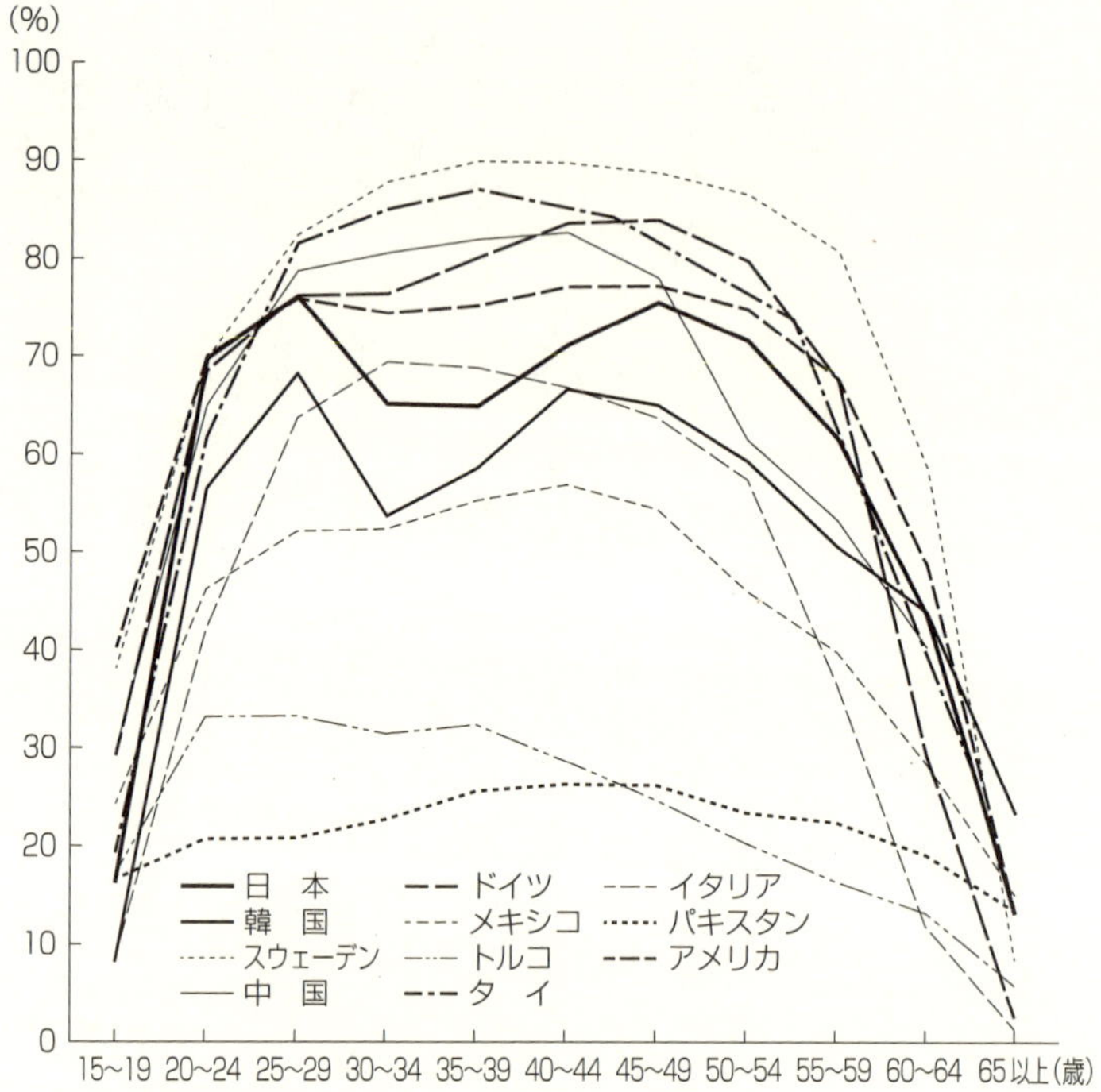

（注）　韓国2007年，中国2010年，他は2008年。

（資料）　ILO, *Yearbook of Labour Statistics*（オンライン版）による。ただし，日本は総務省統計局「労働力調査」，中国は「2010年人口普査」（長表4-2），タイは *Labor Force Survey 2008* による。

（出所）　国立社会保障・人口問題研究所「人口統計資料集」2011年。

「自分がお母さんの年齢になったときにどうしているだろうか」を予想させてくれる手がかりにはなりません。

そこでもう少し、生きている女のリアリティに合ったグラフに描き直してみましょう。世代（出生コーホート）別の年齢別女子労働力率曲線、つまり、一九二六〜三〇年生まれ、三六〜四〇年生まれ、四六〜五〇年生まれ、

図１－２　出生コーホート別年齢別女子労働力率

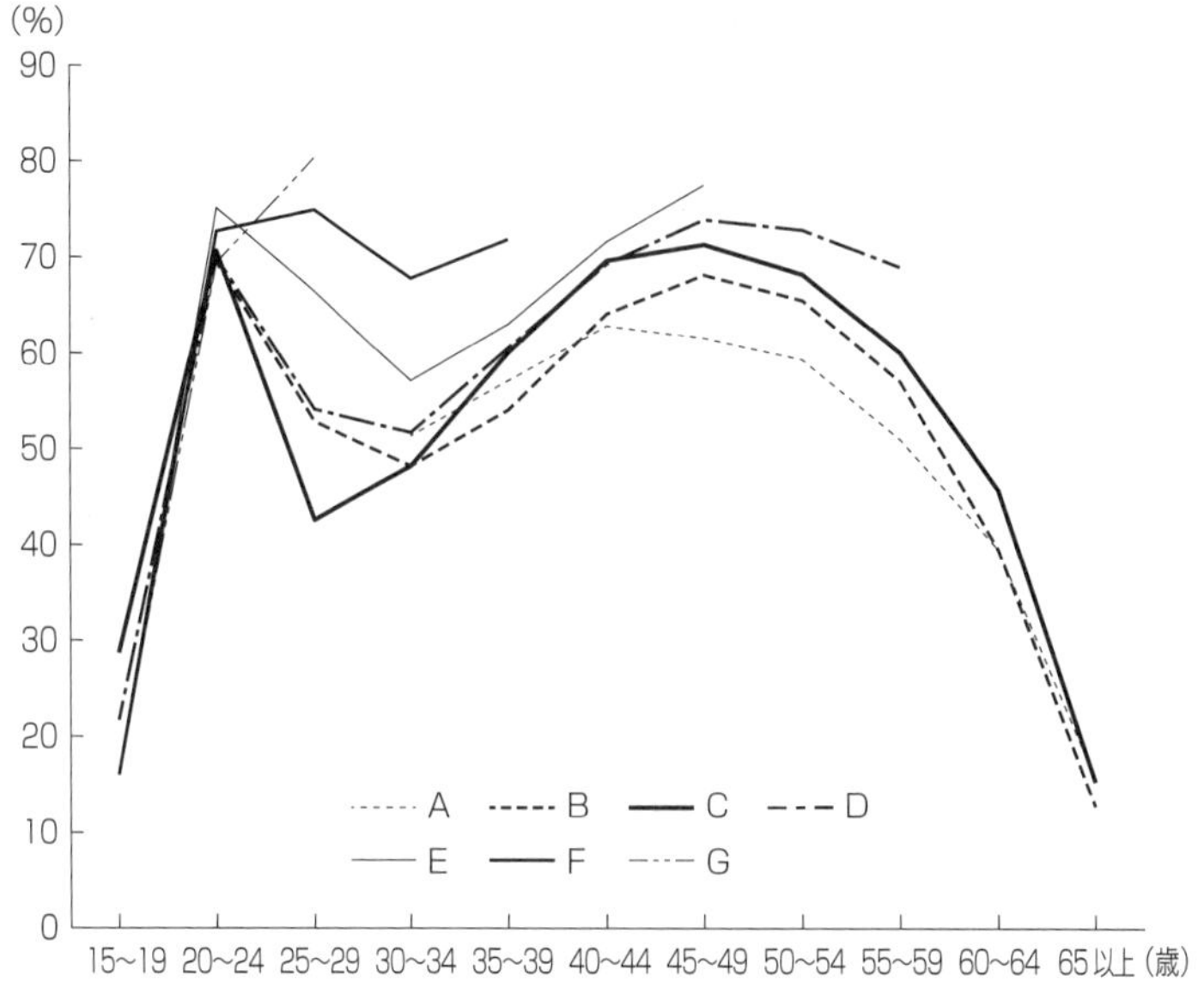

（資料）　1970 年以降：総務省「労働力調査」，それ以前：「国勢調査報告」。
（出所）　労働省婦人局『婦人労働の実情』（昭和 62 年度版）および厚生労働省「働く女性の実情」。

五六〜六〇年生まれ、六六〜七〇年生まれ、七六〜八〇年生まれ、八六〜九〇年生まれの各世代について、それぞれ別々に年齢別女子労働力率曲線を描いてみます（図１－２）。クイズと言ったのは、七本の曲線のうちどの曲線がどの世代か、それを当てていただきたいのです。さあ、いいですか。とりわけ、M字の切れ込みの一番深いCは、どの世代だと思いますか。

さあ、答えは決まりましたか。では、正解を発表することにしましょう。お尋ねしたM字の底の一番深いC、これは一九四六〜五〇年生まれ、すなわちいわゆる「団塊の世代」を中心とした世代です。他はAが一九二六〜三〇年生まれ、Bが三六〜四〇年生まれ、Dが五六〜六〇年生まれ、Eが六六〜七〇年生まれ、Fが七六〜八〇年生まれ、Gが八六〜九〇年生まれと順番になっていました。さあ、いかがでしょう。正解できたでしょうか。これまで同じ質問をいろいろな年齢層の人たち、特に女性たちがいるところで、尋ねてみたことがあります。各世代の人生を生きてきた人が大勢いるのに、これが意外と当たらない。自分自身がその人生を生きてきても、意外と気がついていない、こういう事実ってあるんですね。

◇戦後、女性は主婦化した

このグラフで一番注目していただきたいところは、M字の底です。一九二六〜三〇年生まれの場合はけっこう浅い。ところが、これが三六〜四〇年生まれ、四六〜五〇年生まれと若くなるにつれて、ぐんぐん深くなっていきます。これは、いったいどう考えたらいいのでしょうか。「戦後、女性の働きかたはどう変わったか」というと、すぐにわたしたちは「女性の社会進出が進んだ」という言葉を思い出します。耳にタコができるくらい、あちこちで聞かされていますので。それでついわたしたちは、戦後、専業主婦である女性の比率がだんだん減ってきて、反対に働く女性が増えてきて、その傾向が特にこのごろ加速されているというような変化を思い浮かべがちです。ところが、事実はそうではないのです。

右側の山、子どもの手が離れた後の再就職の山は、高まる傾向にあると見えます。しかし、なんといっても重要なのは、M字の底です。結婚・出産退職して家庭に入るかどうか、家事専業になるかどうか。いったんここで職場を離れて家庭に専念してしまえば、その後再就職したときも多くはパートで、待遇の面でも給与の面でも明らかに差別されます。パート主婦は、やはり「主婦」なのです。世間もそう見るし、本人もけっこうそう思っている。「わたしは主婦なんだから、家庭の用事があるときには、当然、仕事を休んでもいいのよ」とか。やはりこのM字の底で、つまり結婚・出産・育児期に家庭に入るかどうかということが、その人のアイデンティティを決めるうえで決定的です。そのM字の底はというと、戦後、「団塊の世代」までと、どんどん深くなってきました。女性はどんどん結婚・出産・育児期に家事に専念し、家庭にこもるようになってきたのです。普通言われていることと反対のようですが、まずこのことをはっきりさせておかなければいけないとわたしは思います。「戦後、女性は社会進出した」のではありません。「戦後、女性は家庭に入った」のです。「戦後、女性は主婦化した」のです。この事実をまず押さえておきましょう。実を言えば、戦前まで視野に入れれば、「主婦化」は戦前から始まっていましたが（図1-3）、それが大衆的な現象となったのは戦後のことでした。

それから、もう一度グラフ（図1-2）に戻ってください。「団塊の世代」までだんだん深くなってきたM字の底は、その後どうなったか。その下の一九五六〜六〇年生まれの世代は、前の二つの世代より上になっています。そのまた下の六六〜七〇年生まれ世代では、晩婚化の影響もあって、さらにはるか上方へ。変化のトレンドが逆転したのです。二〇年かかって低下した分を、跳ね返すだけの高

図１－３　日本における年齢別女子労働力率の長期的変化

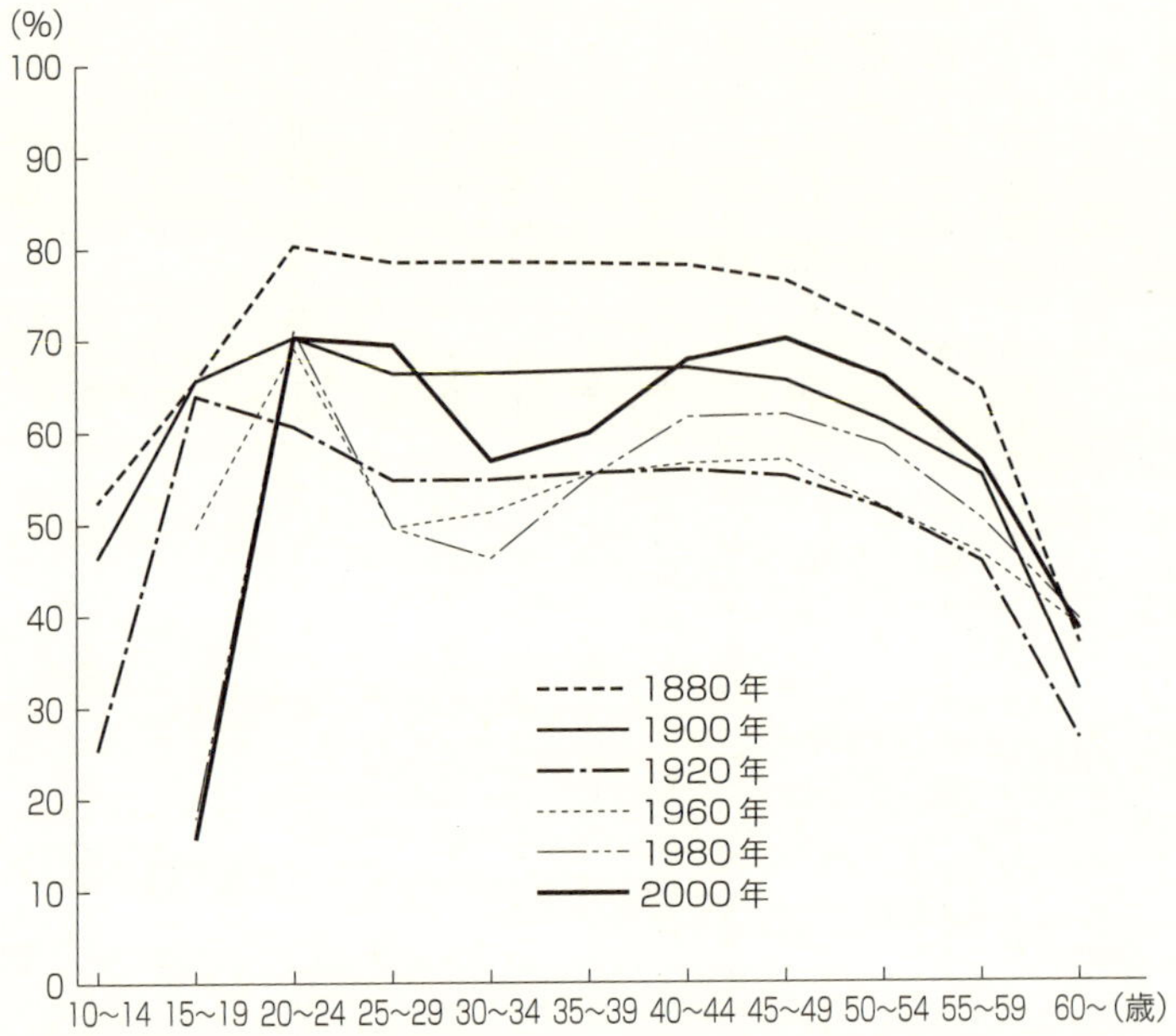

（出所）　梅村又次ほか編『長期経済統計２　労働力』東洋経済新報社，1988年，国立社会保障・人口問題研究所『人口の動向』2000年。

い位置まで、Ｍ字の底は次の二〇年で跳ね上がりました。これはとても大きなことです。「トレンド」というのは変化の趨勢・傾向ということですが、戦前から戦後しばらくの間、女性は「主婦化」のトレンドにありました。その同じ方向のトレンドが加速されたという程度の変化なら、それほど大したことではありません。しかしここでは、トレンドがまったく逆転しているのです。七〇年代後半以降、女性の生きかたがいろいろ変わったということは、マスコミでもずいぶんと取り上げられました。しかしそれは、風俗的で皮相的な流行現象のようにとらえられてきたきらいがあります。しかしこのグラフを見れば、この時期に起きた変化は、単なる風俗や気分の問題ではなく、確かな実質をともなった時代の転換であったことが、はっきりとわかるでしょう。

言い換えれば、こんなふうにも言えます。「現在の若い女性はお母さんと同じようには生きられない」と。これは、価値観の問題ではありません。お母さんのような生きかたがいいと思っても、あるいはそれが楽だろう、無難だろうと思っても、それを真似できるだけの社会的条件が今は存在しないということです。今や、強く意志的に時代に逆らわなければ、お母さんと同じには生きられないのです。

今見てきたのは世代別の年齢別女子労働力率でしたが、もっと大づかみに女子労働力率、つまり一五歳以上の女性人口に占める労働している女性の割合をとってみるとどうでしょうか。戦後の女子労働力率は、ほぼ横這いです。若年層の教育年数が伸びたことによる低下と、出産・育児期のM字の底が深まることによる低下とが一緒になって、子離れ後の再就職の増加を相殺したということです。「労働力調査」（総務庁統計局）によると女子労働力率は、一九六〇年には五四・五パーセント、六五年には五〇・六パーセント、七五年には四五・七パーセントと、戦後三〇年間下がり続け、七五年をボトムに上昇傾向に転じました。戦後に起きたことは、けっして一方向的な変化ではなかったのです。

◇高度経済成長と主婦化

さて、戦後の女性の主婦化の傾向について、こんなふうに説明してきましたが、いかがでしょう、納得していただけましたか。昔ほど女性は家庭に縛られていたように思えるのに、一九二六〜三〇年生まれ、いわゆる昭和ヒトケタ生まれの女性たちは意外にも一生を通じてかなりの比率で働いてきました。それに対してそれより二〇年も若い世代がいちばん家庭に入っていました。

M字の底がもっとも深い一九四六〜五〇年生まれというと団塊の世代、ベビーブーム世代、つまり全共闘世代です。女性という観点から見たら、ウーマンリブの時代に青春を過ごした世代で、自己主張の強い、行動力のある人々というイメージがあります。ところがその世代の女性たちこそが、日本女性史上、もっとも家事・育児に専念した人の割合が高い世代だなんて、わたしたちの先入観にどうも合わない気がします。「どうしてなんだろう」「本当なんだろうか」と、まだ疑問に思っておいでかもしれませんが、タネあかしをしてしまえば簡単です。

要するに、産業構造が転換したのです。高度経済成長にともない産業構造が転換して、それまでの農家や自営業者を中心とする社会から、雇用者すなわちサラリーマンを中心とする社会に変わりました。女性に注目すれば、以前は既婚女性といえば「農家の嫁」や「自営業のおかみさん」で、家族とともに働いているものでした。ところがサラリーマンの妻はたいてい専業主婦になったので、高度経済成長という大きな社会の変化の中で、サラリーマン家庭の増加にともない、女性は「主婦化」したのです。昭和ヒトケタ生まれまでの女性たちは、農家の嫁や自営業のおかみさん・お嫁さんでした。ところがもっと若い世代は、「サラリーマンの奥さん」になったのです。

わたしは京都市内のはずれのほうに住んでいるのですが、まわりにはまだ田んぼとか畑が残っています。子どもがまだ赤ん坊のころ、乳母車を押して畑の間の道を抜けて、公園までよく散歩に出かけました。別に暇をもてあましていたわけではなく、「赤ちゃんに日光浴させてあげなくちゃ」「外気にふれないと夜泣きするし……」などと思って、忙しくても疲れていても毎日そうして散歩していたわけなんですけれど、親しくなった農家のおばさんに、あるときこんなことを言われました。「今の若い人たちはいいね。遊んでりゃいいんだから。」

わたしが乳母車を押して歩いているのが、遊んでいるというふうにしか見えないんですね。こちらは一生懸命子育てしているつもりでも、その方にとったら、子育てなんて片手間仕事だった。子育てに専念するなんてできなかった。よく言いますよね、「畦に腰をおろして赤ん坊にオッパイあげるとき、あれが唯一の休息時間だった」なんて。オッパイあげた後って、ふうっとくたびれて眠くなる。力が吸い取られてしまう感じ。わたしなんか、重労働だな、くらいに思っていましたけれども、昔の農家のお嫁さんたちにとったら、そんな授乳が休息であるくらい、ほかの仕事のほうがきつかったんでしょうね。

しかし、かつての家業に従事するというかたちの働きかたは、やはり勤めに出て働くのとはだいぶ違うということも、見落とすわけにはいきません。一番の違いは、給料がないということです。収入は家長のもとにまとめて入ります。どんなに一生懸命働いても、お嫁さんの自由になる分はない。それから働き場所は、家やその周辺です。

今日では、主婦が働くといえば、ほとんどは勤めに出ます。ここがいちばん変わったところです。家を離れて働いて、自分の自由になるお金をもつ女性が出てきた。「戦後、女性は社会進出した」というわたしたちの印象は、この点に注目すればまったくの間違いというわけではありません。女性の雇用労働力率は、教育期間のほぼ終了した二五歳以上のどの年齢層をとっても、世代が若くなるに従い、ほぼ確実に上昇しています。

しかし、「昔の女は働いていなかった。女が働き出したのはこのごろのことにすぎない」などと考えたらまったく見当違いです。女は昔から専業主婦だったわけではない。働きかたは変わりましたが、昔から女は家事以外のこともして働き続けてきたんです。

◇国際比較から見えてくるもの

最後に外国にも視野を広げ、国際比較の観点から少々見直しておきましょう。ここでまた、クイズです。欧米の女性と日本の女性は、どちらがよく働いてきたでしょうか。現在、欧米の女性と日本の女性のどちらが多く働いているかというと、欧米の女性という印象が強いでしょう。特にアメリカやスウェーデンでは、「M字型」ならぬ「台形型」の働きかたをしているということは、さきほども紹介しました。では歴史的に振り返ってみるとどうでしょう。

図1－4　女子労働力率の長期変動（1900～1995年）

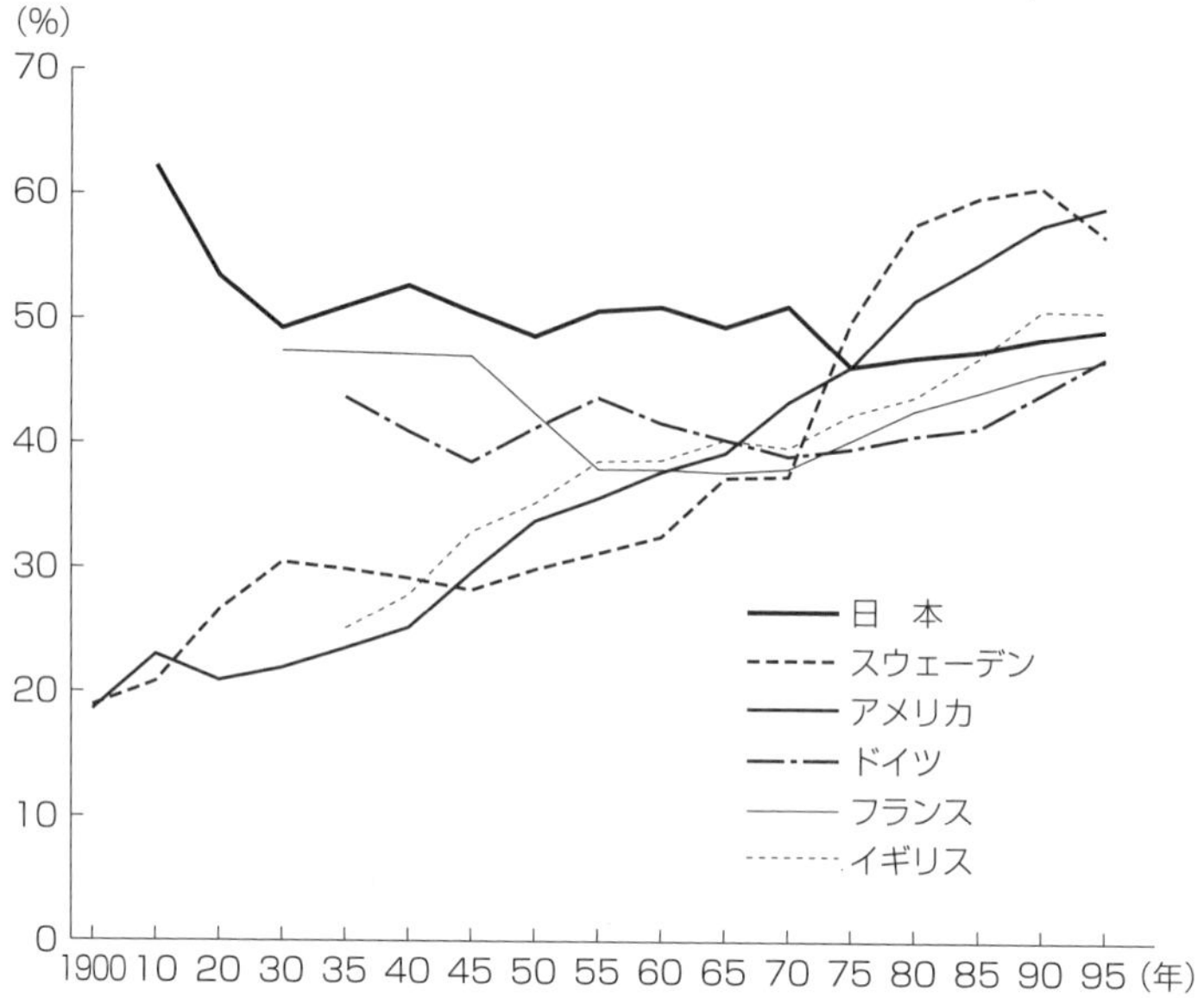

（出所）　経済企画庁『国民生活白書（平成9年版）』図1-1-16。

図1－4を見てください。このグラフを見る限り、二〇世紀初頭、アメリカやイギリス、スウェーデンなどの労働力率はずいぶん低かったですね。これに対し日本はいちばん高い水準にあります。ヨーロッパではフランスやドイツなどが比較的高かったのですが、日本はそれ以上です。日本女性は家庭的、欧米女性はよく働くというイメージは、歴史的に見るとまったくサカサマだということがよくわかります。

とはいうものの、このように統計調査にもとづいて女子労働力率の長期的推移を論じることには問題があると、近頃しばしば指摘されるようになりました。一九世紀から二〇世紀前半までの労働統計では、女性の労働、特に農業における女性労働が過少に報告されているからです。スウェーデンの女子労働について過少報告分を補正する試みをしたナイバーグによると、女子労働力率は昔から低かったわけではなく、一九世紀末から低下し、二〇世紀前半に最低レベルに達したようです。*1

近代化以前の女子労働力率の水準は、その地域の文化に大きく依存しています。たとえば「女性は家の外に出てはいけない」とか「他人に体を見られてはいけない」などといった性規範がある場合には、女子労働力率は抑えられるでしょう。また、家族制度の違いも、女子労働力率に影響を与えるでしょう。前近代日本の女子労働力率がヨーロッパよりおそらく高かったのは、核家族中心のヨーロッパに比べ、直系家族の多い日本では、家事や育児に姑や母親、姉妹等の援助を得られたからではないでしょうか。*2 しかし、まあ、水準の差はともかく、ヨーロッパや日本の農業社会の女性たちは、男性と共に畑に出たり家畜の世話をしたりして働いていたことが知られています。このような文化圏では、非常に模式的に言いますと、もともとある程度高かった女子労働力の水準が、近代化にともない、いったん下降してまた上昇したという、U字谷のようなグラフが描けるのではないかというのが、わたしの仮説です。

もちろん、その労働の中身は変わりました。谷の前では主に農業労働で、それが部分的に工場労働に変わっていったのですが、谷の後では主に雇用労働者としての労働です。では谷は何を意味しているのかというと、これが「主婦化」です。近代化による女性の生きかたの変化は一方向的ではなく、段階により方向が変わりました。近代化が進んでしばらくたつと、女性は主婦になります。専業主婦になり、労働の場から退いていきます。その後しばらく「女は主婦だ」という時代が続き、それから、今度は雇用労働者として再び仕事に就くようになります。このような二段階の変化を、女性は近代化の過程で経験しました。欧米、特にスウェーデンなどではそれが推計にもはっきり現れたというわけです。

では、日本の場合はどうなのか。日本は後進国パターンだというのが、わたしの解釈です。後進国は近代化のスピードが急です。非常に急速な近代化のため、労働力率が低下する主婦化の傾向と、上昇する再労働力化の傾向が重なってしまいました。これら双方の傾向を合わせたものがその時点の労働力ですから、足してみると、低下と上昇が相殺されてだいたい水平になってしまう。労働の内容については同じ種類の変化が起きているにもかかわらず、表面に現れてくる限りでは、労働力率のドラスティックな低下と上昇による谷があまりはっきり見られないという特徴が生じます。近代化の過程が「圧縮」された後進国では、女性全体が家庭に入る暇がないのです。個々の女性は出産・育児期に家庭に入っているのですが、子どもから手が離れると、雇用労働者として職場に帰ってきてくれという要請がすぐ強くなり、結局、女性の全体が家庭に入った時期は存在しないことになります。

こうしてみると、一九八八年に子連れ出勤で賛否両論を巻き起こしたアグネス・チャンさんのケースは、急速に近代化した香港における後進国パターンによる女性の生きかたの急速な変化を反映しているようでもあります。家庭に入った世代なしに、女性たちはずっと働き続け、仕事の内容だけを変えていきますから、働きかたについて、当然、親世代のアドバイスを参考にします。親世代は、何と言うかというと、「働きながらどうやって子どもを育てるかって。そんなのはね、簡単だよ。どこにでも子どもを連れて行って、子どもを育てながら働きゃいいんだよ」。

そういう観点から見てみると、日本でも、お姑さんかお母さんがいれば子どもを預けて働きに出られるけれども、他人に預けるのはどうも……と言う人がよくいますよね。この「お姑さんに預けて働く」というのは、日本の農業社会のやりかたです。保育所に対する心理的抵抗が強かったのも、そんな伝統を踏襲していたせいかもしれません。

「女は主婦だ」という性役割、わたしたちは今、これを当たり前に思っています。それこそ、サルが人間になった時代からずっとそうしてきたんじゃないか、くらいに。ところが、それは間違いでした。ついこのあいだ、日本でいえば高度経済成長期に、女性はようやく主婦になったにすぎません。「女性は主婦であるべきだ」「女性は家事・育児を第一の仕事にすべきだ」という規範が大衆化したのも、そのころのことにすぎないのです。

2

家事と主婦の誕生

◇主婦とは何か

前章では「女は昔から主婦だったのか」という問いを立て、「日本女性は、戦後、社会進出してきたと言われるけれど、実は主婦化したのである」という、少なからず常識とズレた結論を引き出してみました。しかし、いささか統計ばかり使いすぎたかもしれません。本章では、「主婦とは何か」「主婦は歴史的にいかにして誕生したのか」について、もっと具体的に論じ直してみましょう。

「主婦とは何か」というと、『主婦の誕生』や『家事の社会学』などの本を書いたイギリスの社会学者アン・オークレーは、次のような定義を引用することから話を始めています。[*1] 主婦（housewife）とは、「召使以外の人間で、家庭の任務のほとんどに（もしくは、これらの任務を果たす召使の管理に）責任を持つ人間」である。あるいは、「家事を運営もしくは指揮する女、家庭の女主人、世帯主の妻」である。さらに、現代の主婦役割の特徴は、だいたい次の四点にまとめられるとオークレーは付け加えています。

① もっぱら女に割り振られる
② 経済的な依存
③ 労働として認知されていない
④ 女にとって、それが主たる役割である

「家庭の任務」というにせよ、「家事」というにせよ、ハウスワイフとはハウスワークをする女ということです。「家事（housework）とは何か」ということがわからないと、この定義は意味をもちません。

では、家事とは何でしょうか。大学で学生たちに、「家事とは何ですか」とマイクを回して聞いてみました。「炊事とか洗濯とか……」と家事の内容を並べる以外の答えかたでは、「家族が支障なく暮らせるようにする仕事」といった答えが代表的でした。

「主婦とは何か」「家事とは何か」を考えるときに参考になるのが、「主婦論争」です。第一次主婦論争は一九五五〜五九年、第二次は六〇〜六一年、第三次は七二年と、三次にわたって繰り広げられました。前回の女子労働力率の話を考え合わせれば、日本女性が大挙して主婦になっていったまさにその高度経済成長期に、「主婦とは何か」が問われたのです。

出発点となったのは、石垣綾子の「主婦という第二職業論」という文章です。[*2]「家庭の安全地帯で、朝から晩まで、同じ仕事を永遠にくりかえしている主婦は、精神的な成長を喰いとめられる」とか「主婦の心はふやけている。……人生の貴重な時間を、毎日、いい加減にすごしている」とか、手厳しいこと。石垣さんの本意は、主婦も就業婦人も含めた女性たち全体に奮起を促したい、ということのようですが。

当然それへの反論も出ました。時間的な拘束がきつい男性たちや職業婦人にはできない社会運動を担えるからと、主婦の立場を積極的に評価する論も出ました。[*3]これなど、生協運動や環境保護運動から選挙まで、みんな主婦が主力になった今日の状況をみごと先取りしています。

それから有名なのは、民族学者の梅棹忠夫の「妻無用論」です。[*4] 家事労働の市場化・機械化を根拠に、「今後の結婚生活というものは、社会的に同質化した男と女との共同生活、というようなところに、しだいに接近してゆくのではないだろうか。それはもう、夫と妻という、社会的に相異なるものの相補的関係というようなことではない。女は、妻であることを必要としない。そして、男もまた、夫であることを必要としないのである」と結論しています。ともあれ、主婦なんて評価に値しないのか、それとも重要なのかをめぐって、今日に至るまでの論点を出し尽くしたというのが、第一次主婦論争です。

◇家事とは何か

第二次主婦論争では、「家事とは何か」ということに論点が絞り込まれまして、経済学的な論争になりました。これは、欧米のほうが後追いだったという、非常に珍しい論争です。もっとも日本の論争が飛び火したわけではないのが、日本語というマイナーな言語で書く者の悲しさなんですけれどもね。欧米では、イギリスを中心に、一九七〇年代後半以降、「家事労働論争」がさかんになりました。[*5]

経済学的に「家事とは何か」と考えるとき問題にされたのは、「家事は価値を生むか」とか、「有用か」とか、つまり「家事は労働か」ということでした。言うまでもなくマルクス経済学的な労働概念が基礎にあります。マルクス経済学での「労働」の定義は、有用つまり役に立って価値を生む人間活動ということです。ただし、この価値というのは交換価値、つまり「売れる」、市場に出してお金と交換できるということなのです。だから、家事には普通給料が払われないので、「家事は価値を生まない」と答えるのがマルクス経済学のもっとも本来的な解釈です。それに対し、いや、そうじゃないんだと、「家事をやることによって生産しているものがある」と考えることができると主張する人たちが出てきました。エンゲルスのアイデアを受け継いだ、マルクス主義フェミニストと呼ばれる人たちです。

では、家事は何を作っているということにしたら、「価値を生む」と言えるでしょうか。どんな「売れる」ものを生産していると言えるでしょうか。答えは、夫と子どもです。売れるじゃないですか。労働力として、給料と取り替えられます。家事は労働力を、労働者を、人間を再生産しています。夫は現在の、子どもは将来の労働者です。夫は今売れます。子どもは将来売れます。将来高く売れるように、いい学校に入れます。お母さんが教育熱心になるのは、子どものためばかりじゃないんですよね。自分の労働の価値を高く評価されたいからです。「あなたは、いい仕事をしましたよ」と言われるためには、製品である子どもがいい学校を出て、いい会社に就職しないといけません。これは家事を労働として見れば、というある種の抽象化なんだけれども、そういう面も確かにあるのです。

ところで、マルクス主義の世界では、エンゲルスが『家族・私有財産及び国家の起源』で用いた用語法を引き継いで、物を作るのを「生産（production）」、人間を作るのを「再生産（reproduction）」と呼ぶことがあります。「リプロダクション」というのは「生殖」という意味もありますからね。それならこの言葉を用いて、「家事とは再生産労働である」といえば、非常にスッキリするように思えませんか。実際、そう定義している本や論文もたくさんあります。

ところが、よく考えてみてください。疑問が生まれてこないでしょうか。たとえば、洗濯とか掃除とか炊事とかは、人の再生産、人の暮らしを支えるのに必要な労働です。主婦が家で洗濯したら、これは家事です。けれどもクリーニング店に出したら、これは「家事」ですか。クリーニング店がする場合は、「家事」とは言いません。普通の「労働」ですよね。同じ仕事なのに、家でやれば家事で、外注すれば家事ではない。今日はたまたま暇なんで家でワイシャツを洗った。これは家事です。ところがその次の日、たまたま忙しいので、これをクリーニング店に出した。これは、家事ではなくなります。さあ、不思議。炊事でも掃除でも、みんな、今と同じ混乱が生じます。家事イコール再生産労働とする定義は、やはりおかしいのではないでしょうか。

◇市場と家事の誕生

フランスのマルクス主義フェミニスト、クリスティーヌ・デルフィーは、「家事労働の市場からの排除が、それが不払い労働であることの原因であって、結果ではない」と単純かつ明快に言い切っています。[*6] 普通は逆に思っていませんか。「どうしてお母さんは家でご飯作ったり洗濯したりするのに、お給料もらえないの」と聞かれたら、「だって、それは家事だから、お給料もらえないのよ」なんて答えませんか。ところが、デルフィーは逆だと言うのです。家事だから支払われないのではなくて、市場から排除されていて支払われないから家事なのだと。あらゆる労働の中で市場化されていないものが家事と呼ばれているにすぎない、と言うのです。

そう言われると、現代を生きているわたしたちには、ピンとくるんじゃないでしょうか。さきほどのクリーニング店の例もそうだけれど、もっとはなはだしいのは、コンビニ。コンビニに行って、ほとんど仕上がったレトルト食品を買って、しかも、最近は、コンビニで温めてもらったりしますね。この場合、作ってくれた工場の人の労働どころか、コンビニの人がレンジのボタンを押してくれたのだって、支払われているから、家事じゃない。こうして、今までなら絶対に家事だと思ってたような仕事が、どんどん家事でなくなっています。しまいには、食べるのが最後の家事だなんていうことになるかもしれません。結局、仕事の中身では、家事とそうでないものとを区別することはできないのです。家事というのは要するに、支払われない労働以外の何ものでもありません。別の言いかたをすると、「市場化されない労働」とも言えます。

なぜこんなことをややこしく言ってきたかといいますと、「家事とは何か」という問いに答えるためには、「市場（market）」という概念が出てこなくてはならないということを、わかっていただきたかったのです。市場とは、商品を売り買いする制度ですね。市場が発達した社会もあれば、あまり市場化が進んでいない社会もあります。自給自足などというのは市場化の反対の極です。家事というと、ここが大事なところなんですけれども、とても古い種類の労働だと思いませんか。人間は誕生して以来、ずうっと暮らしてきたんだから、身の回りのことをする家事も、ずうっとあったはずだと。だから会社でしているような種類の仕事に比べて、家事という仕事は歴史的にも古いだろうと。ところが、それは間違いです。家事という仕事は、新しい。なぜかというと、市場が発達しなければ、その反対側である家事も区別のしようがないからです。近代社会になって市場化がかなり進んで、「売れる仕事」と「売れない仕事」とがはっきり分けられるようにならなければ、「これが家事だ」と指し示すことはできないのです。

◆ドイツの場合

さて、市場が成立して、それと一緒に家事が誕生したと説明してきました。しかし、市場社会の成立も、家事の誕生も、歴史のある時点で一時に急に起こったものではありません。このあたりを詳しく見られる、とても良い本があります。『近代を生きる女たち』という本です。*7 これは一九世紀のドイツの家庭生活について、日記とか家計簿とかの資料を丹念に読んで、当時の様子を再現したものです。一九世紀を前半と後半に分け、さらにそれぞれの時代を中産階級と労働者階級について区別して検討しています。

一八世紀後半と時代は少しさかのぼりますが、中産階級の例として有名な文豪ゲーテの生家の家計が取り扱われます。ゲーテのお母さんというのはたいへん筆まめな人で、非常に丹念に家計簿をつけていました。これを見ますと、酢、油、紅茶、コーヒー、砂糖、および香辛料などは購入していたけれども、燻製、ワイン、果物やキャベツや豆の瓶詰などは自分の家で作っていたということがわかります。また、ある種のものは半製品の形で買い、自宅であるいは外注して加工しました。参事であった父親の衣服を作るには、まず自宅で糸を紡ぎ、それを布に織らせ、裁断屋に整えさせた後、仕立て屋か自宅の奉公人が縫製をする、という手順を追いました。また、職人が回って来て、それぞれの家で作るという方式もありました。田舎ではつい最近までソーセージ職人が回って来ることがあったそうです。それぞれの家で飼っているブタを屠殺して、肉をさばいてソーセージを作るのです。市場を通じた商品や労働の調達と自家製造が複雑に組み合わさって、ゲーテの家の生活を支えていた様子がよくわかりますね。

こうして見ると、市場社会になってその反対物として家事が成立したと言っても、その過程はそんなに単純ではないということがわかります。どれだけのモノが市場化されているか、どれだけのモノを買うことができるか、ということに対応して、どこまでが家事なのか、という範囲が変わります。一九世紀の後半になると、もっと市場化が進んで、同じ中産階級でも、買うモノがもっと増えています。

では、労働者階級はどうかというと、一九世紀前半の段階では、労働者には「家族」というものがほとんど成立していなかったことを資料は示しています。中産階級は家庭や家事のあるべき姿を示して、労働者階級を啓蒙しようとしました。啓蒙などそう簡単に受け入れられるわけではありませんが、それでも次第に労働者階級の女性たちは、中産階級の暮らしぶりを「いいものだな」と思うようになったようです。それまで労働者階級の女性たちは、洗濯女とか、家事使用人などとして、いろいろなことをして働いているのが当たり前だったのですが、一九世紀の後半から二〇世紀初頭にかけて、なるべく家庭にこもろうとするようになりました。とは言っても夫の収入だけでは不足ですから、結婚後も何かと働き続けてはいるのですが、自分のアイデンティティは主婦であることだとして、なるべく家庭中心に暮らすようになっていく。そして労働運動からも身を引いていく。そうした過程が、ドイツの研究では非常によく明らかにされています。[*8]

◆家庭料理の創造

しかし、家事は市場の残余として成立したと言うだけでは不十分です。「あるべき家庭像」が流布されるに伴って、家庭生活の期待水準が引き上げられるというかたちで、家事が創出されたという面もまたあります。

一九世紀のイギリスでは、ビートン夫人の『家政読本』(*Beeton's Book of Household Management*) がベストセラーになりましたが、この本の中心は、料理法の紹介でした。全体の実に四分の三の頁がレシピです。

同時代には著名なシェフたちによる料理書もあり、ビートン夫人自身、そうした本のレシピをちゃっかり拝借したりもしているのですが、アマチュアにすぎない彼女の成功の秘密は、あくまで中産階級の家庭での食事に適した料理を選び、何より実際的であろうとした点にあったと言われます。材料の量、調理時間を計量的に示したばかりか、各レシピあたりの費用まで記されていたのですから。イギリスの家庭料理を創ったのはこの本であるとさえしばしば言われます。

しかし、こんなことを言うと、ではそれ以前の人たちは食事をしていなかったのか、などと問い返したくなるでしょう。もちろんそんなわけはありません。ただそれは、「料理」という名に値しないくらい簡単な作業だったのです。「庶民に食生活はあったが、料理といえるものはなかった」ということです。たとえば、燻製などの貯蔵用の肉やチーズが少々ある。パンをテーブルに置いて、家族のそれぞれが手に持ったナイフでチーズとか肉とかを削り取りながら、パンと一緒に食べる。これが、食事です。この食事の、いったいどの部分が料理でしょうか。食べる直前にする料理は、ほとんど必要としないような食事ですよね。

現在、食事の準備のための時間は、一日三回、食事の直前に分散されていますが、かつては保存食を作るということが食物の加工の大きな部分を占めていました。保存食を作るのは、この季節には漬物を漬けるとかこの季節にはソーセージを作るとか、一年の中に分散させられていた年中行事です。現代のように、一日に三回、生の肉や生の野菜を使って、「さあ、今晩はこの料理を作りましょう」と最初から調理できるというのは、輸送技術の発達を含めた市場社会の発達や冷蔵庫の発達、そういうことがあって初めて可能になったのです。わたしたちが当たり前だと思っている料理というものは、近代的な社会基盤がなければ、けっしてできるものではないのです。

ところで、この「名前のある料理」、ビートン夫人が作るようにすすめた家庭料理というもののルーツは、実はレストランにあったのだそうです。[*9] 現在では、家庭料理とレストランの料理は対立するもののように思われていますよね。家庭料理は古くからあり、レストランの料理のほうが新しい、というような気がしますが、これは違います。貴族の館の料理人が、革命で貴族が没落したため街に出て、中産階級相手にレストランを開店することを思いつきました。そしてそこに食事にやってきたブルジョワジーが「そうか、料理とはこういうものなのか」と、レストランの料理の方式を簡素化して家庭に持ち込んで、家庭料理ができたのだといいます。

食事のことばかりお話ししましたが、他にも、わたしたちが当たり前だと思っているような家事は、近代になって今日のようになったのです。二〇世紀初めまでのフランスの農村部では、洗濯は年に二回の年中行事でした。[*10] シーズンになると、家々の女たちは、半年分ためておいた汚れたシーツや下着類を何日もかけて、洗濯女も雇って洗ったということです。洗濯や掃除の回数や水準の上昇には、衛生思想の普及が影響しています。

◇大正期の「おくさん」

さて、今のはヨーロッパの場合でしたけれども、それでは日本で家事が成立し、主婦が誕生するのはいつのことなのでしょう。主婦が大衆化して多数派になるのは、第二次世界大戦後の高度経済成長期だとすでにお話ししました。しかし、ドイツの例で見たように、階層差も無視することはできません。中流のみに限った場合、主婦の成立は大正時代、特に第一次世界大戦後に主婦が誕生したと言えるようです。

先ほど主婦論争に触れましたが、その中で紹介した梅棹忠夫の「妻無用論」の中にそのことを印象的に表している部分があります。梅棹さんは、ご自身のお母さまが「おくさん」とは呼ばれていなかったということをまず思い出しています。梅棹さんの生家は京都の商家だったそうです。大阪ではそういう商家の主人の妻のことを「おえはん」とか「ごりょんさん」とか呼んで、「おくさん」とは呼ばなかったといいます。京都では特別な呼び名はなく、名前で呼んでいたそうです。では、「おくさん」とはどういうものだったのでしょうか。「『おくさん』というのは、官舎か何か、安ぶしんの借家にすんでいて、買物に出ると、商人に対してはおうへいなことばづかいでよく値ぎる。日中は何もしないで近所の『おくさん』仲間とベチャクチャおしゃべりをしている。じっさい、巡査だとか、教師だとか、会社員だとか、そういう下級サラリーマンの細君が、この『おくさん』というよび名をお互いに好んでつかったのである」と梅棹さんは書いています。

「おくさん」というのは、要するに月給取りの妻なのです。戦後、日本社会がサラリーマン社会になったことによって、女はみな主婦になったのだと言いましたが、そのルーツはまさにこの大正時代にありました。第一次世界大戦後の好況期、産業化の急速な進展により、大組織の管理的労働を担う「俸給生活者」が大量に生み出されました。今日の言葉でいえば、ホワイトカラーのサラリーマンです。梅棹さんの生家のような商家を「旧中間層」と呼ぶのに対し、会社員は教師、官吏などと共に「新中間層」と呼ばれます。彼らは、大都市郊外に新しく開かれた郊外住宅地に住み、そこからこれまた新しく敷設された市電に乗って職場まで通勤するという、新しい生活様式を創出しました。このような職場と家庭の分離、言いかえれば公私の分離があって初めて、妻は夫の留守を守る「おくさ

図2－1　中廊下型住宅様式

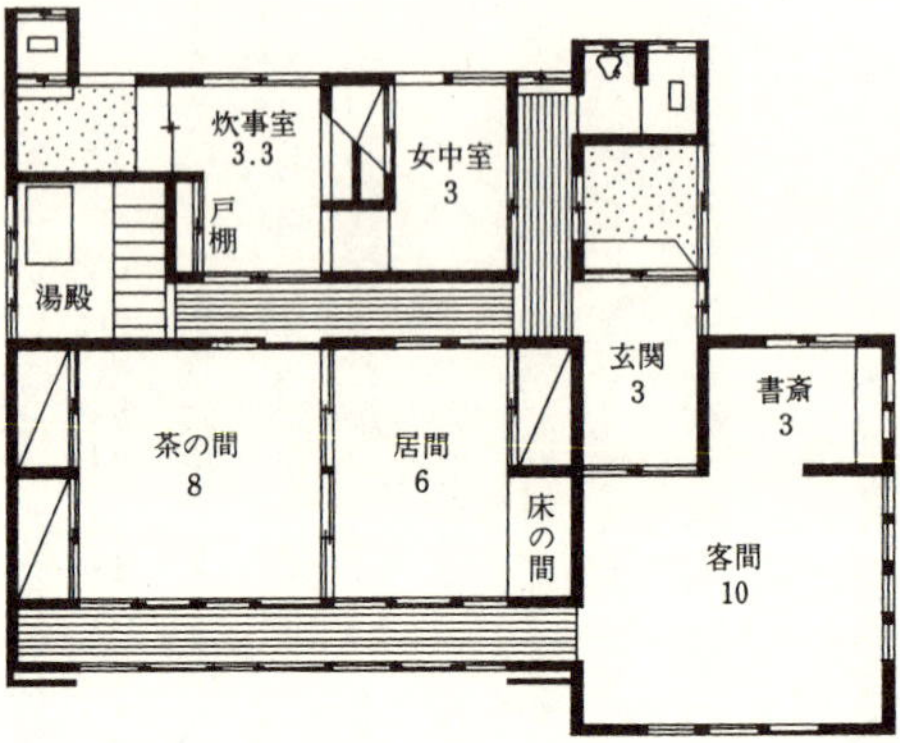

（注）『住宅』誌主催，住宅競技設計（1917年）一等入選，剣持初次郎案，30.5坪。
（出所）西川祐子「住まいの変遷と『家庭』の成立」（＊11）より転載。


ん」になったのです。

　ところでこの新中間層の「おくさん」たちは、今の主婦とまったく同じ暮らしぶりだったのでしょうか。大正期の郊外中流家庭の住宅を代表するものに「中廊下型住宅様式」と呼ばれるものがあります（図2－1）。中廊下によって各部屋に独立性が与えられ、玄関から直行できる書斎兼応接間、すなわち住宅内部の公的空間と、家族の日常生活の場である茶の間と居間とは、画然と分離されているという点に特色があります[＊11]。

　さて、この間取りを現在の目から見直し、何か現代と大きく異なる点がないでしょうか。書斎や応接間がある住宅は現在ではぜいたくになってしまいましたが、それより何より、わたしたちの住宅にまず絶対ないものは、女中室です。当時の中流家庭には、しばしば「女中」という名の家事使用人が雇われていました。一九世紀ヨーロッパの中産階級でもやはりそうです。当時の家事は今日と比べるとずっと範囲の広いものでした。着物も布団も家で縫い、洗い張りもしました。風呂や火鉢のための燃料も準備しなければならないし、漬物や乾物など食料の貯蔵も必要でした。しかも衛生観念が発達し、快適さを求める欲求も増大しましたから、むしろ家事の水準が高められる傾向にありました。当時の家事の量と水準は、とても主婦一人ではこなしきれない、家事使用人の存在を必要不可欠とするものでした。

ところで、妻が家事専業になるためには、家作がある場合などを除けば、夫一人分の収入で一家の生計費がまかなえるようになる必要があります。それぞれの階層で、この条件が満たせるようになったのはいつなのでしょうか。家計調査を用いた研究によると、この条件を満たせたのは、明治期には官吏や上層の会社員のみでしたが、大正中期には会社員や工場労働者が順調に収入を増やし、昭和初期には官吏、教員、会社員、工場労働者のすべてがそうなっていたと言います。[*12]「細民」層では依然として共働きが続いていたものの、少なくとも都市の工場労働者までの範囲では、ヨーロッパに比べて階層差が小さかったことを心にとめておいたほうがよいようです。

◇主婦にあらざれば女にあらず

さて、大正文化住宅にかわって、戦後家庭の典型的な容れ物になったのは団地、すなわち大都市郊外に公団等によって建設された集合住宅です。経済成長にともなって地方から流入してきた若い世代、特に高学歴のホワイトカラー層がそこに住みつきました。一九六〇年の『国民生活白書』によると、この人たちの消費生活には、肉・牛乳・卵・果物・パンなどを好んで食べるとか、家庭用電気器具を多く購入するとかの、特徴が見出せたそうです。[*13] 一九六〇年代に入ると、女中さん——戦後の言いかたにするとお手伝いさんですね——は、もうまったくと言っていいほど姿を消してしまいました。戦後の主婦というものは、家では割烹着とかエプロンを身に着けて、自分の手足を動かし力を使い汗をかき、掃除・洗濯・買物・炊事すべて自分一人でこなすことになりました。しかし女中さんを使いながら一度高くしてしまった家事の水準は、もう落とせない。そこでさまざまな電気器具が、お手伝いさんの代わりをするようになったというわけです。

さて戦前のおくさんと戦後の主婦との違い、その一つは家事使用人を使わなくなったことですが、もう一つ大きな違いがあるとわたしは考えています。それは、日本女性の全体の中で占める割合という量的な問題です。しかし量的な問題は、単なる量的問題にとどまりません。多数派であるかないかということは、それがもつ規範力の強さに関係してきます。戦前には、「おくさん」以外の女性像もいろいろと存在しました。「農家の嫁」、商家の「ごりょんさん」、いろいろな社会的役割を担った女性たちがいました。そうした中の一つとして「おくさん」もまたいたのです。別の立場の「ごりょんさん」などから見れば、「おくさん」なんて日中は何もしないでおしゃべりばかりしているなどと、辛辣な批評の対象にもされました。

ところが戦後の主婦というのは、圧倒的な多数派です。日中何もしないのがよい、家事・育児に専心しているのがよい、という価値観が優位に立ちましたから、今度は商家や農家の女性、職業をもった女性たちのほうが、肩身の狭い思いをするようになりました。戦後という時代は、「主婦にあらざれば女にあらず」と言わんばかりに、主婦であることが強い規範性をもった時代でした。しかし、それはけっして、いつでもどこでも当たり前の女性の生きかたではなかったのです。

3

二人っ子革命

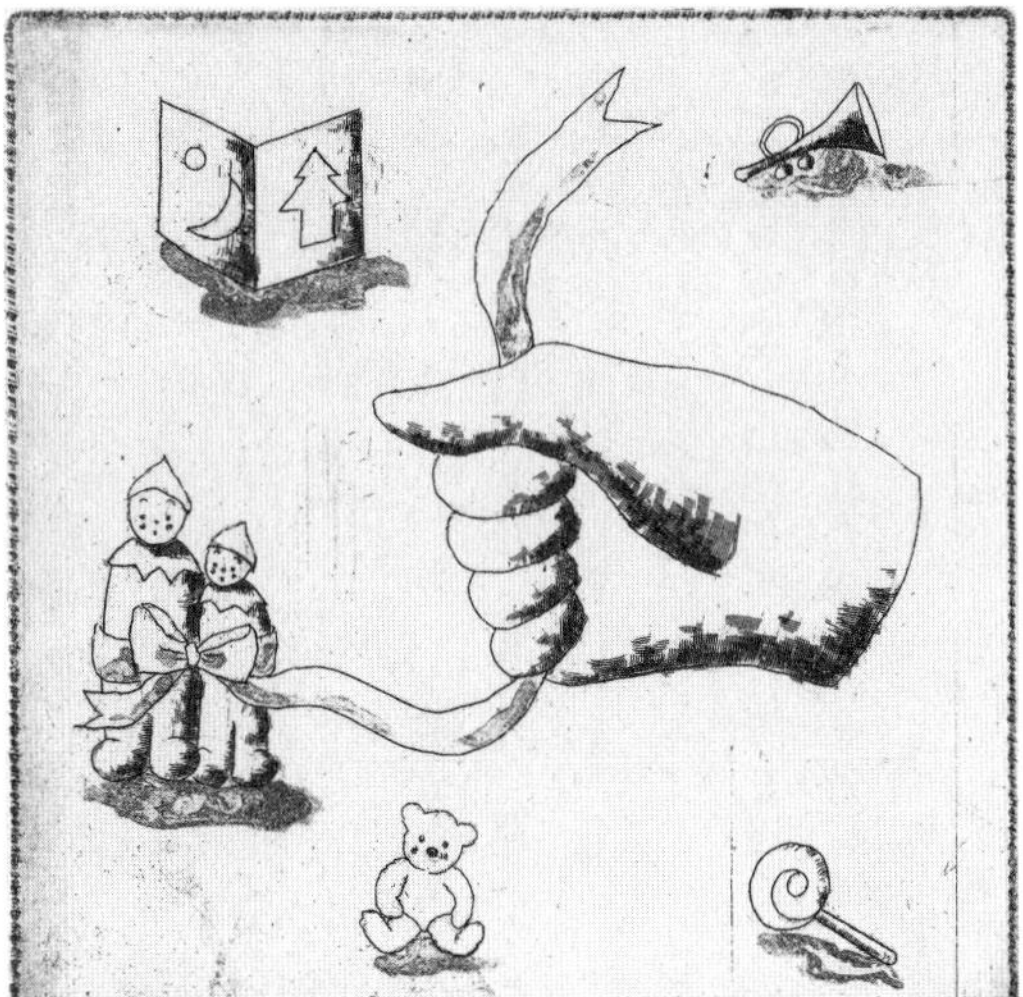

◆金属バット殺人の世代

一九八〇年の一一月、「金属バット殺人事件」と呼ばれている事件が起きました。マスコミでずいぶん話題になりました。川崎市に住む二浪中の予備校生が、寝ていた両親の頭を金属バットで撲って殺したのです。わたしがこの事件を忘れられないのは、おかしな言いかたになりますが、他人事とは思えないからです。何を物騒な、と思われるなら、同世代を感じた、と言い直しましょうか。

彼とわたしは二歳しか違いません。後で写真週刊誌に彼の家が出ましたが、住宅広告によくあるような家で、よくある中流家庭だったようでした。両親の期待が大きく、特に父親が教育熱心で、それが犯行に結びついたらしいということでした。よくある中流家庭の、親に愛され、期待をかけられてきた子が、親を殺したのです。こう言うと、わけのわからない事件だと思われるかもしれませんが、わたしにはよくわかる気がしました。わたしの友達もよくわかると言っていました。「今どき、親に対して一度も殺意を覚えないで大きくなった子なんて、いるかしら」とまで言う友達さえいました。

前章まで主婦の話をしてきましたが、女の視点から戦後家族を見直そうという発想は、戦後家族の中に女として生きてきたわたしのこれまでの体験と、もちろん無縁ではないでしょう。もうひとつ、わたしは戦後家族の子どもとしても生きてきました。戦後家族の子どもたちは、甘やかされ、物質的な豊かさにも恵まれ、なんの不自由もないと言われてきました。しかし同時に、どこかへ逃れたくても逃れられない、真綿にくるまれたような息苦しさを始終感じてきたというのも、また実感なのです。

結局わたしは、戦後家族を女・子どもの視点から見直していることになるのかもしれません。そして、今は、自分が親の側にもなったわけですが……。

◆出生率低下は二回あった

そういうわけで本章では「子ども」にテーマを移し、「二人っ子革命」という題でお話ししましょう。最近、出生率低下が問題になっています。合計特殊出生率は、一九九〇年には丙午《ひのえうま》（一九六六年）の一・五八さえ下回る史上最低の一・五七を記録し、「一・五七ショック」という流行語を生みました。その後、出生率はさらに低下し、九五年には一・四二で、二〇〇五年には一・二六にまで下がり、その後は持ち直して二〇一八年には一・四二となりました。合計特殊出生率というのは、その年の年齢別の出生率が固定されるとすると、一人の女性が一生のうちに何人子どもを産むことになるかを計算してみたものです。現在の先進国の死亡率水準では、一人の女性が二人子どもを産めば、だいたい人口は再生産します。いや正確に言うと、二・〇八人くらい産まないとダメです。途中で亡くなるかたもありますから。これを「人口置換水準」と呼びます。ところが現在はそれをはるかに下回ってしまっている。それでは人口が減るというので、政府やマスコミが大騒ぎしているのです。

このように今、出生率が注目の的になっているのですけれど、では戦後、出生率はどのように変化してきたのでしょうか。

図3－1を見てください。実線は普通出生率、つまり人口千人当たりの出生数の変化を表したもの

図3－1　出生率の長期的推移：普通出生率（CBR）と合計特殊出生率（TFR）

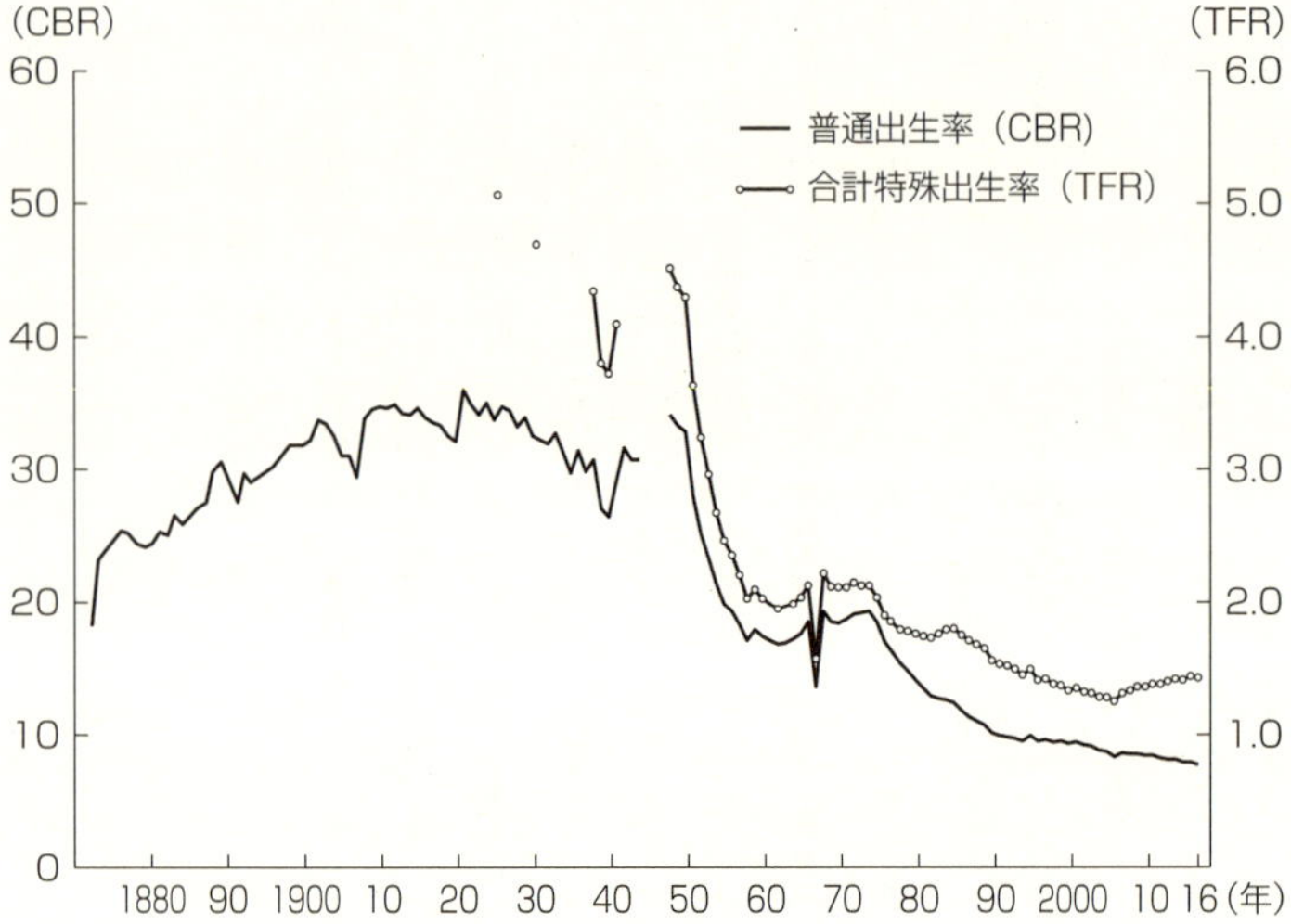

（資料）1873～90 年：内閣統計局『日本帝国統計年鑑』。1900 年以後：厚生省・厚生労働省「人口動態統計」。

です。〇印が連なっているほうは、先ほど説明した合計特殊出生率の変化を示しています。この図を見ていただくと、いかがでしょう、出生率の低下と一口に言いますが、戦後に限ってみても、低下ははっきりと二回あったということがわかります。戦前も出生率は大正期から緩やかながら低下傾向にありましたが、低下が完全に実現するのは戦後になってからです。人口の年齢構造の変化の影響を除くために、さきほど述べた合計特殊出生率を用いても、戦後の変化の形は基本的には変わりません。

細かく見ると、もう少し複雑な変化が目につきます。「生めよ殖やせよ」とは言うものの、戦争中には出生率は抑えられました。ところが、戦争が終わると男たちが戦場から帰ってきて、「さあ、これで子どもが産めるぞ」

とばかりにベビーブームになりました。これは戦争のもたらす一般法則です。一九四七年から四九年の山はこうしてできました。このときに生まれた人たちを「団塊の世代」、あるいは世界的には「ベビーブーマー」と呼びます。

さて、日本ではこのベビーブームが一九四九年まで続いたのですが（イギリスやアメリカではブームは一九五〇～六〇年代）、その直後から、出生率はまるでジェットコースターに乗ったように低下し、わずか八年ほどで底についてしまいました。すごいスピードです。これを「第一の低下」と呼んでおきましょう。注目していただきたいのは、その後、だいたい横這いが続いたということです。丙午《ひのえうま》の切れ込みが一年だけありますが、あとはほぼ横這いです。そして七〇年代半ばから、また低下が始まる。これを「第二の低下」と呼びましょう。現在問題になっている低下は、まさにこちらのほうです。戦後日本の出生率の低下は、第一の低下、安定期、第二の低下と、三段階を経過してきたのだということを、グラフが明瞭に示してくれています。

第1章で主婦について触れたとき、「戦後」というのは一方向的な変化の時代ではなかったのだと言いました。途中で、何か転換点があるのだと。この出生率のグラフを見ると、もう少しそれがはっきりするのではないでしょうか。「戦後」という時代は、五〇年代の前半までに急速に形成されたのです。そしてその後出生率がずっと横這いを続けた安定期、これこそがまさに「戦後」という時代なのです。女性は主婦で、子どもの数は二人か三人。わたしたちが「ああ、これが家族なんだな」と思い浮かべるような家族の時代と言ってもいいでしょう。

これからは、終戦から現在までの期間を三段階に区切って考えてみることにしましょう。まず、「戦後」という時代ができるまでの準備期。そして、これこそが「戦後」だという安定した時代。それが、ほぼ一九五五年から七五年まで、約二〇年間続きました。それから、安定した「戦後」体制が崩れていくというか、変わっていく時代ですね。出生率のみならず、広く家族の変化や女と男と子どものの関係について、この三段階の時代区分ができるのではないかと、わたしは提案したいと思います。

◆二人っ子革命

では、戦後という時代は果たして何だったのか、「戦後」はいかにして作られたのか。その秘密を探るため、前章で、女性に注目して主婦の誕生を追ってみたように、本章では子どもに注目して、出生率の「第一の低下」のもつ意味をじっくり考えてみましょう。この低下のスピードというのは、日本より早く近代化した国々と比べて圧倒的に速いものでした。世界史的な事件とも言えるほど急速なこの出生率の低下の時期、いったい何が起こったのでしょう。

表3-1は、既婚女性の出生コーホート別産児数を表しています。「コーホート（cohort）」という言葉は聞き慣れないかもしれませんが、「世代」という意味です。「世代」という言葉の使いかたにはいろいろあって、親世代・子世代というように親子関係を表す場合があるかと思えば、戦争世代とか戦後世代とか安保世代とかシラケ世代とか、特定の時代体験の共有を表す場合もあります。わたしがここで「出生コーホート」という言葉で表したいのはそういうことではなくて、もっと形式的に、何

表3-1　既婚女性の出生コーホート別出生児数

女性の出生年	出生児数割合（%）					平均出生児数（人）
	0人	1人	2人	3人	4人以上	
1890～1895	11.3	8.3	7.8	8.9	63.8	4.8
1895～1900	9.9	8.7	8.0	9.3	64.0	4.8
1900～1905	9.0	8.6	8.4	9.7	64.3	4.8
1910～1915	7.6	9.8	11.2	14.8	56.6	3.93
1920～1925	7.9	11.3	24.1	28.2	28.5	2.77
1927～1932	3.5	11.0	47.0	28.9	9.7	2.33
1932～1937	3.6	10.8	54.2	25.7	5.7	2.21
1937～1942	3.1	10.1	55.3	25.8	5.7	2.22
1942～1947	3.8	9.0	57.9	24.2	5.1	2.18
1947～1952	3.3	12.4	56.4	24.4	3.5	2.13
1952～1957	4.2	9.3	53.7	28.9	4.0	2.20
1955～1960	5.7	11.1	50.3	29.0	3.8	2.15
1960～1965	7.5	13.8	52.0	23.6	3.1	2.01
1965～1970	9.9	18.1	51.3	18.2	2.5	1.86

（出所）　国立社会保障・人口問題研究所「人口統計資料集」2018年。

年から何年に生まれた人たちという意味です。「出生コーホート」のほかに「結婚コーホート」というとりかたもあります。ここでは、女性の出生コーホートごとの産児数（出生児数）の分布を見てみましょう。

まず上のほうの明治生まれのコーホートでは、四人以上産んでいる女性が多数派です。ところが大正九（一九二〇）～一四（一九二五）年生まれから傾向が変わり始め、昭和二（一九二七）～七（一九三二）年生まれのコーホートになると、二人か三人しか産んでいない女性が圧倒的になってきます。ここで達成された昭和ヒトケタ生まれの女性たちの子どもの産みかたは、その後、現在のわたしたちまでほとんど変わっていません。昭和ヒトケタ生まれというと、ちょうど戦後まもなく結婚して、「ジェットコースター」の時期に子どもを産み始めた人たちです。家族を変えたのは「戦後結婚世代」だと言われることがありますが、わたしたちの世代にまで地続きの「戦後」という時代を作ったのは、確かにこの世代だったのです。表面的には安保世代や全共闘世代ほど華々しくなかったけれど、戦後日本においてもっとも「革命的」だったのはこの世代だったと言うべきかもしれません。

そんな意味をこめて、私は「出生率の第一の低下」を「二人っ子革命」と呼び換えたいと思います。しかしそれは、「少子化」とだけ理解すると少し違うようです。今度は表3-1の左端、出生児数〇《ゼロ》人というところを見てください。「少子化」というと、産児数〇《ゼロ》の女性も増えているだろうと思ってしまいます。ところが、事実はそうではありません。結婚したけれども子どもを産まなかった明治女性は一割以上いるのに、昭和ヒトケタ生まれでは三パーセント台に減っています。だから「第一の低下」のときに何が起こったかというと、平均すれば「少子化」ですが、それだけでは正確ではない。同時に「画一化」が進んだと付け加えたほうがいいでしょう。

前章で主婦化についてお話ししたとき、女はみんな主婦になり、女は主婦なのが当たり前という考えができたと言いました。それも「画一化」ですね。しかも、主婦になるのが良いのだという価値観までがこれについてくる。子どもの数についても、同じことです。子どもを二、三人産むのが当たり前、それが良いのだという規範、これがとても強く出てきたのではないかと思われます。こうしてみると、戦後の家族というのは、非常に「画一化」した家族だったと思いませんか。「家族というものは、こういうふうでなくてはいけない」という枠を、押しつけてくるような家族だった。

◆避妊より中絶

ところで、ジェットコースターに乗ったような出生率低下の時期、子ども数を減らした方法は何だったのでしょうか。今は、おもに避妊ですね。日本は今でも欧米に比べて人工妊娠中絶という方法をよく利用するほうですが、それでもだいぶ比率は減ってきました。ところが戦後しばらくの間は、中絶が主たる方法でした。避妊のほうが少なかった。

図3-2は戦後の人工妊娠中絶率の推移を示しています。これは報告のあった件数のみを記したものなので、実際には、ヤミ中絶を入れると、「出生率の第一の低下」の起きた一九五〇年代には、生まれたのとほぼ同数に近い胎児が中絶されたと言われています。表3-2は、中絶も避妊も無かったとしたらありえたはずの妊娠一〇〇件が実際にはどのような結末に終わったかを理論的に推計したものです。六〇年代後半から産児調節の主役が避妊に移っていった様子がうかがえます。*1

四国の離島で、あるおばあさんに戦後すぐの頃のお産の話をうかがったことがあります。*2 そうしたら、なんと、一人で五回も六回も堕ろしたというんですね。夫婦の間の子を、ですよ。コンドームはあったそうです。行政を通じた避妊奨励策で、安くもらえたそうです。そのころは、戦争に負けて、人口を減らさなくてはならないという政府の方針がありましたから。ところが、これを使うのが、恥ずかしくてたまらなかったんですって。「コンドームつけて」と夫に言うのも恥ずかしいし、夫も嫌がるし、とにかくそんなふうにしてセックスするということが恥ずかしくてしょうがなくて、中絶の

図３-２　人工妊娠中絶率の推移

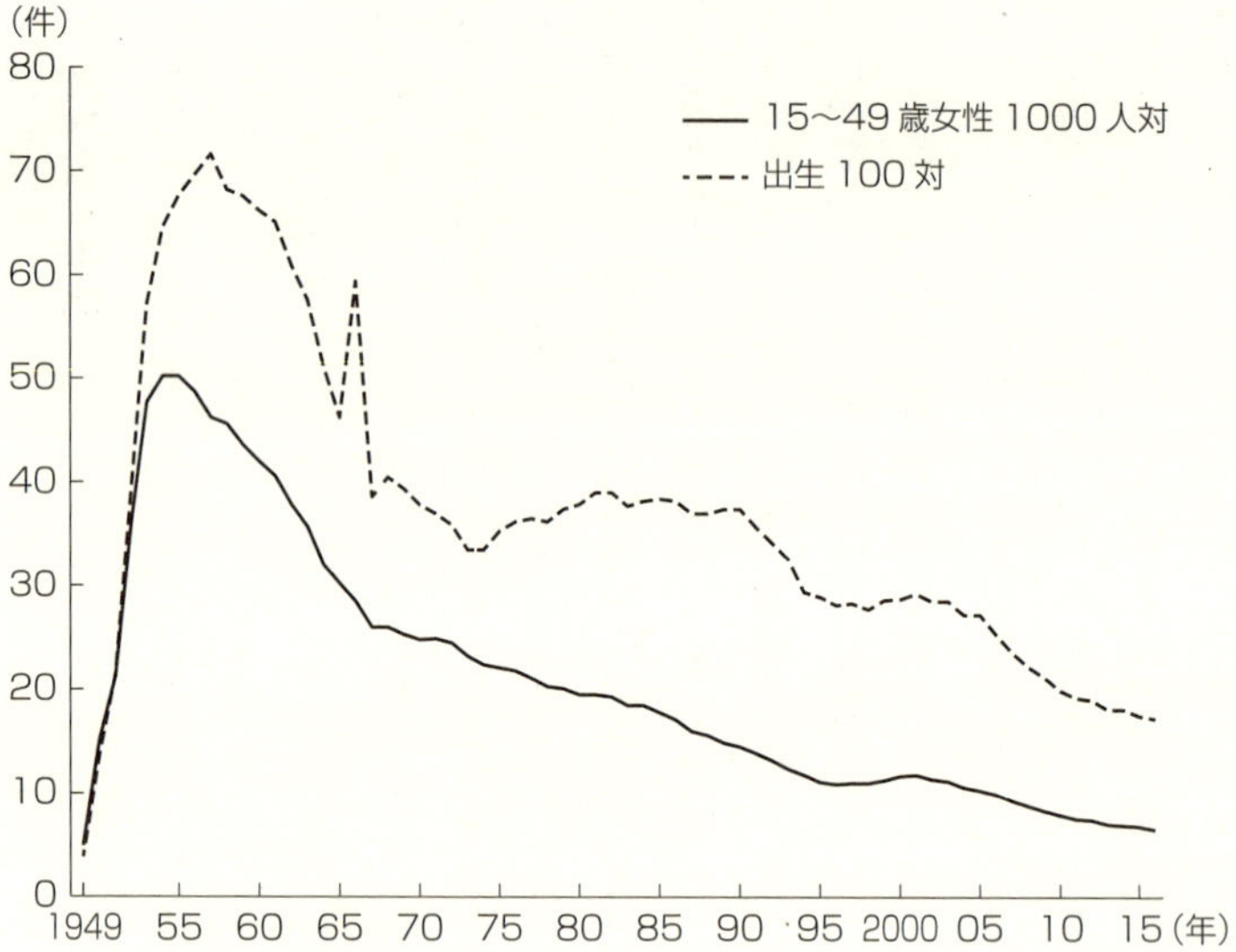

（注）　人工妊娠中絶は報告分のみ。

（資料）　厚生労働省政策統括官（統計・情報政策担当）『衛生行政報告例』による。対出生比は「人口動態統計」の出生数から算出。

（出所）　国立社会保障・人口問題研究所「人口統計資料集」2018 年。

＊1966 年の突出は丙午《ひのえうま》で出生数が減少したため。

表３-２　戦後日本における出生・人工妊娠中絶・避妊：理論的にありえた妊娠 100 件中の割合（1955～70 年）

年	出　生	人工妊娠中絶	避　妊
1955	44.9	37.4	17.7
1960	38.8	31.4	29.8
1965	38.2	19.8	42.0
1970	38.3	16.9	44.3

（出所）　村松稔「近代日本における人工妊娠中絶」IUSSP・IRCJS ワークショップ「アジア史における中絶・嬰児殺・遺棄」（1994 年，京都）報告より。

ほうがまだよかったというんですよ。

セックスのしかたというのは、昔から変わらないように見えて、実は変わっているんですね。でも、それまでと違うやりかたをするというのは、初めのうちはすごく抵抗があるのでしょう。そんなわけで、避妊には最初すごく抵抗があった。でも五回も六回も中絶しているうちに、さすがに「これじゃ体に悪いなって父ちゃんが言って、コンドームをつけるようにしてくれた」のだそうです。あのジェットコースターのような低下は、女の体と心を痛めつけ、胎児の半数を水に流すことによって実現されたのでした。しかしその時期には、政府はそんな出生率低下を積極的に推し進めたのです。今度は出生率が下がりすぎたからといって、「生命尊重」などと言いだすようなら、そのときのことをよく思い出してもらいましょう。

◆耐久消費財としての子ども

それにしても子どもの数が減った、あるいは画一化したのは、どうしてなのでしょう。近代化すると、なぜ子どもの数が減るのでしょうか。前章の「近代化するとどうして女は主婦化するのか」という問いのタネあかしは、産業構造の変化ということでした。実は今回もそうなのです。農業社会からサラリーマン社会に転換するそのときに、「子どもの価値」というものが変わったのです。

少し経済学的な言いかたをすると、農業社会では子どもは「生産財」でした。それがサラリーマン社会では「消費財」に変わった。わかりやすく言えば、「生産財」というのは何かを作るために使うもの、「消費財」というのは使いっぱなしのものです。工場の機械は「生産財」、わたしたちが食べたり着たりしているものは「消費財」です。農業社会では、子どもというのは、何年か育てれば家の農業を手伝うようになる「生産財」でした。

ところが現在の子どもは、育ち上がって自分で稼ぐようになっても、親には何も返してくれません。年とってから面倒みてくれるかというと、それもあまりあてにならない。今の子どもは、将来、親にとっての価値を生みません。つまり「消費財」。使いきってしまうものなのです。

では何に「使っている」のかというと、楽しみに使っているとしか考えようがない。子どもは可愛い。けっこう楽しめる。可愛いのは何年もつかといえば、三年だという人もあり、一〇年だという人もあり……。現代、子どもは親にとって、何年かは楽しみに使える「耐久消費財」なのです。冷蔵庫やテレビ、洗濯機などと同じものなのです。

しかし、そうだとすると疑問がわいてきます。たとえばテレビならテレビ、車なら車から得られる楽しみというのは、その人によって違うはずです。だから好みによって、車に思いきり金をかける人もいれば、AV機器に凝る人もいる。「私は子どもを産むより、高い外車を次から次へと買い替えて一生を送りたい」という人がいても、おかしくないではないですか。あるいは、「自分は毎年海外旅行に行きたいから、子どもにかける金なんかない。だいたい足手まといだし」とか。ところが、いったいどうしてなんでしょう、あれだけみんなが同じ数の子どもを産み続けたというのは。これは、子どもが「消費財」になったということだけでは、説明しきれないのではないでしょうか。

子どもが「生産財」から「消費財」に変化したという図式は、おおまかに言えば正しいものです。経済学者も、子どもは「耐久消費財」であるとし、冷蔵庫や車をどれだけ買うかという式にあてはめてみると、この夫婦は子どもを何人産むのかがだいたい計算できると言います。[*3] しかし、それにしても、平均産児数は二人よりも下にはなかなか下がらなかった。特に日本はそうだと言われてきた。教育費や住宅費の高騰など子ども数を減らす条件が強くても、これまでの日本では結婚した夫婦の子ども数の平均は二人より下にいかないできた。ここにはやはり、規範の力があったのでしょうね。一、三人の子どもを産んでこそ家族、二、三人の子どもがいてこそ人生、という……。経済的な理由だけでは説明しきれない、別の強い要因が画一化の背景にはあったのではと、考えざるをえません。

◇ 子どもの誕生

では子どもの数が二、三人になることは、子どもにとって、そして親にとって、どういう意味をもっていたのでしょう。子どもが大事でなくなったから子ども数が減ったのかというと、そうではない。反対に、子どもをたっぷりと愛するために子どもの数を制限したと言えるようです。

子どもに対する感情なんてとらえどころのないものですから、その変化を歴史的に明らかにするなどというのは、至難の業です。しかし、こういう問題を独自の方法で研究して歴史学の一領域に押し上げた人がいます。その人とは、フィリップ・アリエス。フランスの社会史家で、一九六〇年に『アンシャンレジーム期における子どもと家族生活』（邦訳『〈子供〉の誕生』）という本を書いて、教育学や家族史の分野に、「アリエス以前」と「アリエス以後」といってもいいくらいの大きな影響を与えました。[*4] ある時代の世界観や感情生活を明らかにしようとする、こうしたアプローチを心性史、あるいはマンタリテ（mentalité）の歴史といいます。

「子どもの誕生」と聞くと、お産の話かと思うかもしれませんが、そうではありません。子どもといっても、カッコ付きの〈子ども〉。つまり「子どもというもの」。歴史的に、昔は〈子ども〉はいなかったが、ある時期に〈誕生〉したというのです。

こう言うと、「背が低いのに大人と同じなんて変だ」と思われるかもしれません。子どもというのは、生物学的な存在で、歴史的に変わったりするわけないと。しかし、現代のわたしたちの社会のことを反省してみてください。身長の伸びも止まっていて、親よりも背が高く、子どもを産むことだってできるにもかかわらず、本人の自覚でも、世間の扱いでも、〈子ども〉にされている若者がいかに多いことか。どこまでが〈子ども〉かという区切りは生物学的には決まらない、社会的な約束ごとなのです。

中世の人々が、子どもとは「小さな大人」にすぎないと思っていたのはなぜかというと、当時は、自分で用も足せない幼児は別として、そういう段階を過ぎて、自分で食べられ、自分で着られて、自分で排泄ができるようになると、あとはもう大人と一緒に働き遊び暮らしていたからです。大人の仕事を真似したりするのが、遊びでもありました。

可愛らしい子どもの姿が絵画に頻繁に登場するようになるのは、一七、八世紀のことだとアリエスは言います。そのころ何が起きたかというと、中産階級の子どもが学校に行くようになりました。もう幼児ではないけれども、仕事をしているわけでもない、仕事に就くまでの準備期間、それが〈子ども〉期というものなのです。そういえば、同じ子どもでも、男の子と女の子ではどちらが先に「誕生」したと思われますか。答えは「男の子」です。学校に通うようになったのは、男の子が先でしたから。大人と区別される子ども服を最初に着るようになったのは、学童期の男の子だったとアリエスは言います。*5

〈子ども〉というのは、大人とは違う存在である。〈子ども〉は無垢で汚れがない。だから〈子ども〉に対して大人は、二つの態度で対さなくてはならない。ひとつは、可愛がるということ。もうひとつは、教育するということ。〈子ども〉は可愛がって教育しなければいけないものだという考えが、そのときに出現しました。可愛がって教育するには、お金と手間がかかります。子どもが大切な存在になり、育てるコストが増大したからこそ、子どもは二、三人に制限されるようになったのです。

◆母の誕生

〈子ども〉が誕生したのにともなって、親の側も変わらざるをえません。そこで、アリエスを下敷きにしながら、「母の誕生」を説く人たちが出てきました。その代表者が、『母性愛という神話』という本を書いたエリザベート・バダンテールです。*6 バダンテールは、一八世紀のパリで、母親の母乳で育てられる赤ん坊は年間ほんの千人しかいなかったという事実を取り上げます。あと千人は、住み込みの乳母の乳で育てられ、残りの一万九千人は親元から離され、パリ近郊の農村に里子に出されたのです。首も据わらないうちに里子に出したうえ、里親の元でも行き届いた世話を受けられるわけではないので、死んでしまう子どももたくさんいました。そういうときに、預けていた親は、どんなに悲しみ、憤ったことかとわたしたちは想像するのですが、事実はそれほどではなかったようです。里子に出した子どもが死んだという報せを聞いてもすぐにあきらめ、原因を調べようともせず、「これであの子も天使になって天国へ行った」と言っていた親たちの姿が、史料から浮かび上がってきます。親たちは、今日のような子どもへの執着をもっていなかったようです。

しかし、このバダンテールの「前近代の母親には母性愛がなかった」という説に対しては、ずいぶん反論も出されました。たとえばリンダ・ポロックの『忘れられた子どもたち』は、さまざまな日記や手紙などの中から親の子どもに対する愛情が表現されている箇所を抜き出して反証を試みています。[*7]

しかし、もっと含蓄が深いのは、『〈母と子〉の民俗史』という著書のあるフランソワーズ・ルークスの反論のほうだとわたしは思います。[*8] ルークスは、たとえばスウォドリングと呼ばれた産着の習慣を取り上げます。赤ん坊の体を包帯のような細い布でぐるぐる巻きにするこのやりかたは、糞尿で汚れてもなかなか替えられないので不潔である、子どもの自由を奪い残酷だ、などの理由で、ジャン・ジャック・ルソーら新しい育児法を提唱した人々から目の敵にされました。しかしルークスは、二〇世紀の初めまでスウォドリングをしていたおばあさんたちに聞き書きをして、彼女たちは、赤ん坊の体は「形付け」をして矯正してやらないとよい形に育たないという信念により、そうしていたということを調べ出しました。当時の育児法が冷酷に見えるのは、背後にある身体観や生命観が今日のわたしたちとはまったく異なっていたからで、当時の親たちもそれなりのしかたで子どもに関心を払っていたと言えましょう。

しかし、近代の母親と近代以前の母親を比べたとき、母性愛の有無などというより、もっと強調されるべき明瞭な違いがあるとわたしは考えます。

「女性にとってもっとも重要な役割は、母親であることであり、母性愛は何ものにも増して崇高な感情である」。こういう言いかたは、わたしたちの耳にはきわめて馴染み深いものですが、一八世紀にルソーらによって主張され始めたときには、新奇な、ときには人の眉をひそめさすような考えと受けとめられたのです。

たとえば、バルザックの『結婚契約』という小説の中にこういう場面があります。母親が、貴族の青年と明日結婚するという娘に、結婚生活の心得を話して、いわく「夫の心をひきつけておきたいと願う妻がいなくなってしまった原因は……始終夫といっしょにいることにあるのです。そんなことは昔はなかった。この国で、家族偏愛とともに生まれたのです。フランス革命が起きてからというもの、ブルジョワの風俗が貴族の家庭に侵入してきたのです。この不幸は、革命に影響を与えた作家の一人、ルソーのせいですよ。……それ以来、立派な女たちが子どもに乳をやり、娘を育て、家の中にいるようになったのです。おかげで生活はこみいって、幸福などほとんど望めなくなったのです……。」[*9] 現代の母親が娘に言いそうなアドバイスと、ちょうど反対ですね。

しかし、娘たちが親に素直に従わなかったのは、今日と同じでした。「お母さんは古いのよ。今は、赤ん坊に自分のオッパイを飲ませるのが流行っているのよ」、そう言って、下級貴族やブルジョワジーの娘たちは、どんどん家庭に入っていきました。そうして女は他の何者であるよりも前にまず母親であるべきだという規範が、当たり前のように成立する時代がやってきたのです。家族であるからには、二人か三人の子どもをもうけ、母親は育児に専念して、たっぷりと愛情を注ぎ、手をかけて子どもを育てること。そうした家族像が人々のあこがれの的となり、情熱的に受け入れられてゆきました。

◆愛という名の管理

母親が子どもを愛することがこんなに価値あることとされるようになって、近代の子どもたちは幸せだな、と思われるかもしれません。しかしそれは、ことの半面しか見ていません。

久徳重盛さんという小児科医の書いた『母原病』という題の本が、一九七九年に出版され、ベストセラーになりました。[*10] 母原病──母が原因である病気。非常にセンセーショナルな題名ですね。この本の中で、著者は、こんなふうに言っています。一九五〇年代後半から、日本の子どもの病気が変わった。それまでは、お腹をこわすとか、呼吸器系の病気とか、そういう感染症が主であったのに、社会全体の衛生状態がよくなり、子どもの数が減って、親が子ども一人ひとりに気を配るようになり、そうした病気にかかりにくくなった。

しかし、もうこれからの子どもは病気をしなくなるのかと思えたのもつかのま、別の種類の病気が増え始めました。小児喘息とか、吃音とか、食欲不振、登校拒否、骨折しやすいなどです。久徳さんは、これらは母親が病原体である病気なのだと断言しました。たとえば、喘息児の付き添いで来るお母さんには、おおまかに分けて二つのタイプがあることに気がついたと言います。「一つは過保護型の母親で、少し寒いからといっては、厚着させ、子供が少し鼻水を出しているからといっては入浴をやめさせるといったタイプです。もう一つはガミガミ型の母親で、ちょっとした子供のいたずらでも、激しく叱りつけ、おとなしくせよ、静かにせよといって子供を萎縮させてしまうタイプです[*11]」。こういう母親の子どもへの接しかたが、精神的な問題が絡んだ病気を発病させているというのです。

「母原病は昭和三〇年代頃から、我が国の文明化、ＧＮＰの伸びのカーブに平行して、近年特に目立つようになってきました[*12]」とありますが、昭和三〇年代の子どもたちといえば、ちょうど出生率が「第一の低下」を経験して、一夫婦当たり子どもは二、三人となった最初の世代ですね。「家族の戦後体制」の最初の子どもたちと言ってもいいその子たちから、「母原病」といえるような種類の病気が生じてきたというのは、非常に示唆的なのではないでしょうか。

子どもの数が少なくなり、母親はその子どもたちに精一杯の愛情をかける。母親は、しかも母親であることに専業になっている。他の生活を捨て、他に何の生きがいももたないで、子どもを生きがいにして世話をしているのです。それは、子どもにとってすばらしいことのようですが、逆に言うと、母親の生きがいになるような子どもにならなければならない、ということでもあるんですよね。

それればかりではありません。近代の母親は二つのものの代理機関でもあります。一つは医者です。

近代になって衛生という考えかたが生まれ、人々は日常生活の細部にまで、神経質なほど気を配るようになりました。母親というものは、子どものみならず、夫や家族の全員に対して、手を洗いなさいとか、何を食べちゃいけないとか、いちいちうるさく口を出しますね。これは、一八～九世紀に母親に要請された「病気予防者」としての役割です。[*13]

それから母親は、周知のように、学校の教師の代理機関でもあります。「衛生」と「教育」といえば、近代社会がその内側まで踏み込んで人間を管理する、中心的な制度です。人間の生産者たる母親たちが、それを実現するのが自分の任務だと思い込まされたのも、当然といえばいえるでしょう。愛の名のもとに、知らず知らず母親たちは、家庭における権力の出先機関となって、子どもたちを管理しているのです。

親に愛されることを幸福と感じ、自分もまた親を愛しておりながら、心のどこかで、この重すぎる愛を払いのけるには、「親を殺す」しかないと感じている……。そんな矛盾した感情が、二人っ子時代の子どもたちの間に、ひそかに蔓延していったようです。

◇再生産平等主義

第1章の「女は昔から主婦だったか」を国際比較で締めくくったように、今回も国際的視野の中に戦後日本を位置づけ直すことで、まとめにしたいと思います。戦後の日本の「二人っ子革命」に相当するような人口学的大変動は、ヨーロッパでは、一九世紀末から二〇世紀の初めに起こりました。いわゆる「出生力転換」です。

出生率の低下は、まずどの国にも先駆けてフランスで始まりました。あのルソーの活動したフランス革命の直後から、緩やかな低下が始まったのです。このころの産児調節は性交中断（膣外射精）という素朴な方法で行われたことがわかっています。革命が起こるや、というより革命と並行して、男女がセックスのしかたを変えたなんて、おもしろいと思いませんか。

しかし、フランスの出生率低下開始の早さは例外的です。他のヨーロッパ諸国は、ほぼ一世紀遅れて一九世紀末の二〇～三〇年間に低下が始まり、四〇～五〇年かかって底に達しました（図3-3）。

ところで、ヨーロッパの出生率について語るとき、けっして見落とすことができないのが、婚姻率との関係です。いや、ヨーロッパに限らなくとも、婚姻率（正確にいうと「有配偶率」）にふれずに出生率を考えることはできません。


出生力＝有配偶率×有配偶出生力＋(1－有配偶率)×非有配偶出生力

ある社会の出生力（出生率）の大きさはこのような式で表すことができます。「有配偶」というのは、正式の婚姻であるなしにかかわらず定まったパートナーがいるということです。定まった相手なしに出産する確率はどの社会でも非常に低いので、この式の後半分は省略して、

出生力≒有配偶率×有配偶出生力

図３－３　有配偶出生力の低下

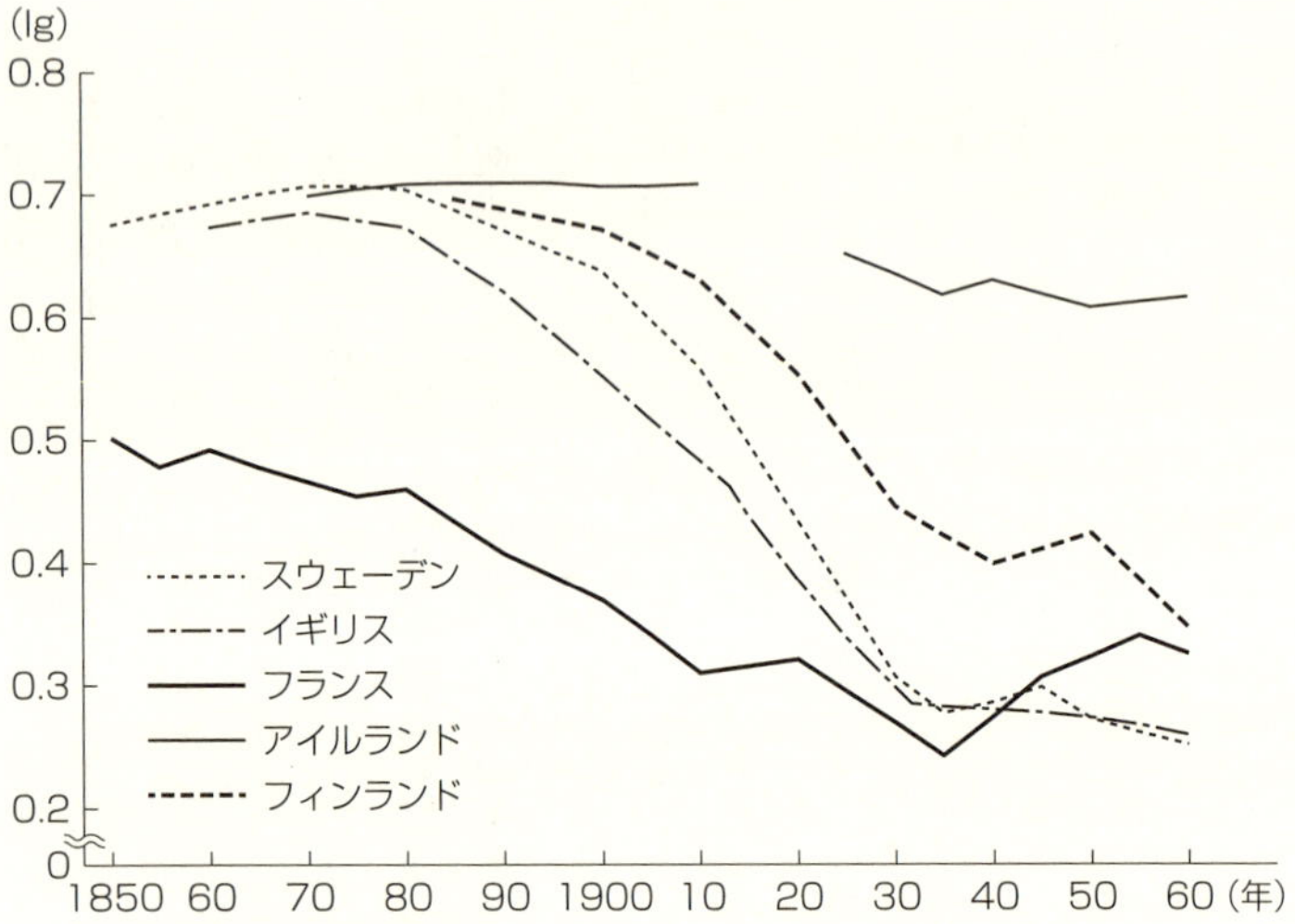

（注）　Ig は有配偶出生力の指標。
（出所）　Coale "The Decline of Fertility in Europe from the French Revolution to World War Ⅱ" より。

と書き直してもよいでしょう。まずはパートナーがいるということ、そのうえで実際に子どもを産むということ。子どもが生まれるためには、この二つの条件が必要だということです。逆に言うと、カップル当たりの出生率を制限するばかりではなく、当該社会の男女がカップルを作る率を抑えることによっても、社会全体の出生力は抑えられるということです。

近世ヨーロッパ（一六世紀以降の北西ヨーロッパ）の婚姻には、「ヨーロッパ的婚姻パターン（European marriage pattern）」と呼ばれるはっきりした特徴がありました。[*14] その特徴というのは、まずは晩婚。初婚の平均年齢は女性二五～二六歳、男性二七～二八歳くらいでした。それから「稀婚」。「稀」という字を当てるのはやや誇張かもしれま

図３－４　有配偶率の上昇

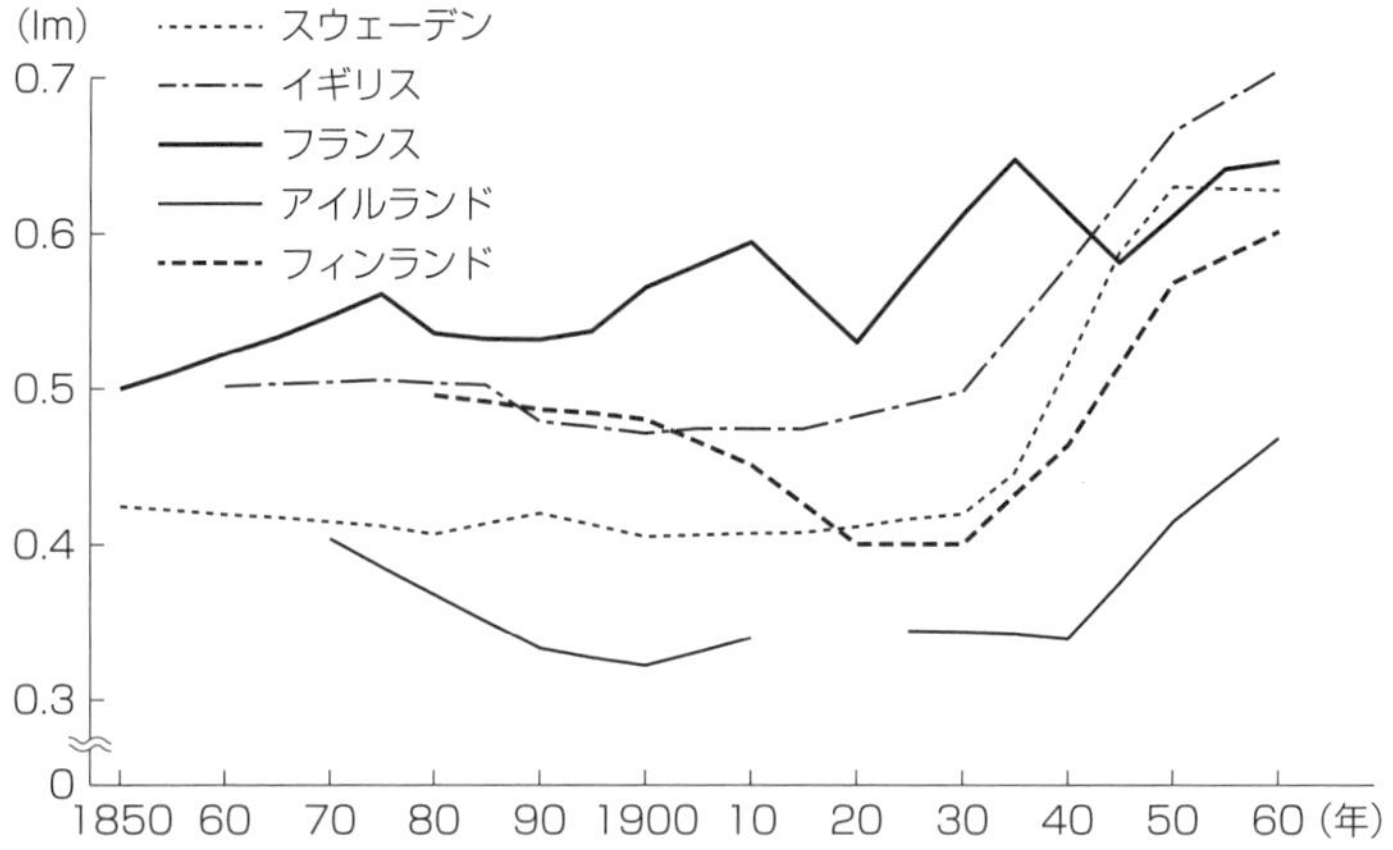

（注）Im は有配偶率の指標。
（出所）図３－３に同じ。

せんが、産業化以前の社会としては例外的なほど生涯独身率も高く、一割以上の男女が生涯結婚しませんでした。修道院に入る、奉公人となったままなかなか結婚しない、などの生きかたの存在が、婚姻率を押し下げていたのです。

そういえばヨーロッパの知識人は、デカルトにしてもカントにしても、独身者が多いですね。聖職者が知識人という伝統があったからかもしれません。だからヨーロッパ哲学は本質的に女嫌いでファロセントリック（男性中心主義的）なのだ、などとも言われます。

さて、それはさておき、その特徴的な「ヨーロッパ的婚姻パターン」は、一九三〇～四〇年ころ、劇的な崩壊を遂げました。北西ヨーロッパでも南ヨーロッパでも、ほぼいっせいに早婚化・皆婚化が生じ、有配偶率が急上昇したのです（図３－４）。いったい何が起こったのでしょうか。

図３－５　平均結婚年齢の長期的推移

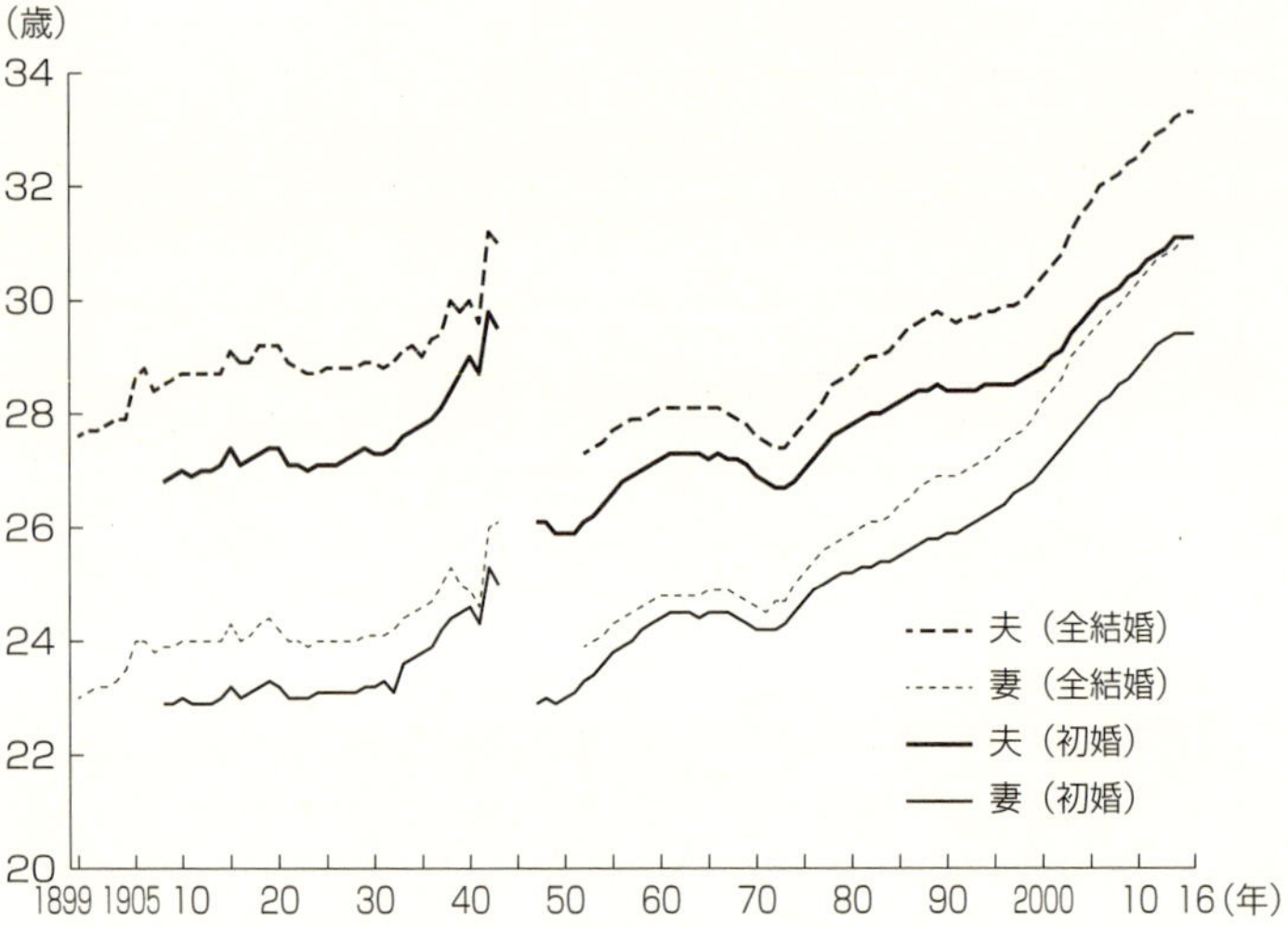

（資料）　厚生省・厚生労働省「人口動態統計」。

興味深いことに、この年代は、一八七〇年代からヨーロッパ全域で始まった有配偶出生力低下が底を打った時期にちょうど当たっています。あたかも、婚姻内への出生抑制の導入により、婚姻への情熱が解き放たれたかのように[*15]。

社会の一部の人々は結婚しないけれど結婚した人はたくさんの子どもを産む社会から、みんなが結婚するかわりにみんなが産児制限をする社会へ。「二人っ子革命」は単なる「少子化」ではない、「産児数の画一化」でもあったと先ほどお話ししました。しかしさらに婚姻にも注目し、話をもっと一般化したほうがいいのではないでしょうか。みんなが結婚して二、三人の子どもがいる家庭を作る社会。これを「再生産平等主義」の社会と呼んでみてはどうでしょう。

図３－５と図３－６は、日本の平均結婚年齢と初婚年齢分布の年次変化を示したものです。

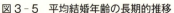

図3-6　初婚年齢分布の変化

(1) 初婚の妻

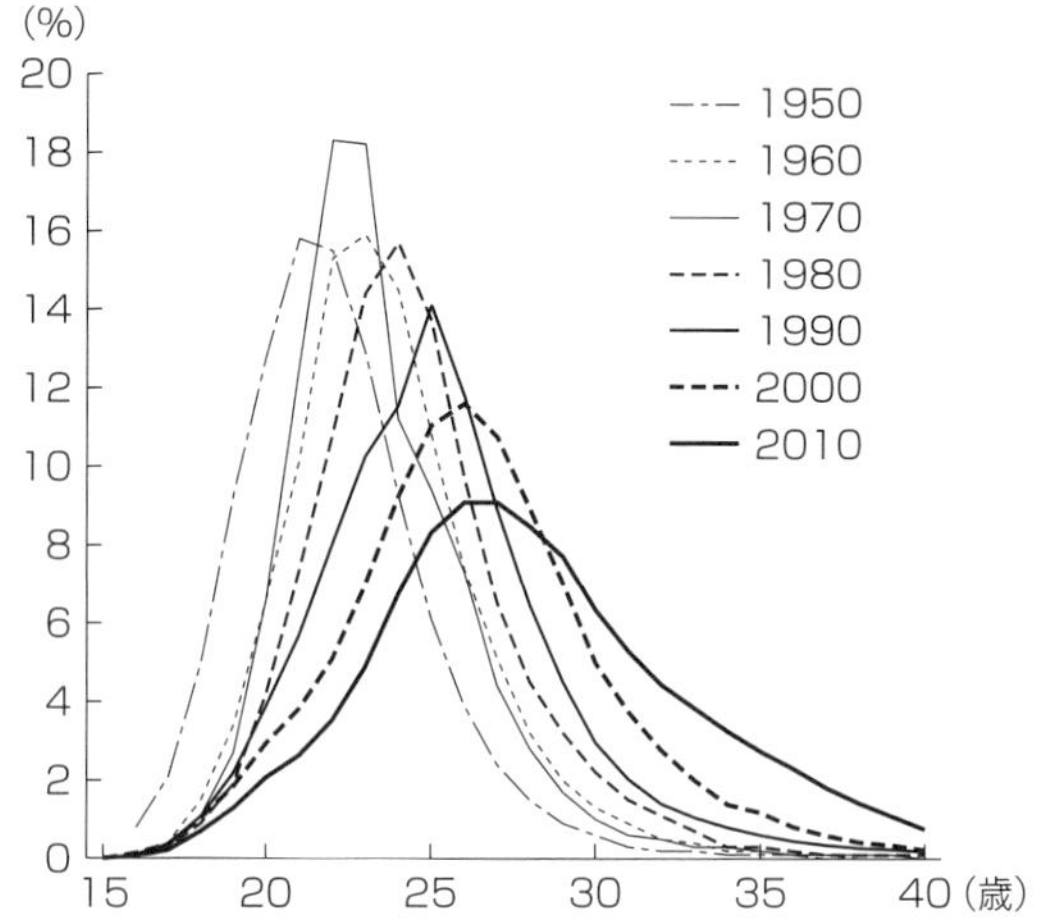

(2) 初婚の夫

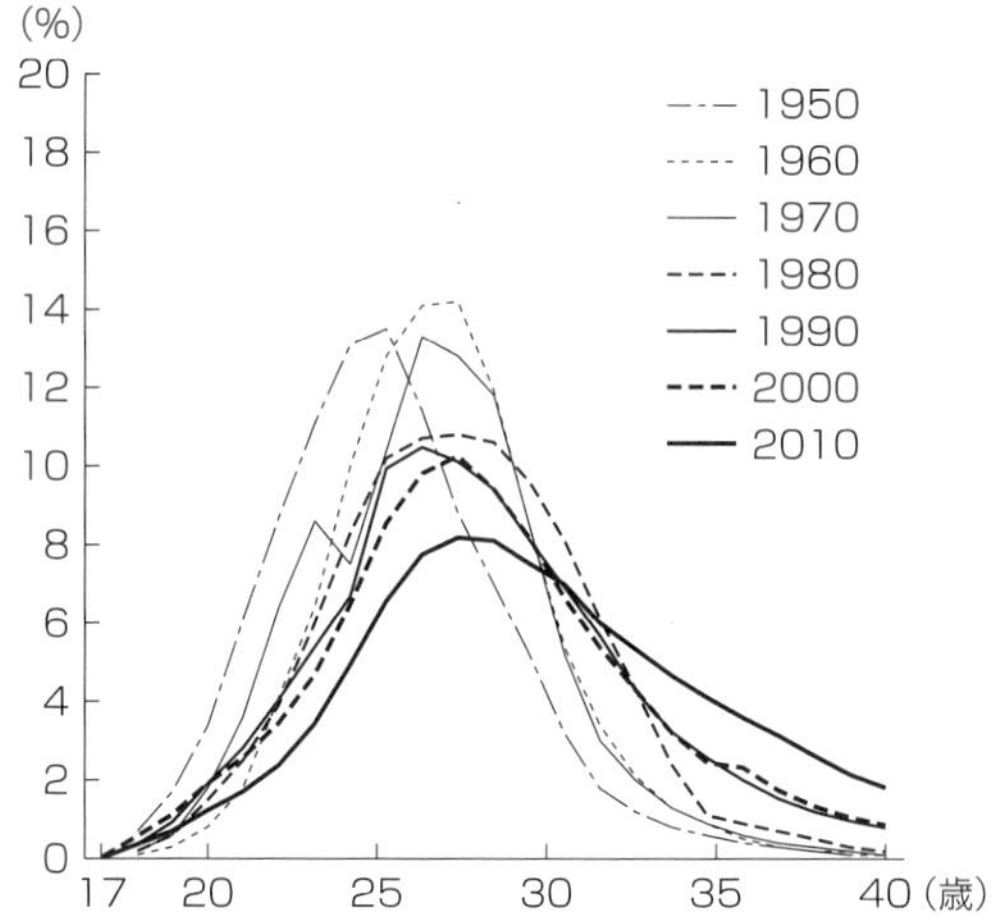

（資料）　厚生省・厚生労働省「人口動態統計」。
（出所）　厚生省大臣官房統計情報部編「婚姻統計：人口動態統計特殊報告」1997年。
厚生統計協会，内閣府『子ども・子育て白書』2012年。

さきに戦後を三つの時期に区分しましたが、その真ん中の安定期、これこそが戦後だという時代には、平均初婚年齢も安定していました。しかしその後、安定期の二倍もの期間、初婚年齢は上昇し続けています。また初婚年齢のばらつきを示す「分散」を計算してみると、一九五五年から七五年くらいまでの時期は、その前後に比べて値が小さく出ます。[*16] 分散が小さいというのは、適齢期規範が強かったということです。七〇年代をピークに、適齢期規範が弱まっていったのは、図3－6の山がどんどん低くなっていったことからもよくわかるでしょう。

よく女性の結婚はクリスマスケーキだと言われました。「二四過ぎたら叩き売り」、という悪い冗談ですが、それはまさに一九五五年から七五年、典型的な戦後という時代にこそふさわしかったのですね。戦後という時代、多くの女性たちは二四歳で結婚し、専業主婦になり、二人か三人の子どもを産みました。そして、子どもを愛し、管理する母親となったのです。

「再生産平等主義」とは、一方では人々に平等に子孫を残すチャンスを与えるということではありましたが、他方ではすべての男女に、画一的なライフコースを歩み、画一的な家族を強要することでもありました。考えてみると、それこそが悪夢のようだったという気もしてきます。

4

核家族化の真相

◇サザエさんの懐かしさ

子どものお相伴で、テレビのアニメを見ることがよくありました。日曜の夜といえば「サザエさん」。テーマソングの「おどるポンポコリン」で有名な「ちびまる子ちゃん」もありました。「ちびまる子ちゃん」の作者のさくらももこさんは、わたしとわりあい世代が近いんですよね。まる子ちゃんは子どものころのさくらさん自身ですから、あの学校の様子も、街の雰囲気も、ほんのたわいもないことがわたしにはとても懐かしいのです。一九六〇年代から七〇年代初めの感じが、よく出ているなあと思います。マニアックな「研究書」まで出た「サザエさん」のほうは、あまりに長いあいだ連載していたものなので、時代感覚はややあいまいになっています。しかもアニメ版は、原作の四コマ漫画を取り入れて再構成したものなので、小道具が妙にイマふうだったりして、よけい不思議です。とはいえ、まあ全体としては、「サザエさん」も六〇年代の雰囲気を強く残していると言えましょうか。

わたしが教えている大学生にも、「サザエさん」や「ちびまる子ちゃん」のファンがたくさんいます。どうして好きなのか理由を聞くと、「家族らしい家族だな、と懐かしさを感じるから」などという答えが返ってきます。「そんな家族には、今ではなかなかお目にかかれないけれど」と付け加える人もいます。しかし、考えてみると変ではありませんか。一九六〇年代には彼女たちはまだ生まれていないのに。自分が生まれる前の時代が、どうして懐かしい気がするのでしょうか。六〇年代の家族って、いったい何なのでしょうか。

それからもうひとつ、「ちびまる子ちゃん」の家も「サザエさん」の家も、おじいさん、おばあさんのいる三世代同居ですね。それは、いったいどうしてなのでしょう。本章はそんな問いを頭におきながら、話を進めることにしましょう。

まず、これまでお話ししたことを、ざっと振り返ってみます。最初に「主婦」について、それから「二人っ子革命」について、お話ししてきました。「主婦」について見ると、戦前に誕生した主婦が、高度経済成長期に大衆化して多数派になったけれども、ある時期からそのトレンドが逆転したという流れが見出せます。「二人っ子革命」では、戦後の出生率低下には二段階があり、その間には、だいたい一九五五年から七五年くらいまで、安定期があったことをグラフで示しました。こうしてみると、「女」から見ても、「子ども」から見ても、戦後のある時期に何かある安定した構造のようなものができて、それがまた壊れていったというような様子がうかがえるのではないでしょうか。これをわたしは「家族の戦後体制」と呼びたいと思います。「ちびまる子ちゃん」と「サザエさん」の時代というのは、実はちょうどこの安定期に当たっているのですね。戦後家族が確固たる安定を誇っていた、この時期に。「家族の戦後体制」については、また次章でまとめてお話ししましょう。

◆家から核家族へ

さて、こういうふうに進めてくると、何か変だな、と感じられるかもしれません。戦後の家族の変化について、普通に言われている話と違うと。「家からの解放」「核家族化」——戦後の家族の変化と言えば、普通は何をおいてもこういったことについてお話しするものです。では、この、家とか核家族化の問題は、どのように位置づけられるのでしょうか。やはり戦後家族史は「家からの解放」なのでしょうか。

「家から核家族へ」といわれる、この「核家族」という言葉は、あまりに流行ったので今日では日常語のように誰でも使ってはいますが、社会人類学、家族社会学の学術用語です。核家族（nuclear family）の核（nuclear）というのは、核爆弾の核、原子核の核で、これ以上分割できないものという意味です。核家族とは、夫婦と未婚の子どもからなる家族です。これに対し、家族の中に二組以上の夫婦が同時に存在していたり、夫婦の親世代が一人でも含まれていると、「拡大家族」（extended family）と言います。「核家族」が複数組み合わさったものが「拡大家族」なのです。原子のように、それ以上分解できない単位で、他と組み合わさってさまざまな形態の家族をつくる、それが本来の意味での「核家族」です。こういう意味での核家族は世界のあらゆる人間社会に存在すると主張した、人類学者ジョージ・ピーター・マードックの「核家族普遍説」は、一世を風靡しました。*1

ですから、「核家族」という言葉はすごく流行りましたが、わたしたちがよく用いている意味なら、正確には「核家族世帯」と言うべきです。「世帯」とは同居して生計を共にしている人たちという概念です。一緒に住んでいるのが一つの核家族だけの場合は「核家族世帯」。核家族が組み合わさったり、核家族とその他の親族が一緒に住んだりしている場合は「拡大家族世帯」です。日本で「核家族化」と言いならわしてきたのは、「核家族世帯」つまりむきだしの核家族が増えたということです。

図4-1　日本における核家族率の推移

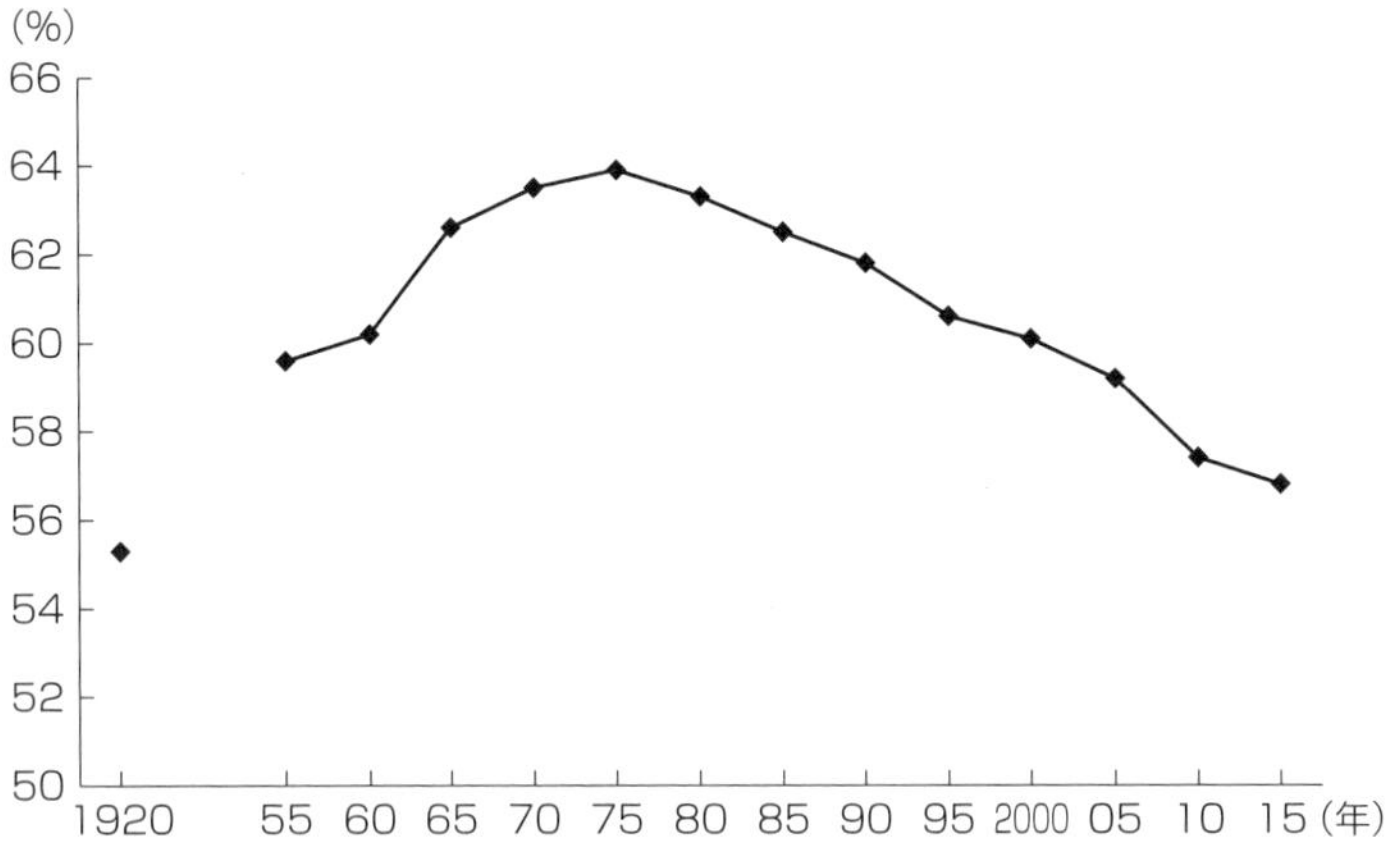

（資料）　総務省統計局「国勢調査報告」。
（出所）　国立社会保障・人口問題研究所「人口統計資料集」2018年,「国勢調査報告」1965年。

核家族世帯が全普通世帯の中で占める割合、すなわち核家族率が高くなるということが「核家族化」の定義です。

一九六〇年代の日本では、たしかにこの割合は上がりました。このことをもって、しばしば、「家」から「核家族」への変化が起きたといわれます。しかし、「核家族化」は本当にそんなことを示していたのでしょうか。

そこで見ていただきたいのが、図4-1です。折線グラフに示された核家族率の上昇は、一九五五年の五九・六パーセントから七五年の六三・九パーセントへ、高度経済成長期を通じて五パーセントに満たず、言われているほどの大きな上昇ではありませんでした。図4-2の棒グラフは、比率のみではなく、世帯数をそのまま示しています。ここに「核家族化」のからくりが隠されています。実数で見ても、核家族世帯（「夫婦と子ども」「女親

図4-2　家族類型別世帯数の推移

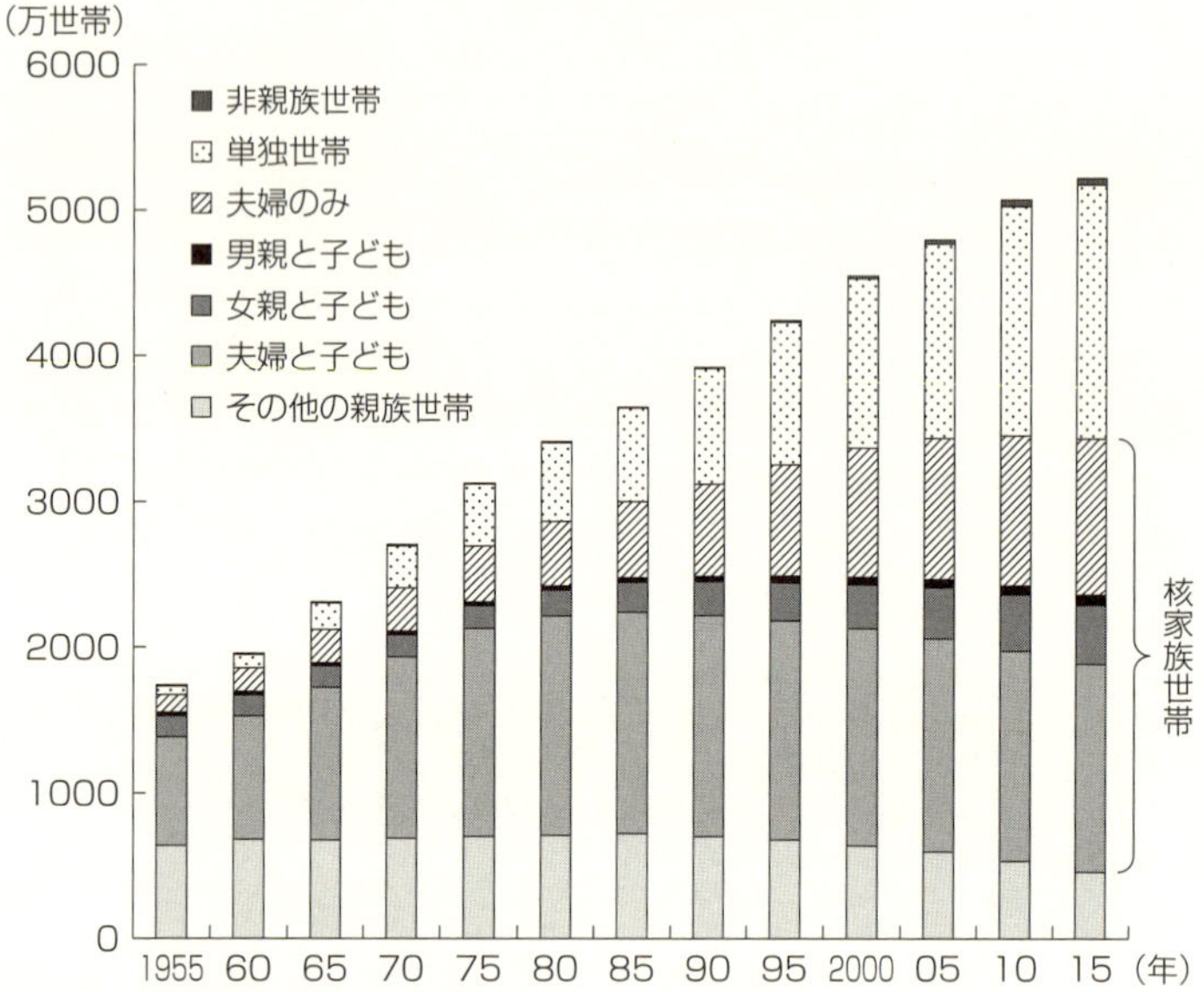

(資料)　総務省統計局「国勢調査報告」。
(出所)　国立社会保障・人口問題研究所「人口統計資料集」2018年,「国勢調査報告」1965年。

と子ども」「男親と子ども」「夫婦のみ」)が増えているというのは間違いないですね。六〇年代から現在まで、ずっと増加しています。しかし、他も見てほしいのです。「その他の親族世帯」というのを見てください。その中身は主に拡大家族です。さて、「家」が衰退したと言いますが、「その他の親族世帯」の実数は減っていますか。二〇〇〇年までは減っていません。横這いです。それまで拡大家族世帯数はほとんど減らなかったのです。比率でとれば減っているけれど、それは、核家族(と単独世帯)が増えることによって総世帯数が増えたためです。ところが、実数は変わっていない*2。

◆大家族を夢見る核家族

「核家族化」というとわたしたちは誤解しやすい。三世代同居の「家」が高度経済成長期にバラバラに壊れた、というような印象があるかもしれません。しかし、それはやや事実と異なります。

では、何が起こったのでしょうか。拡大家族が減らないまま、核家族が増えた秘密……。その答えは、いわれてみればコロンブスの卵、この世代はきょうだいが多かったのです。親と同居すべきだという規範があるといっても、子夫婦が二組も三組も親と同居することはできない。日本の直系家族制というのは、一組しか親と同居しないという決まりですから。だから長男夫婦が同居したら、次三男や娘たちは東京なり大阪なりに出ていってよいのです。家制度を守るのは田舎のお兄さんに任せておいて、弟妹たちは安心して都会で核家族を作る。けれど万一お兄さんに何かあったときには、誰かが田舎に帰らなくちゃ、などと思っていた。それから、やっぱりれっきとした家族というものは、田舎のお兄さんの家のような、おじいちゃんおばあちゃんのいる三世代家族なんじゃないか、という気分を漠然と引きずっていた。

一九六〇年代は、テレビのホームドラマの全盛期でもありましたが、そこに映し出されていた家族像は、当時の人々の「こころの家族」を照らし出してくれるようで興味深いものがあります[*3]。ごく初期のころにはアメリカのホームドラマが直輸入され、日本でも人気でした。「パパは何でも知っている」など、物わかりのよいパパを中心とする理想的核家族像にあこがれたものだそうです。

ところが、日本製ホームドラマはじきに様子を変えていきました。あの東京オリンピックの開かれた一九六四年は、「ホームドラマの当たり年」と呼ばれた年でもありましたが、「七人の孫」「ただいま一一人」などが登場し、これ以降、三世代同居の大家族を描くのがホームドラマの主流になりました。「飯食いドラマ」と言われるように、家族が茶の間で一緒に食事をする団欒シーンがやたら多くなったのも、このころからのことです。

大家族なら「家」なのかというと、家制度につきものの父の権威とか嫁の服従とかが、不快でない程度に薄められてしまっているのがこのころのドラマの特徴です。ほのぼのとした家族愛がすべてを包み込んでしまっている、温かい大家族。家制度の形と戦後の民主的な核家族の中身という、現実にはなかなか一緒になりにくいものを渾然と融合させて理想の家族像としていました。なぜそんな矛盾したイメージを矛盾と感じずに見続けることができたのかといえば、もうおわかりですね、人口学的理由により、家を積極的に否定することなしに核家族を作った、その人たちがホームドラマの受け手だったからです。

こうして見ると、「サザエさん」というのは、二つの矛盾した家族の理想を無理なく結びつける、ものすごい工夫が大成功の秘密だったのではないでしょうか。妻方同居というのが、その工夫です。一九八〇年代から使われるようになった「マスオさん現象」なんて言葉もあるようですが、「家」のもっともドロドロした部分である嫁姑の対立を抜きに大家族の良さを描くには、比率のうえでは少数派の、妻方同居家族を舞台にするしかなかったのでしょうね。

一九六〇年代の家族というのは、核家族化はしていたけれども、大家族を夢みる核家族でした。核家族化して良かったとも思っていたし、家制度は窮屈だとも思っていた。だから、戦前のままの意識がそのまま引きずられていたということはないでしょう。でも、はっきりとした訣別をしなくてよかったのです。自分が親と同居しなければいけない条件があるにもかかわらず、親元を出るというなら、これは相当な勇気が必要です。自分なりに理屈を言う必要もあるでしょう。親との間に対立も起こるでしょう。ところがこの時代に核家族を作った人たちの多くは、そうした対立を経ていないのです。誰かが親と住むから、自分は「スペア」だった。親との同居は初めから必要なかった。だから、なりゆきのまま核家族を作ってしまって、そこだけ民主的な家族で楽しくやっていけたのです。家制度と訣別しないままの核家族化、これが、六〇年代の特徴であったと思います。

◆人口学的世代

ところで、きょうだい数の話に関連して、戦後日本を考えるとき、けっして見落としてはいけないのが「人口学的世代」の重要性です。これまでほとんど言及されることはなかったけれど、それでは戦後経済も戦後家族も何もわかったことにはならないというくらい決定的であったことが、近ごろ、指摘されるようになりました。「人口転換」(demographic transition)という言葉を聞いたことがありますか。細かく見ると例外もありますが、近代化が進むと多産多死型から少産少死型へと社会の人口構造が変化する傾向がある、という理論が「人口転換論」です。ここでいう「死」とは乳幼児死亡など成人しないうちに死ぬことです。出生数は多いけれども、そのほとんどが幼いうちに死んでしまうのが多産多死社会、これに対し現代の日本や欧米は、少ししか産まないけれどほとんどそのまま育ち上がる少産少死社会です。ごく模式的に言いますと、多産多死でも少産少死でも、一夫婦当たり成人するのはほぼ二人。つまり人口規模が変わらない安定した社会です。しかし間にはさまれた移行期に、おうおうにして、多産少死という時期が生じます。昔どおり多く産んでいるけれども、衛生や栄養状態が改善されて乳幼児死亡は少ないという時代。ここで急速な人口増加が起こります。「人口転換」の最終段階をなす出生力の低下が「出生力転換」ですが、ヨーロッパの出生力転換がいかに起こったのかについては、前章でお話ししましたね。

わたしたちは、第三世界の人たちは子どもを多く産むので人口が増える、まったく困りものだ、なんてよく聞かされてきました。現在の世界にも、多産少死状態にある社会がまだあります。しかしさかのぼって一九世紀を見てみれば、人口爆発していたのはヨーロッパ。日本も、江戸時代と比べると、人口は四倍にもなった。かつての安定した社会は、多産多死という自然のメカニズムのほかにも、意図的・無意図的な出生抑制もけっこうあり、それほど人口が増加しないように調整していたものです。「バランスを崩してしまった社会」あるいは「発展している社会」、どちらともいえるでしょうが、そのときに人口爆発が起こるのです。

さて、それで「人口学的世代」ですが、一九八〇年代末に、厚生省人口問題研究所（当時）の伊藤達也は、三つの世代を次のように区切るのが適当だと提唱しました。[*4] 移行期世代は一九二五～五〇年生まれ、すなわち昭和ヒトケタ生まれから戦後の団塊の世代までと言います。それが移行期世代で、その前と後とに区切られる。意外と短いと思いませんか。二五年間だから、親子という意味でもたった一世代。親・子・孫です。三世代のうちに人口転換を経験した社会は、日本が一番最初です。あまりに素早く変わってしまった。ここからいくつかの人口学的特徴が生じてきます。

◇戦後体制の人口学的特殊性

「家族の戦後体制」を作ったのはどの世代でしょうか。戦後まもなく結婚して、一九七五年ころまでの家族形成の主役だったのは、移行期世代である第二世代です。一九二五年生まれの人が二五歳で結婚したとすると五〇年、五〇年生まれの人が二五歳で結婚したら七五年ですから。移行期世代の人たちが結婚して家族を作る主流だった時代、それが「家族の戦後体制」なのです。「家族の戦後体制」は、主婦化だの少子化だの、世界史的に見た家族の近代化の王道を行っているように見えながら、実は人口学的には特殊な条件を抱えていたということが、ここからわかります。

多産少死の移行期世代には、他の世代に比べて、どういう特徴があるのでしょうか。ひとつは人口が多いということ。同じ二五年分のコーホートをとってみると、上の世代に比べて約二倍の人口規模があります。図4-3を見ると、この移行期世代の年齢が上昇していくにつれて、日本社会の人口構造が大きく転換していくのが見てとれるでしょう。それにともない、若年、成年、老年の人口比がドラスティックに変化することを示したのが表4-1です。

図４-３　男女別年齢構造の推移

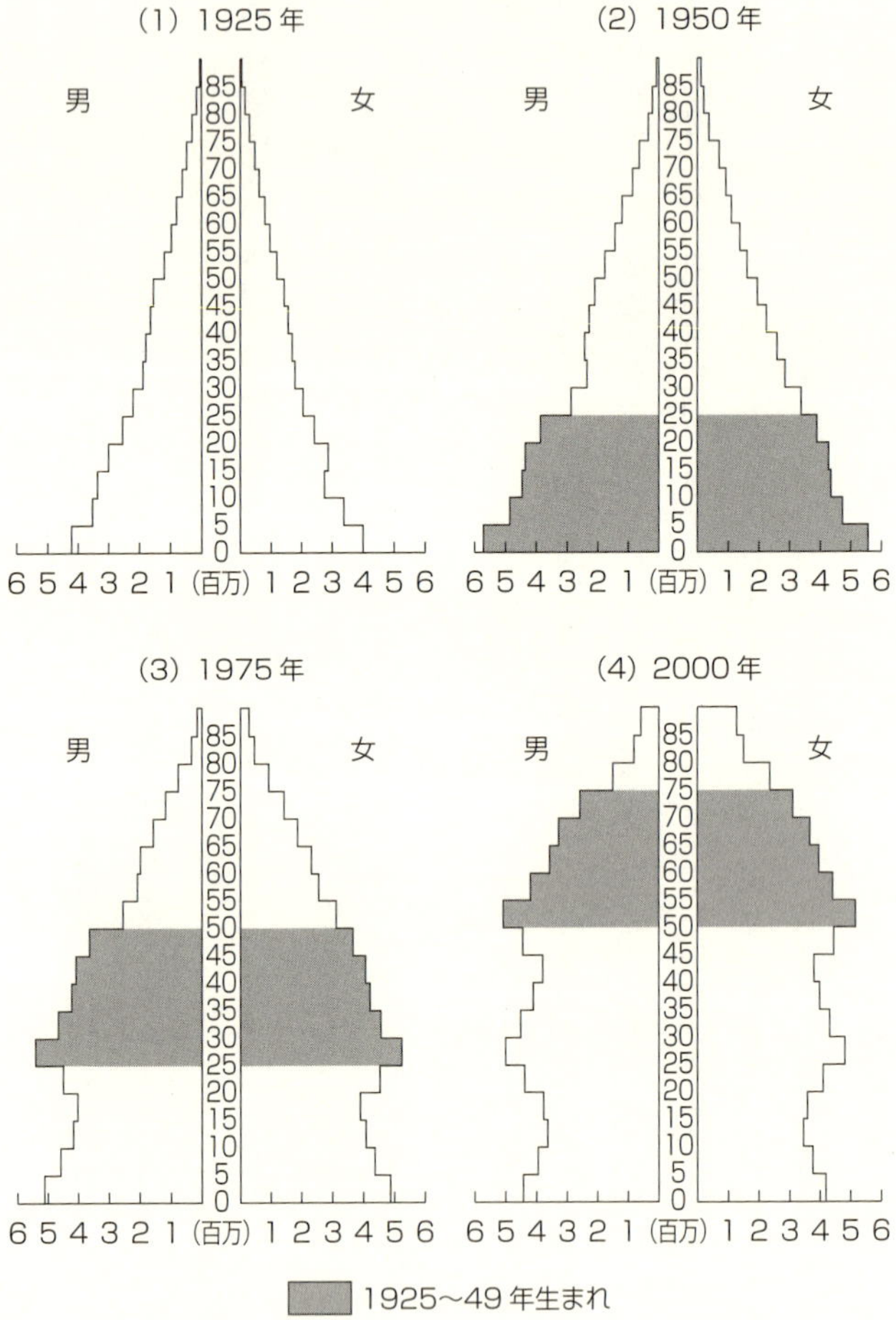

（資料）　総務庁統計局「国勢調査報告」，厚生省人口問題研究所「日本の将来推計人口」（1991年暫定推計）。
（出所）　伊藤達也『生活の中の人口学』古今書院，1994年，190頁より作成。

表4-1　世代間の人口規模相対比（1925～2025年）

世代間の人口規模相対比	1925	1950	1975	2000	2025
25～49歳／50～74歳	2.17	2.17	2.12	1.09	0.88
0～24歳／25～49歳	1.84	1.83	1.00	0.81	0.94
50～74歳／25～49歳	0.46	0.46	0.47	0.91	1.14

（資料）　総務庁統計局「国勢調査報告」。
　　　　厚生省人口問題研究所「日本の将来推計人口」（1992年9月推計）。
（出所）　経済企画庁『国民生活白書（平成6年版）』第1-2-22より作成。

世界に希有な戦後日本の高度経済成長というのも、実はこの移行期世代の人口学的条件があったからこそ可能になったとも言えます。働き手の数が増えるのですから、言われてみれば当然とも思われるでしょうが、別の可能性がなかったわけではありません。所得倍増計画を打ち出した池田勇人首相は、高度経済成長を成し遂げなければ日本国民は飢えてしまうと、人口予測をにらみながら構想を練ったのだそうです。*5

国レベルで人口規模が二倍になるということは、国民一人ひとりにとってはどういうことなのでしょうか。親世代のコーホートに対し、子世代のコーホートの人口が二倍あるのだから、単純に計算すると、それぞれの親夫婦は平均して四人の子どもを成人させたことになります。

それは子の側にとってみると、きょうだいが多いということです。よく、昔はきょうだいが多かったと言いますね。しかし正確にいえば、きょうだいが多くて、それがみんな育ち上がったのは、昭和の前半に生まれたこの世代だけの特徴だったのです。移行期世代は戦後の日本社会を支えてきた主流ですから、なんでも自分たちを基準にして発想しがちです。しかしその世代には、わたしたち後の世代には真似をしようにも真似できない、人口学的特殊条件があったのです。そのことをよく自覚しておいていただかないと困ります。

この移行期世代が支えたことにより、「家族の戦後体制」はいくつかの特殊条件をもちました。だいたい二つほどの帰結が生じたようにわたしは考えています。そのひとつ目は、本章で述べてきた、家制度と両立する核家族化の進展です。戦後の家というのは、もちろん質的にはずいぶん変わりました。しかし、家制度が完全になくなる必要はなかったのです。少なくとも、直系家族制の同居規範はすぐに消滅したわけではなかった。

精密な人口学的モデルを用いた廣嶋清志の分析によると、直系家族制規範は高度経済成長期以来弱まってはいます。子の結婚時に子と同居した親の比率は、一九五五年まではほぼ九〇パーセントでしたが、七五年には三七・五パーセントにまで低下しました。[*6] とはいえ、並行して途中同居の傾向も目立ってきており、[*7] 直系家族制規範は弱まり変質したものの、形を変えて生きながらえたというところでしょうか。

「家族の戦後体制」の時代、「家から核家族へ」の変化は確かに始まっていました。しかし、第二世代が担い手だったことにより、その変化は核家族の増加から推察されるより、はるかに緩やかに進行しました。人口学的条件が家族変動を緩和するクッションの役割を果たしたのです。

◆ きょうだいネットワーク

移行期の第二世代が「家族の戦後体制」を中心になって担っていたことの、もうひとつの帰結は、家族の社会的ネットワークに関するものです。前にもお話ししたように、一九六〇年代の最先端の暮らしかたは団地族でした。今ではマンションも当たり前ですが、当時はまだ集合住宅は珍しかったので、団地族の生活調査がさかんに行われました。その結果わかったのが、団地族はあまり近隣とつきあっていないということです。

「都市はコミュニティを発達させない」と言われることがありますが、アメリカのシカゴ学派の都市調査はそれを反証しました。郊外住宅を調査したホワイトは、「アパートでさえも遮蔽物とはなってない。すなわち、人々はノックすることが平気で、すさまじいばかりにゆききする」と報告しています。[*8]ところが、戦後日本の都市団地族たちは、本当に近所づきあいをしていなかったらしいのです。増田光吉は一九六〇年に「わが国の郊外鉄筋アパート住宅などについて、これまで行なわれた実態調査の結果では、いずれも世帯主若しくは主婦の Neighboring が低調であると報告されている」と書いています。[*9]これはなぜだろうということが、当時、問題になりました。日本人の公共意識の低さとか、日本の家族主義といった、日本の文化的特殊性を説明要因にする分析が多く、しかも敗戦の自信喪失がまだ尾を引いてましたから、そのことを否定的に評価する調子が色濃かったようです。

ところがおもしろいことに、一九七〇年代末には同じことが「日本的福祉」と呼んでもてはやされました。日本は家族がしっかりと自足しているから公共の助けは必要ない、社会福祉はいらないという、要するに社会福祉切り捨ての論理です。家族が六〇年代のようにしっかりしさえすれば――いや、この「家族が」という部分の本音は「主婦が」ということなので、もっとはっきり言えば――主婦が頑張って子どもを育てお年寄りの面倒も見れば社会福祉なんか必要ない、近ごろは主婦が怠けているから問題が起きるんだ、高齢化社会になるのだから主婦よ頑張れ、というわけです。

さあ、そう言われて、現在の、そして未来の主婦たちは、「そうね、わたしたちの頑張りが足りないのが悪いのね。六〇年代のお母さんたちは偉かったわ」と素直に納得しますか。わたしはあまり素直じゃないので、納得しませんでした。それで、一九六〇年代の社会調査を引っ張り出してきて、調べ直してみました。そしてデータをよく見直すと、当時はおそらく当たり前すぎたのでしょう、見落とされていたことがあるのに気がつきました。それは、親族ネットワークです。

一九六〇年代に書かれた論文では、親族ネットワークが弱まったということがむしろ強調されていました。おじ、おば、いとこなどとはつきあわず、家族成員が育ったそれぞれの家族（定位家族 family of orientation）のメンバーであった親きょうだいとしかつきあっていないと。「親きょうだいといった近親者にゆききの相手を大幅に限定することは、創設世帯の特色である」との指摘もあります。[*10] たしかに家制度のもとでは、本家分家関係や同族など、定位家族の範囲を超えた親族組織が確立されていましたから、それに比べるとずいぶん貧弱に見えたのでしょう。けれど今日と比較すれば、六〇年代の親族ネットワークはまだしも強力でした。

たとえば幼児の養育に対して、親族はどのような援助を提供してくれたでしょうか。一九八六年にわたしが兵庫県で行った調査では、きょうだいからの援助はほとんどゼロに等しいものでした。親は相変わらず頼りにされていますが、親族ネットワークは親だけに縮小してしまっていました。[*11] これに対し、高度経済成長を支えた人口学的な第二世代は、きょうだい数が多かったので、都会に出た後もきょうだい同士で何くれとなく支え合っていました。特に子育ての時期には、姉妹がさかんにゆききして、いとこたちはきょうだい同然に大きくなるということがしばしばありました。六五年に都下のひばりが丘団地で森岡清美らが行った調査では、多くが幼児をかかえた年齢層の妻たちの親戚とのゆききの頻度（月一回以上ゆききのある比率）は、妻の親（三七パーセント）、夫の親（三一パーセント）、妻のきょうだい（二九パーセント）、夫のきょうだい（一六パーセント）の順に高く、夫の親ともう少しで並びそうな妻のきょうだいの比重の大きさが印象的です[*12]。

一九六〇年代の調査は、近隣とのつきあいがあまりないのは親族とよくつきあっている主婦で、親族とのゆききの少ない主婦はけっこう近隣とつきあっていた、ということを示しています（表４-２）[*13]。親族ネットワークと近隣ネットワークとは代替的なのです。両ネットワークのこの関係自体は、実は八〇年代にも変わりません。六〇年代には、親族ネットワーク（実質はきょうだいネットワーク）がまだしも強かったので、近隣ネットワークが出る幕はあまりなかった。しかし、いっさいの社会的ネットワークなしに家族が生活できていたわけではないのです[*14]。

まとめると、一九六〇年代の家族が広げていた社会的ネットワークの特徴は、第二世代はきょうだいが多かったため、親族ネットワークが今日より強かったということです。近隣ネットワークや公共的施設の援助を求めないで、子どもも育てられたし老人の介護もできた。しかしそれは家族自体が強かったから、頑張ったから、というわけではない。親族がサポートしていたのでした。

表4-2　Neighboring（近所づきあい）に対する態度別にみた主婦が実家へ帰る頻度（年間回数）

回数	好意的ないし積極的な態度	中立的ないし無関心な態度	否定的ないし消極的な態度
0	20.1	10.0	8.9
1〜2	45.5	45.1	41.5
3〜4	6.0	15.3	7.3
5〜	27.3	27.7	40.5
不明	1.1	1.8	1.8
	100.0%	100.0%	100.0%

（出所）　増田光吉「鉄筋アパートの居住家族の Neighboring」（＊9）より作成。

考えてみれば、家族が単独で子どもを育てたり、老人を介護したりしたことなど、おそらくいつの時代のどこの社会にもなかったでしょう。明治以降になってからも、さまざまな擬制的オヤたちや、奉公先の主人夫婦、若者宿、娘宿の同輩集団など、おおぜいの人たちが一人の子の成長にかかわってきました。時とともに、サポート・ネットワークの質的構成は変わっても、それがいっさいなくなるということは、ありえないでしょう。

子育てから何から、人の生活の主要な部分のすべてについて、家族が責任を負うという幻想が生まれたのは、そう古い時代のことではありません。次にお話しする「近代家族」の誕生と、おそらく軌を一にしていると思われます。しかし、欧米の近代家族も、その建前とは裏腹に、けっこう近隣ネットワークを広げていました。それさえもたないかに見えた一九六〇年代日本の都市家族も、実は人口学的条件により、親族ネットワークの援助をこっそりと調達していたのです。

人口学的移行期世代が「家族の戦後体制」を支えたのだということをひとたび認識すると、「家意識の残存」にせよ、「家族の自立性の高さ」にせよ、日本の文化的特殊性と言われてきたことはかなりの程度、人口学的に説明できてしまうことがわかります。文化はもちろん重要ですが、他の要因で解明できるのに、すぐに文化を持ち出してあいまいにしてしまう論法はいただけません。人口学的世代――戦後を語るには、この重要性をけっして見落としてはいけないと、再度強調しておきましょう。

5

家族の戦後体制

◇家族の戦後体制

前の章で、「家族の戦後体制」という言葉を出しました。「サザエさん」は少し変則的ですから、「ちびまる子ちゃん」の家族を思い浮かべていただくとちょうどいいでしょう。お母さんは主婦、子どもは二人っ子、そして三世代同居（を夢見ていても現実には核家族が多いけれど）。第1章からこれまでお話ししてきたのは、みな、いかにも戦後家族らしい家族が安定を誇っていた時代、「家族の戦後体制」についてのことだったということになります。「家族の戦後体制」。こんな言葉は聞いたことがないですね。それはそうでしょう、わたしが言い出すことにしたのですから。

これまでは、戦後の家族の変化というと、「家から核家族へ」とか、「家族はだんだん機能低下している」とか、ダラダラとした一方向的な変化を思い描くことが多かったように思います。「戦後、女性の社会進出がだんだん進んできた」とか、「出生率が次第に低下し、ついに再生産水準を下回ってしまった」というような誤った認識も、一方向的な変化という仮説が頭のどこかに引っかかっていたことによる誤解でしょう。

しかし、これまで紹介してきたような女子労働力率や出生率の統計を虚心に眺めるだけで、そんなふうには読めないということにすぐに気がつくはずです。M字型カーブの底は、世代が若くなるにつれて、いったん下がって再びそこから跳ね上がってきました。出生率のグラフも、途中ではっきりとした安定期の存在を示しています。戦後のある時期に、安定した構造が明らかに出現する。その構造ができあがるまでの時期と、構造が安定した時期、それからそれが壊れていく時期、戦後はその三つに区分できる。こう考えたほうが、はるかに妥当なように思われます。そこでわたしは、その構造が安定した時期を、「家族の戦後体制」と考えようと提案したいのです。

経済や政治について「戦後体制」といえば、わたしたちはすぐにもいくつかの特徴を思い浮かべることができます。政治的には「五五年体制」。一九五五年の保守合同と社会党の統一により、自民党の安定支配が確立されて、社会党を中心とする相対的に弱小な野党がそれに対立するという構造ができあがりました。経済的に見た「戦後」とは、高度経済成長の時代でした。自民党の安定支配のもとに高度成長を成し遂げた、それが日本の戦後体制だったというのは、言わずもがなの常識です。外交的には、東西の冷戦構造と日米安保を、付け加えてもいいでしょう。

世界史的に見ると、世界の戦後体制は、先進国の学生反乱とエネルギー危機を契機に、七〇年代からはっきりと変容し始めました。日本はまだ経済的に伸び盛りだったので、欧米が落ち目になったオイルショック以降も好景気が続きました。しかし、九〇年代に入ってからは、さしもの日本も、ベルリンの壁崩壊とバブルの破裂、そして自民党の分裂で、「戦後体制」はもう終わりなのだとさすがに身にしみ始めました。

戦後史一般については、すでにこうしたおおまかな把握がありますね。けれども、家族を考えるときには、どうしてそういうものとあまり関係づけてこなかったのでしょう。家族の変化とか、女と男の関係の変化などというものは、やはり社会の外にあると思ってきたのでしょうか。私事と思ってきたのでしょうか。

わたしたちはふだん、公的世界と私的世界は分離したものだと考えています。私的世界とは、すなわちプライバシーの領域です。歴史とか社会の変化というときには、もっぱら公的領域の変化を見てきました。時代区分もそれに合わせて考えてきました。しかし、それに比べて、家族の変化についてどれだけ真剣に考えてきたでしょうか。それはなぜかというと、私的領域は歴史の外にあると思ってきたからです。公的領域イコール社会だと思っていたから。

ところが、そうではないのです。家事の誕生についてお話ししたとき、しつこいくらい言いましたけれど、家事労働というのは、ずっと昔から、他の労働と区別される労働であったわけではありません。歴史のある時期に、近代化の過程で、この線が引かれたのです。公と私が分離したということ自体が、歴史的な出来事だったのです。こうして見ると、公的世界の変容だけを見ていれば歴史になるというのは、近代社会の常識にすっかり目を曇らされた考えかただったということがわかります。公的な世界も私的な世界も、その分かたれかたも、それ全部を含めて「社会」なのです。家族なんて、ましてや女と男の関係なんて、政治や経済とは関係ないと思われるかもしれませんが、実は恐ろしいくらい連動しているのです。

では、「家族の戦後体制」とは、どのような特徴をもっていたのでしょうか。今までお話ししてきたことを、あらためて三点に整理しておきましょう。

(1) 女性の主婦化

(2) 再生産平等主義
(3) 人口学的移行期世代が担い手

一つ目は、「女性の主婦化」ということでした。戦後、女性はまず主婦になったのです。社会進出したというのは、トレンドの見誤りです。

二つ目は、なんとしましょうか。「少子化」や「少産化」でもいいようなものですが、もっと正確に「再生産平等主義」と言っておきましょう。その意味は、みんなが適齢期に結婚し、子どもが二、三人いる家族を作るということです。「二人っ子革命」とは、ただ子どもの数が減ったということではない、子どもは二人か三人いなければならないという画一主義でもあったのだと、第3章でお話ししました。逸脱は許されない、それが戦後体制の家族のありかただったのです。

◆近代家族の誕生

さて、今、「家族の戦後体制」の三つの特徴のうち、二つを見てきました。実はこれらは、日本だけの特徴ではありません。折りにふれてお話ししてきましたが、家族の社会史的研究という分野があります。その中で言われてきたことと、(1)と(2)はかなり重なります。(1)の主婦の誕生については、ドイツについての研究や、ビートン夫人の『家政読本』のことなどを紹介し、やはり欧米でも「主婦」は近代に誕生したのだとお話ししました。それから(2)についても、アリエスなどを引きながら、子どもに対する愛情が前面に出てきて、母性愛は崇高な感情だ、女性の第一の役割は母であることだということになったのは、近代の現象だったことを振り返ってきました。戦後日本で見られた主婦の大衆化や、少子化、母の子への過剰な愛情などは、いずれも欧米と共通の現象であったのです。であるならば一度、日本における「家族の戦後体制」というものを、世界史的な枠組みの中で、とらえなおしてみる必要があるのではないでしょうか。

家族の社会史的研究から提出されてきた重要な概念があります。それは「近代家族」という概念です。[*1] 普通、近代的な家族というと、民主的な家族のことかなと思うかもしれません。家族法学者の川島武宜は、戦後の家族論の出発点ともいえる『日本社会の家族的構成』（一九四八年）のはじめの部分で、次のように書いています。[*2]

> 現在われわれ国民に課せられているもっとも大きな課題は、いうまでもなく、わが国の「民主化」ということである……民主主義革命は、この民族の絶対的信仰の対象であった家族制度をみのがすことはありえないし、またこれをみのがしては達成されえない。

封建的で家父長的な旧民法の「家」から、近代的で民主的な新民法の「家族」へ。現実にあるものというより、創り出さなければならない理想を表すものとしての「近代的家族」「民主的家族」という用語法は、その後も長く家族を論じるときの常套句であり続けてきました。

しかし、家族の社会史的研究から出てきた「近代家族」の概念は、まったく違うものを指しているわけではありませんが、かなりニュアンスが異なります。では、家族史的意味での「近代家族」とはなんでしょうか。歴史家たちは、明確な定義はあまりしませんが、その特徴としてだいたいこんなことを考えていることが著作から読みとれます。[*3]

① 家内領域と公共領域との分離
② 家族構成員相互の強い情緒的関係
③ 子ども中心主義
④ 男は公共領域・女は家内領域という性別分業
⑤ 家族の集団性の強化
⑥ 社交の衰退とプライバシーの成立
⑦ 非親族の排除
(⑧ 核家族)

⑧の「核家族」は、日本など拡大家族を作る社会の家族について論じる場合には、カッコに入れておいたほうがよいだろうとわたしは思います。祖父母と同居していても、質的には近代家族的な性格をもっているということがありうるかもしれませんから。

しかし、これが近代家族の特徴だと言われると、意外な感じがしませんか。「そもそも家族って、こういうもんでしょ」「そうじゃない家族なんてあるの?」と問い直したくなりませんか。

「家族とはなんだろう」と、授業で学生たちに聞いてみたことがあります。一番多くあがったのは、

②の「情緒的関係」でした。お互いに心を許せる、一緒にいるとくつろげる、なんでも話せる、愛し合っている、というように。それから、やはり家族の中心は子どもだろう、お父さんが職場へ行ってお母さんが家で家族や子どもの世話をするのが普通だろう、と考えていくと、これらの項目は、どれもみんな家族であるならば当然のことのように思えてきます。

◆家族論の落とし穴

こうしてみると、①〜⑧にあがっている条件は、近代家族の特徴などというまでもない、家族なら一般的にもっている性質であるように思われます。実際、家族社会学の家族定義も、これとよく似ています。アメリカと日本の代表的な家族社会学の教科書から、家族についての基本仮説・背後仮説を抜き出してみました。*4

(a) 家族は人類社会に普遍的に存在する
(b) 家族は歴史や文化差をこえて変わらない本質をもつ
(c) 家族は集団である
(d) 家族はおもに親族よりなる
(e) 家族成員は強い情緒的絆で結ばれている
(f) 家族のもっとも基本的な機能は子どもの社会化である
(g) 家族成員は性別により異なる役割をもつ

(h)　家族の基本型は核家族である

(c)から(h)は、近代家族の特徴としてあげたものと、ほとんど重なっています。そうした特徴をもつのが、あらゆる社会に共通して存在する「家族」というものだということが、(a)と(b)で言っていることです。このように、家族の定義同然の諸項目なのに、なぜあえてそれに「近代家族」などというレッテルを貼りつけるのでしょうか。

実は、そこがミソなのです。家族社会学の教科書の主張にもかかわらず、こうした家族は、歴史的に見ると、実は普遍的ではありません。ある時代に出現した歴史的現象にすぎません。家族の社会史は単に昔の家族のありかたを明らかにしてきただけではなく、これまでの学問の中で通用してきた家族の定義をひっくり返すという、大それた提案を行っていたのです。

面白いことに、と言いましょうか、皮肉なことに、と言いましょうか、時代のもっとも根底をなす特質というものは、それを生きている人たちには、「人間の条件」と言っていいくらい当たり前に思われて、特に意識されたりはしないものです。本当に重要なことは、後から振り返ったとき初めて見えてきます。

近代家族の特性を、家族一般の普遍的本質と思い違えた責任は、おもに二〇世紀アメリカの家族研究者にあるようです。一九世紀のヨーロッパでは、家族についても進化論的見かたがさかんで、異なる類型の家族があるということを、十分意識してきました。それが二〇世紀のアメリカに移ると、しかも第二次世界大戦後になるとなおさら、自分たちの家族こそ人類普遍の家族、という思い込みが強くなりました。第4章でお話ししたように人類学者のマードックは、著書『社会構造』（一九四九年）の中で、核家族こそすべての人間社会に見られる家族の普遍的な基礎単位であると主張しました。この「核家族普遍説」は、タルコット・パーソンズなど社会学者にも大きな影響を与え、まさに二〇世紀を代表する家族論となったといってよいでしょう。[*5]

敗戦日本は、この枠組みをすなおに受け入れざるをえませんでした。日本的特殊性である「家」から、人類に普遍の「核家族」へ。近代的家族――核家族をこう呼び換えても、ほとんど同じ意味といってよいでしょう――は、単に価値的に望ましいばかりでなく、よけいな拘束さえ取り除かれれば必然的に実現されるはずの家族の本来的な姿であるという、理論的後ろ楯まで獲得することになりました。[*6]

しかし、こうした枠組みは、遅かれ早かれ、限界に突き当たります。なぜかというと、自分たちの到達した「近代家族」を普遍としたことにより、そこから先の変化をとらえようがなくなってしまうからです。人類に普遍的なはずの家族が揺らぎ始めるとなると、これはもう一大事です。一九六〇年代前半という早い時期、山室周平は、「単一の理想像を他人に押しつける」ことや、近代化後の家族「危機」の「問題解決の妨げになる惧れすらなしとしない」ことなど、核家族の理想化に対する危惧の念を表明しました。[*7]慧眼というほかありません。

しかし、今、まさに家族が揺らいできたからこそ、当時の人々が「これこそ家族だ」と思っていた家族像は、実は近代家族という歴史的存在に固有の特徴にすぎなかったのだということが、わたしたちにはわかります。「近代家族」という概念を社会史研究が打ち出したことの一番の功績は、わたしたちが「これが当たり前の家族だ」と思っている家族は、けっして当たり前なわけではなかったと、目を開かせてくれたことではないでしょうか。家族が変わるからといって、人類はもうおしまいだなんて危機感をもたなくてもいい、女が働き出したら家族は終わりだとか、子どものいない家族が増えてきたら社会は破滅だとか思わなくていいということを、教えてくれたことではないでしょうか。

◆二〇世紀近代家族

さらに考えておきたいことがあります。近代家族は、ひとつなのでしょうか。時代によって、文化によって、変化するということはないのでしょうか。

社会史の研究では、近代家族が成立したのは、一八世紀後半から一九世紀のことだったといわれています。近代家族のもっとも華やかなりし時期ということで、歴史学者たちの近代家族研究は、おもに一九世紀を研究対象とする傾向があるようです。しかし、本当に、一九世紀の家族が近代家族の典型であると考えてよいのでしょうか。

ここから先は、社会史にばかり頼っているわけにはいきません。結論からいえば、「一九世紀近代家族」と「二〇世紀近代家族」とはかなり異なるので、区別して考えたほうがよいというのがわたしの考えです。

一九世紀と二〇世紀とでは、ある大きな変化がありました。それは、近代家族の大衆化です。一九世紀の近代家族は、中産階級のものでした。前にもお話ししたように、一九世紀の近代家族には、女中さんがいました。女中さん自身の家族は、けっして近代家族とはいえませんでした。女中さんを雇っている「奥様」と「旦那様」の家族、つまり中産階級の家族だけが、典型的な近代家族でした。

一九世紀前のヨーロッパでは、労働者の家族は、中産階級の家族とはまったく違っていました。子どもは酒を飲む、親たちは殴り合いをする……。まあ、これは中産階級の目から見ての悪口ではありますが、少なくとも「愛情によって結ばれ、子どもは子どもらしく、女は女らしく」というふうな家族ではなかったようです。しかし、労働者階級はそれでいいと思っていた。中産階級の目には、労働者の家族は解体しているように見えたけれど、正しくいえば、労働者には「家族」はまだ成立していなかったのです。

その後、中産階級による啓蒙と、労働者側の上昇志向もあって、労働者の家族も変わっていきました。一九世紀の後半には、子どもの世話に専念できない労働者階級の母親が、それを物足りなく思うようになっていく。生活に余裕のできた階級から、女は家事に専念するようになっていく。こうして近代家族の大衆化が完成するのは、二〇世紀も戦間期（第一次世界大戦後から第二次世界大戦前まで）のことといってよいのではないでしょうか。

実はちょうどこのころなのです。ヨーロッパで人口学的な「革命」が起こったのは。ヨーロッパの家族史を語るにはけっして落とすことのできない「ヨーロッパ的婚姻パターン」については第3章ですでに説明しました。晩婚・稀婚が特徴のヨーロッパ的婚姻パターンが崩壊していっせいに早婚化・

皆婚化が生じ、他方、一八七〇年ころから低下し始めていた有配偶出生力が底を打つのが、ちょうど一九三〇～四〇年ころのことでした。二、三人の子どもにたっぷりと愛情を注ぐような家族をみんなが作るようになった。第3章ではこれを「再生産平等主義」と呼びましたが、これこそ、近代家族が階層を超えて大衆化したということの、ひとつの統計的表れだったのではないでしょうか。

ちょうどこの時期までに、女性の就業率も低下しました。これが近代家族の大衆化の、もうひとつの統計的表れです。第1章の図1-4で見たように、二〇世紀の初めには、アメリカやイギリスでは女性の就業率は非常に低くなっていました。二、三人の可愛い子どもと専業主婦のお母さんがいる、わたしたちが「これこそは家族だ」と思っているような家族、それが「近代家族」ですけれども、それが社会の全域において成立したのは、すなわち、わたしたちが家族らしい家族と思うものをみんなが作るようになったのは、欧米では二〇世紀のことなのです。

たしかに、それ以前にも「近代家族」はあった。しかしそれは、社会の中にいくつかある家族類型のひとつでしかなかった。「もっとも理想的な家族」と言われていたにしても、別の暮らしかたをする人々がいるのを、一九世紀の人々は当然のことと考えていた。しかしわたしたちは、これこそが家族、というような家族をみんなが作るのだと思ってはいませんか。これは二〇世紀的な考えかたであったのです。

このように「一九世紀近代家族」と「二〇世紀近代家族」とを区別してみると、経済学、法学、社会学など社会科学の中の家族概念も、「二〇世紀近代家族」を下敷きにしていたということに気がつきます。これらの分野で「家族」と言うとき、女中さんがいるなどとは想定しません。主婦自身が家事をすると考えます。それから、普通は、子どもが八人も一〇人もいる家族を想定しているとも思えません。また、何よりはっきりしているのは、社会のどの位置にいる人にとっても、同型的な家族が成立しているはずだということを前提にしていることです。普通の人々の常識でも、社会科学の理論でも、暗黙のうちに思い浮かべられる家族は、実は「二〇世紀近代家族」でした。これまでの社会史的な研究は「一九世紀近代家族」におもに焦点を当ててきましたが、これからは「二〇世紀近代家族」にもっと注目する必要がありそうです。

翻ってみると、「家族の戦後体制」とは、まさにこの「二〇世紀近代家族」が日本でも成立したということでした。二〇世紀に入ってからも、大正期の日本はむしろ「一九世紀近代家族」の時代と言ったほうがよかった。社会全域に近代家族が存在していたわけではなく、都市の中産階級だけが、女中さんのいる近代家族を作っていたのです。それが大衆化して「二〇世紀近代家族」と呼ぶべきものになったのは、日本では戦後のことです。

付け加えれば、家族に関すること以外でも、日本の戦後、とりわけ高度経済成長期に起きたことは、世界的に見ると、だいたい「戦間期」から始まっているものです。日本人は、戦前、戦後というと第二次世界大戦で切ると思いがちですが、欧米人は違います。欧米人にとっては、第一次大戦後に出てきた方向性が、いよいよ決定的になったというのが第二次大戦後です。ロシア革命もアメリカの台頭も、第一次大戦後。第二次大戦後の時代は、それを完成したにすぎません。

◆日本的特殊性か

　ということになると、では日本の戦後家族というのは、まったく世界共通に起きた、家族の一般的な近代化という変化の一つの事例にすぎないのか、日本的特徴はないのか、という疑問の声がすぐに聞こえてきそうです。いやいや、戦後日本では、近代家族「のようなもの」が成立したが、家意識も引きずっており、家族主義も強いので、あくまで「日本的近代家族」と文化的限定をつけて呼ぶべきだ、などと答えれば、いかにも、と納得されるのかもしれません。

　しかし、わたしは、あえてその答えは選びません。「文化」の重要性は否定しませんし、いずれ「規範の地域性」として扱いたいとは考えているのですが、今はあえてその直前で踏みとどまりたいのです。「文化」というのはマジック・タームで、安易に用いればなんでもそれで説明できてしまう気がします。しかし、その前に、もっと別の理論で説明できること、すべきことが、いろいろあるのではないでしょうか。

　そこで登場してくるのが、「家族の戦後体制」の第三番目の特徴としてあげた「人口学的移行期世代が担い手」という点です。「家族の戦後体制」の時代、日本社会はまさに人口転換のただなかにありました。これまで、なぜか見落とされがちだった人口学的事情に光を当てることで、たくさんのことが見えてきます。「家族の戦後体制」は、たしかに欧米の「二〇世紀近代家族」とは、やや異なる面をもっていました。核家族化しながらも、三世代同居の理想をもち続けたこと。コミュニティとあまりつきあわず、マイホーム主義の殻に閉じこもっていたこと。子どもや老人の世話を家族で担い切ろうとし、けっこうそれができていたらしいこと。これまで、文化的要因で説明されてきたことばかりですが、そのかなりの部分は、実は人口学的理由により説明できるものであったのです。跡取りが親と同居する直系家族制をとっていることは、もちろん文化的要因ですが、核家族化のさなかにもそれを実現し続けられたのは、人口学的条件があったればこそです。しかもその人口学的条件とは、人口転換という、近代化にともなって、かなり一般的に生じる変化です。その変化のスピードが日本では特に速かったことが、あえていえば日本の人口学的特殊性であったかもしれませんが、さらに後から近代化が進んだ社会ではスピードはさらに速く、いっそう「圧縮された近代」を経験しました[*8]。

欧米の経験から引き出されるのが一般法則で、そこからはみ出る部分はみな文化的特殊性、という説明のしかたには、そろそろ別れを告げるべきです。かなり一般的に起こる現象の、さまざまな組み合わせやスピードの違いから、地域、あるいは時代による違いの多くの部分を説明することができます。そして、それらと関連しながら、文化もまた時とともに変わってゆくのです。

6

ウーマンリブと家族解体

◇ウーマンリブとは何だったのか

前章までは、「家族の戦後体制」の成立とその特徴についてお話ししてきました。「家族の戦後体制」には三つの特徴があったというのが、わたしのまとめでした。

しかし、そこまでは、今や昔語りなのです。このようにして成立した「家族の戦後体制」は、その後どうなったのでしょうか。

統計的な数字に変化が現れるのは、前にもグラフをお見せしたように一九七五年くらいからなのですが、今回お話しするところは時期的にはもう少し前に当たります。家族の変化などということが、社会的な事件や社会運動のかたちをとって現れるのは珍しいのですけれども、そうした出来事が七〇年代の初めに起きました。いわゆる「ウーマンリブ」です。「ウーマンリブ」運動とは、家族の変化にとって、いったいどういう意味をもっていたのでしょうか。

ところで、「ウーマンリブ」とはどんなものだったというイメージをもっていますか。ウーマンリブをやっていた女性たちは男っぽかったとか、男になろうとしていたとかいうイメージがありますか。あるいはヒステリックで破廉恥なイメージ。「女性解放とか男女差別を云々する女は、冴えない、干からびたオールドミスの欲求不満」[*1]というカリカチュア化したイメージは、当時から横行していました。しかしはたしてウーマンリブというのは、性差をなくして男になろうとする運動だったのでしょうか。あるいはもてない女の単なるヒステリーだったのでしょうか。ウーマンリブの実態というのは、当時もその後も、意外と伝わっていません。

◆わたしにとってのリブ

「わたしにとってのリブ」なんていう言いかたをすると、わたしが当時をよく知っているように聞こえるかもしれませんが、残念ながらわたしはそのころまだ中学生でした。東京大学の安田講堂に機動隊が放水するのをテレビで見ていたように、ウーマンリブのデモや集会もテレビや新聞を通して見ていました。だから、わたしにとっての最初のリブ「体験」というのは、メディアを通したものでした。

当時のメディアのウーマンリブの扱いは、それはもうひどいものでした。まともな社会運動という扱いではない。「女ばかりでデモをした」ということで、「赤い気炎」なんて揶揄的な見出しがつけられる。「集会でブラジャーを焼いた女たちがアメリカにいるそうだ」（これは事実ではなかった）とか、性的興味がすぐ前に出る。彼女たちが運動として何を主張したかということより、ショッキングな風俗という報道ぶりでした。現在の新聞も、女性関連の記事は家庭欄に押しこめておけばいいというような女性差別的な面がまったくないわけではありませんが、当時のウーマンリブ報道は、今なら必ず社内でチェックされてしまうほど、差別的なものでした。

週刊誌はもっとすごかった。「『女・エロス』に見る猛女史らの性感覚」、「ウーマンリブ才女がぶちあげた女上位の強姦・妊娠防御術」、「大会に馳せ参じた猛女たちの『かわいい部分』」。すぐにセックスに結びつける、まともにとりあわない、女らしくないと非難する——女を男が辱しめるときのよくやるやりかたで、ウーマンリブ運動はメディアに辱しめられました[*2]。

中学生だったわたしは、夜、父が買ってきた週刊誌なんかを広げて、そういう記事を食い入るように読んだものです。ひどい書きかただと思いましたが、それにもまして「そんなことをしている女たちがいるのか」って、なんだかワクワク、ドキドキした。そんな歪んだ報道からでも、たしかにメッセージは嗅ぎとれた、という気がしました。子どもながら「女だから〜してはいけない」と言われるたびに、「なんで？」という思いが積み重なっていましたから。こんなふうに感じていたのはわたしだけじゃなかったんだ、こんな気持ちをこんなふうに表現していいんだと、頭の上にたちこめていたもやが、パァッと晴れたような解放感がありました。リブなんてほんの一握りの女が跳びはねただけさ、なんて思っている人たちには、ぜひ知っておいてもらいたいのです。デモや大会に参加できなくたって、こんなふうにリブを「体験」した女たちもたくさんいたのだということを。

それにしてもリブの女たちは本当は何を言っているのだろう、報道にじゃまされず、本当のことを知りたいなあと思い続け、結局いくらかでもそれに近づけたのは、大学に入ってからでした。そのころはもう、ウーマンリブの運動は下火になっていました。ウーマンリブの運動がもっとも盛んだったのは、一九七〇年から七二年ころでしたから。それでも当時のことを伝え聞いたり、『女・エロス』などのリブ系の雑誌やミニコミを貪り読んだりしました。

なんでこんな打ち明け話をしたのかというと、自分はリブについてどのくらい話す権利があるのか、どんな位置から話すのかということを明らかにしておきたかったからです。社会運動というものは、当事者であったかどうか、当事者でもどの立場からかかわったかによって、ずいぶん違って見えるものです。当事者ではないが何らかの感覚を知らないわけではない、リブに共感したが「リブ以後」に残された問題もいろいろ体験した、というところが、わたしの立場ということになりましょうか。

ウーマンリブについて書かれたものはたいへん少なかったのですが、二〇周年を機会にいくつかの雑誌で特集も組まれました。それから、非常に画期的なことに、当時のビラやパンフレットなどの貴重な原資料を集大成した『資料日本ウーマン・リブ史』が刊行されました。これを見ればわたしたちは、リブの初期から運動の流れに沿って、同時代感覚の何がしかを追体験することができます。この資料集や、先ほど名前をあげた『女・エロス』などを逐次引用しながら、リブ運動の流れや、彼女たちの主張を振り返ってみましょう。

◆女に忠実になる

日本のウーマンリブが人目につくような運動になったのは、一九七〇年のことです。では、リブはどういうところから出てきたのでしょうか。そのころは学生運動や反体制運動がたいへん盛り上がった時代でした。中国の文化大革命やフランスの五月革命に続いて、若者反乱とか学生反乱とかいわれる運動が先進国を席巻しました。それは単なる政治運動ではなく、ロックやヒッピーなど、支配的な文化に対抗するカウンターカルチャーの盛り上がりもともなって、社会全体を揺るがしました。その流れを汲んで、しかし、そういう運動に対する反発として、ウーマンリブ運動は出現してきたのです。

六九年の全国を揺るがした安保斗争――学園斗争の過程の中で、おんな達は一体どこにいたでせうか。それは例へば、後衛――救対・食対・石運びｅｔｃ…即ち銃後にあるか、あるひは前線――男の言葉でアジテーションをしたり、ゲバ棒をもったり、即ち男になったりしていました（メトロパリチェン　一九七〇・一〇・二一）。*3

斗いの中で女はカワイコちゃんタイプと、ゲバルトローザタイプとに分かれる。女にとって斗いとは何か（女性解放連絡会議準備会　一九七〇・八）。*4

同じ学生運動の中にいても、女と男は同じように闘っていたかというと、そうではありませんでした。石を投げたり方針を出したりは男がして、「特別扱いされて、男並みの待遇を受けた」以外の普通の女は、おむすびを握ったり、会議の記録係になったり、それからしばしば「性的な相手」になったりしていました。

人間、人間、人間。我々が斗争の中で言い続けてきた言葉。……人間という中性名詞によって我々はいったい何をこぼし続けてきたのか。人間＝男　男の価値観の上にしか成りたっていない世界の渦の中で女達は流されていった。……男達はそれを女の限界性と名づけた。しかし我々に限界性などあるはずもなく、男と異質の自らの性側、女に忠実になるところからしか我々の斗争はありはしない（思想集団エス・イー・エックス　もりせつこ　一九七〇・五・一四）。[*5]

こうして彼女たちは、男たちと別れて女たちだけの運動を始めました。それが、ウーマンリブの一つのルーツです。「人間」のうちに実は「女」は入れられていないという状況、これは何も学生運動に限ったことではありません。学生運動の中で彼女たちは、女性一般の存在の根底にある問題に突き当たったのです。

気をつけて見ていただきたいのは、「女に忠実になる」とあるように、リブはその出発点から、男になろうとする運動では全然なかったということです。この点、リブはひどく誤解されています。男のための女になるか、あるいは「特別待遇」の「名誉男性」になるか、そのどちらかの生きかたしか許されていなかった女が、あるがままの女でいたい、いていいんだと自己肯定しようとした——それがリブの原動力でした。男になるどころか、まるごと女であろうとし、女であるとはどういうことかを、思想的にもつきつめようとしたのです。「おんなの論理」[*6]という言葉を、しばしば合い言葉のように用いて、女自身にまでしみついた旧来の常識的な思考法、つまり「男の論理」を対象化してひきはがそうとしました。

◆プライベートな問題などない

では「おんなの論理」とか「女に忠実になる」とかの言いかたで、リブの女たちはどのようなことを問題にしようとしたのでしょうか。「女に忠実になる」と書いたもりせつこは、同じ文章の中で、このように言っています。

内界と外界とがはっきりとした構造を持って組み合わさっている男達は闘争をしながらも女に対する部分は私的な部分としてハレンチにも旧体制のままでなんの支障もなくやってゆける。……しかし、私達女にとって疎外はそれこそ日常のすべて、食事から寝床の中までベットリはりついていて現実的生活の疎外でないものはない（同）。[*7]

恋愛、セックス、家事——おおげさな理論装置で天下国家を論じてきたこれまでの政治運動の中では、まったく取るに足らないとされてきた「私的な部分」に、リブはまさに照準を合わせました。いや、より正確に言うと、公的な部分と私的な部分とを区別して優劣をつける、そうした社会常識にリブは異議を申し立てたのです。

プライベートな問題などありはしない。我々はあえてこう言い切ってゆく（同）。[*8]

「個人的なものは政治的である」――これはアメリカのウィメンズ・リブ運動の中から出てきたスローガンです。個人的なものはプライバシーの領域に属し、権力や政治とは無縁だと、近代社会では了解されてきました。ところが、私的な人間関係、男女関係のすみずみにまで、権力の問題がつきまとっているのだということを、ウーマンリブは訴えました。

料理、洗濯、裁縫が
なんで女の仕事なのか
あんたはわたしになっとくさせることができるか

おいしいごはんはすきだ
清潔なものを身につけるのはすきだ
ほころびはつくろってあった方がいい

けど毎日あんたの帰宅にあわせて
食事の用意をしなければならないのは苦痛だ
……

したくないことをせねばならない苦痛は奴隷の苦痛だ
女はあんたと同じように自由な人間のはず

(れ・ふぁむ　中山潔子「男たちに」一九七一・七・四)[*9]。

念のため付け加えておきますが、いわゆる「プライベートな問題」以外を、ウーマンリブ運動が扱わなかったわけではありません。今日の目から見ればずいぶん硬い左翼用語も出てきますし、「国家」や「資本」も論じています。しかしどんな問題を論じるときにも、セックスや出産、女役割などとの関連から発想していたという点が、この運動のユニークな点だったと言えるでしょう。労働を論じるときには母性保護、「アジア」を論じるときには買売春や従軍慰安婦を第一の立脚点としたように。

◇性と中絶

力関係を背景にした強制は、性行為のただなかにさえ存在します。しかも性をめぐる男女の力関係は、単に個人的なものではなく、社会的に共有された性慣習に埋め込まれているのです。

夜道を一人で歩くのが恐い。……自衛手段として、護身術なるものを身につけるのはよいことかもしれない。…しかし、襲われる対象であるということは、少しも変わらないのである。問題は、女が犯される対象として存在するところにある。……個別的な解決は、決してあり得ないのである（集団くのいち　一九七一・一〇・三〇）[*10]。

プライバシーの中核とされている性は、ウーマンリブ運動の中心的なテーマとされました。避妊の失敗、中絶、また失敗、望まぬ出産……と、まったく個人的とも見える体験を書き綴った文章もあります。しかし、セックスとはつねに妊娠と隣合わせであるという不安や恐怖は、けっして個人的問題ではなく、女性には広く共有されている問題です。

〈愛〉のため、彼が要求するから、嫌われたくないから、一緒に寝てやる――早くおわらないかナアとドッチラケで目を閉じてひたすら耐えるなら寝ないほうがイイ、ツマランモン。妊娠の恐怖にオビえ、性病の悪夢にうなされ足が冷えてるアンタ、科学的知識で武装してアンタ自身を解放せんとアカンヨ（同）[*11]。

性への度重なる言及が、マスコミに格好の材料を与え、「ハレンチ」というリブのイメージを上塗りすることにもなったのですが、ちまたで言われていたのとは違い、リブは必ずしも「フリーセックス」をもてはやしていたわけではありません。

フリーセックスとは、女を便所としてとらえる男の意識の、あとは野となれ山となれのカッコイイ表現形態でしかないのだ！　私たちが志向する性の解放とはそのような平凡パンチ式の解放ではない。それはまず便所からの解放としてあるのだ（女性解放連絡会議準備会　田中美津「便所からの解放」一九七〇・八）。[*12]

私にとってコミュニケーションとはやさしさであり、ＳＥＸはやさしさの肉体的表現としてある（同）。[*13]

ウーマンリブ運動の運動としての最大のピークが、一九七二年の優生保護法改悪阻止運動であったのは、こうしたリブの関心の流れの中においてみると、非常に象徴的かつ当然であったと思われます。戦後の日本は、前に述べた人口政策上の必要から「優生保護法」が制定されたために、経済的理由でも人工妊娠中絶ができる状況にありました。しかし今度は出生率が低くなったことと、生命尊重の観点から、人工妊娠中絶が認められる条件を狭めようという動きが出てきたのです。すぐに女性たちによる全国規模の反対運動が組織され、それまでの小グループが各地に点在していた状態から、運動は新たな段階に入りました。

「ぐるーぷ・闘うおんな」の流れをくむ「新宿リブセンター」と、ピンクのヘルメットとマスコミ受けする戦術でリブの代表に祭り上げられた「中ピ連」（中絶禁止法に反対しピル解禁を要求する女性解放連合）の主張の違いなど、お話ししたいことはもっといろいろありますが、このあたりを扱った文献は他にありますので、そちらを参照していただくことにしましょう。[*14]

ともかく、このころをピークに、ウーマンリブ運動は次第に勢いを失っていきます。「国際婦人（女性）年」でマスコミや世間が女性問題にようやくまじめに目を向け始めた一九七五年ころには、皮肉なことに、女性運動の中心勢力は、リブ以降の、新しい種類の運動のほうに移っていました。「国際婦人年をきっかけとして行動を起こす女達の会」などです。この会は「ワタシ作る人、ボク食べる人」というテレビコマーシャルを告発して、性別分業を批判する視点を世間に広く知らしめました。日本の女性学が産声をあげたのも七〇年代後半のことです。

◆女性幻想の否定

それではこの本のテーマである「家族」について、リブはどのような態度をとっていたのでしょうか。

さきほど、リブのひとつのルーツは学生運動にあったと言いましたが、若い独身女性だけがリブの担い手だったわけではありません。主婦や「子持ち女」も少なくなく、「子持ち女」が運動に参加できるようにするにはどうしたらよいかなどと、子連れ出勤問題のような、生活感あふれる問題提起がなされたりしています。

「ぐるーぷ・闘うおんな」会員の一人の主婦は、「主婦論争」とは一味違うことばで、主婦のホンネをたたきつけています。

男ども、誰のおかげで亭主づらしてるのさ。種付けするだけであとは野となれ山となれ、育児は女の天職だ、家に閉じこめ食わしてやっているだって？ 三食ひる寝つきだと？ 冗談いっちゃいけない、何もしないで留守番だけだって今はいい値段なんだ。できちゃったから仕方なく我が子かわいやと育てれば過剰保護とか教育ママとか、人の生き甲斐も奪っておいてこれじゃふんだりけったりじゃないか。

家を守れ、国を守れ、明日の日本のために若者をふやせ、中絶は風紀のためにも禁止しろ、あたしはもう産みたかないね、こんな馬鹿な商売ないよ……（ぐるーぷ・闘うおんな 一九七〇・一二）。[*15]

しかし、だからといって、主婦の労働を評価せよ、という方向にはウーマンリブ運動は向かいませんでした。妻の座優遇のための税制改革には、むしろ「粉砕！」を打ち出しています。[*16] リブは女の自己肯定を出発点にしたと言いましたが、女のまるごとの自己肯定のためには、現在の社会の中で与えられている主婦、妻、母などの女性役割に対する幻想を、根底から疑い、否定しなくてはならないからです。そのときに、しばしば用いられたのが、妻や母と娼婦とは同位対立物であるという論理です。

妻として、母としての忍従が体制のすべてを支える。忍従の美徳を排撃するときは来た（ぐるーぷ・

闘うおんな　佐々木和子　一九七〇・一〇)[*17]。

闘いの中で男に、権力に迫ることによって自らの内なる愛・夫妻・男・純潔・子供・家庭・母性愛などに対する諸幻想を解体し、主体形成を図ると共に、男の主体形成を助けていきたいと考える（女性解放連絡会議準備会　田中美津「エロス解放宣言」一九七〇・八)[*18]。

男にとって女とは、母性のやさしさ＝母か、性欲処理機＝便所か、という二つのイメージに分かれる存在としてある。……なぜならば、男の〈母〉か、〈便所〉かという意識は、性を汚れたものだとする性否定の意識構造から生じる両極の意識としてあるのだから（女性解放連絡会議準備会　田中美津「便所からの解放」一九七〇・八)[*19]。

「子殺しの女に連帯する」集会を「ぐるーぷ・闘うおんな」などが組織したのは、女の役割の肯定される極である聖なる母は、「〈自分でない自分〉を受け入れ」させられ「『生きていない』むなしさ」に切りきざまれている「子殺し女の予備軍」なのだという認識にもとづいてのことでした。母幻想こそは女性に対する幻想の中核ですが、女にとっても、内面から自分を縛るもっとも強力な幻想だといえるでしょう。あるときは女の立場から、良い母であるためには自分らしさを捨てねばならない苦痛を訴えることで、またあるときは子どもの立場から、子どもを思いどおりに育てようとする母性愛の押しつけを告発することで、リブは繰り返し母幻想を批判しました。

子供と共に生きること……それは子をもつおんなたちすべてに課せられた永遠の課題だ。だが、まちがえないでほしい。子供と共に生きるんじゃない。子供と共に生きるんだ。子あってのおんな、母親あっての子供、そんなのじゃ絶対ない。子供もおんなも本当に生きていると感じられる生き方、それだ（ぐるーぷ・闘うおんな　一九七一・五・一六）[20]。

「家」の中で大事に、「うちの～ちゃん」として、あなたの理想の女の像に向かってしたて上げられ続けた私の一九年間が、今音をたてて崩れはじめています。………

私はあなたが恐かった。

あなたに逆うことなんて考えられなかった。だから、駄菓子なんて食べたこともなかったし、あなたの嫌いなものはみな嫌いになり、好きなおともだちも、あなたがいやがるので家に呼びませんでした（ぐるーぷ・闘うおんな「おかあさんへ」一九七一・八）[21]。

◆家族解体

リブの目はさらに、女を「部分」としてしか生きられなくさせる結婚制度や、体制を支えるものとしての家族制度の否定へと向かいます。

〝生む〟〝生まない〟に対し、大きな抑圧と断定を強いてくるものに結婚制度がある。……一方には女性の一部母性その一部の産性を認めずにおきながら、他方には強制してくる（女戦線　一九七〇・一一・一九）。[*22]

男にとっては性欲の対象として、国家にとっては〈家〉を舞台に子供を通じてまず自らをそして男を体制に組み込んでいく機能を果し、家事という無給の仕事をすることによって間接的に資本家の利益に奉仕する者としてある、われら〈女〉の解放とはエロスの解放として性否定の意識潮流の変革、子供を社会の子として育てる起点としての保育労働者の闘いと呼応した闘いとして展開され〈家〉の解体を方向として目ざすものとなるであろう（女性解放連絡会議準備会　田中美津「エロス解放宣言」一九七〇・八）。[*23]

『女・エロス』には、さまざまな女たちの体験と体験の中で考え続けてきたことが、毎号のように並んでいました。「主婦的状況をえぐる」（六号）、「家族解体にむけて」（一三号）などの特集のもと、男との関係、出産、中絶、結婚、夫や姑との確執、転身、挫折、希望などが綴られ、それぞれが「〈家〉の解体」の実践記録でもありました。

さまざまな体験記録の中で、とりわけ印象的だった文章があります。時期的にはもっと後になりますが、一九七九年の『思想の科学』に載った坂元良江さんの「家族解体を試み続けて」です。[*24]「公平に家事・育児は分担し」「理想的な共働き夫婦」と言われていたにもかかわらず、「何かが重かった」「夫婦という関係を一度壊したところから、もう一度二人の関係を作り直したかった」と籍を抜き、息子は協力して育てながら、別居してそれぞれ恋愛関係をもったり、また同居したり。そうこうするうちに小学生の息子はイギリスの学校の寄宿舎に入り、元夫は休職してスペインに渡り、また帰国して今度は隣合わせのマンションに住む。抑圧的な家族だから、ではなく、家族であること自体がそもそも抑圧的だから解体する……。家族への疑いの根底的な深さと、不断にいわば実験を繰り返すタフさ、真正直さに、強い印象を受けました。

家族解体と家族実験は、時代の風潮ともなりました。コミューンと呼ばれる、家族ではない共同生活体が全国のあちこちにできました。メディアの世界でも、ミニコミの範囲を超え、映画に雑誌にこうしたテーマがしばしば取り上げられました。映画では、ウーマンリブの流れをくむ「極私的エロス・恋歌 1974」のほか、水谷豊が親殺しの若者を演じた「青春の殺人者」(一九七六年) など、興行ベースにのる作品も制作されました。家族解体をテーマにした映画は一九八〇年代にもまたブームになりましたが、七〇年代のものはより直接的で、なまなましかったように思います。

◇ フェミニズムの二つの波

さて、ここまでは資料にもとづきながら、ウーマンリブ運動を担ってきた女たち自身の言葉で、その主張を再現しようと努めてきました。最後に、視点を思いきり後ろに引いて、家族の変化とウーマンリブ運動との関連について、考えてみましょう。[*25]

女性の地位向上や解放を求める社会運動をフェミニズム運動といいますが、フェミニズム運動の流れには、歴史的に見て二つの大きな波がありました。一九世紀の終わりごろから第一次世界大戦までが初めの盛り上がりで、これが「フェミニズムの第一の波」、その後、五〇年の空白を経て、一九六〇年代末から起こったのが「フェミニズムの第二の波」と呼びならわされています。二つの波の間に五〇年もの空白期間があったというのがひとつの謎です。この謎を解明するために、後で仮説を示したいと思います。

日本では、女性運動の歴史を考えるとき、戦前と戦後とに分けるのが一般的でした。第二次世界大戦の敗戦と連合国軍による占領政策により、女性の参政権獲得などの画期的な転換がこの時期に達成されたからです。しかし、戦後に達成されたことは、大正期以来の女性運動の中でずっと求められてきたものでした。やはり内容的には戦前から戦後しばらくの間の運動を含めて「第一の波」と呼んで、ウーマンリブ運動以降を「第二の波」と呼ぶほうが妥当ではないかと思われます。

では、「第一の波」と「第二の波」とでは、内容的に見て、どのような点が異なるのでしょうか。

これまでも述べてきたように、近代社会では公私の領域が分離しています。戦前の「第一の波」の女性運動は公的領域、すなわち政治と経済に関心の中心を向けていました。婦人参政権というのは、まさに政治の領域の問題です。それから経済といっても、「第一の波」のフェミニズムは、女性はみんな働くべきだと主張していたわけではありません。やむをえず働いている労働者階級女性の労働条件を守ろうというのが主流です。

女が主婦であり妻や母であることを、「第一の波」は問題の中心に据えませんでした。いや、正確に言えば、そう単純ではないのです。運動の初期には、結婚制度に反対したり性の自由を主張したりする勢力も存在しました。しかし世間の罵倒を浴びせられたのみならず、運動内部からも運動の足を引っぱる鼻つまみ者として排斥されて、力を失っていったのです。

運動の主流はむしろ、家庭役割と分かちがたく結びついた女性的な（とされている）特質を、女性の地位向上の根拠としようとさえしました。「女性は男性と平等であるべきだ」という論理ではなかなか成果が上がらないと見て、婦人参政権獲得運動は次第に論理を転換していきました。「女性は道徳的である」「女性は本性として思いやりと情感にあふれており、冷たい近代社会に欠落している点を補うことができる」。つまり、女性の男性とは異なる徳性ゆえに、女性が決定に参加すれば世界は平和になり、社会全体のよりよき発展が保証されるというのです。[*26]

フェミニズム運動を研究した社会学者ジョー・フリーマンはこのようにまとめています。「初期には、女の生活のあらゆる側面に関心を示した、広範で多面的な運動であった」第一の波も、「終わり頃になると、主として二種類のフェミニストたち——婦人参政権論者と改良主義者——の関心をつかんだにすぎないものになってしまった[*27]」。改良主義者とは、女性の徳性により社会を改良しようとする人々で、「母性主義者」と呼ぶこともできます。この両者を結びつけるかなめとなったのが、女性の家庭役割です。家庭の中の女性の役割はそれはそれで認めて、いやむしろ、積極的に肯定して利用して、公的領域での平等を獲得する。それが「第一の波」の主流が流れついたところでした。ところが、「第二の波」はここを疑ったのです。

◇ 近代家族とフェミニズム

アメリカのウィメンズ・リブ運動の火付け役になった、ベティ・フリーダンの『フェミニン・ミスティーク』（邦題『新しい女性の創造』）という本があります。[*28] 一九六三年に出版され、アメリカでベストセラーになりました。フリーダンは、大学院まで抜群の成績で心理学者になる道をまっすぐに歩いていたのに、ふと、恐怖感に襲われたのだそうです。このままいったらわたし結婚できなくなっちゃうかもしれない、女の幸せはやっぱりそこにあるのに、と。それで、彼女は学者になるのをやめて結婚して、三人の子どもを育てる「郊外の主婦」をやっていたのですが、今度は「わたしはいったい何なのだろう」という「得体の知れない悩み」にとらわれるようになった、といいます。そして雑誌のインタビュアーとして大勢の同世代の女性たちと語り合ううち、当時のアメリカ女性の多くがこの悩みにむしばまれているということを発見し、こんな理想的な家庭生活を営んでいるのに、女性たちはなぜこんなことで悩むのだろうかと、自らの内面を掘り下げながら書いたのがこの本です。これが主婦たちの間に「わたしだけじゃなかったんだ」という共感の渦を巻き起こしました。その後、ベティ・フリーダンはＮＯＷ（全米女性会議）のリーダーとなりました。

一九五〇年代のアメリカというのは、まさに主婦の時代でした。戦争中には、兵士となった男性の代わりに、女性たちはけっこうさまざまな職業について働いていたのですが、五〇年代には帰還してきた男性たちに追い出されるようなかたちで、家庭に入っていきました。アメリカの「フェミニズムの第二の波」は、まさにこの、女は家庭に、という「近代家族」への反発だったのです。

近代家族とフェミニズムとの関係について、わたしはある仮説をもっています。[*29] これまでにお話ししてきたように、ヨーロッパでは、一九世紀には中産階級において、二〇世紀の三〇年代くらいまでには社会の全階層に、近代家族という一つの歴史的家族類型が成立しました。それにともない、公的領域と私的領域が明瞭に区別されるようになり、それぞれの領域が男性と女性それぞれに割り当てられました。しかしそれは新しい社会秩序の出現でしたから、初期には、ルールをめぐる社会的混乱をともないました。女と男はそれぞれどのような役割をもち、互いにどのような関係を作るべきなのか。女と男の人間としての平等を重んじるべきなのか、両性間の差異を強調するべきなのか。このルールの混乱の中から飛び出してきたのが、「第一の波」のフェミニズムだったのではないでしょうか。

しかし、男は公的領域、女は私的領域という体制が安定してくるにつれ、次第に、その体制と矛盾しないかたちのフェミニズムだけが残ってきました。男女の形式的平等と現実的棲み分け。ルールの混乱はおさまり、その後約五〇年の間、疑う者などいない近代家族の体制が続きました。

そして、次にまたルールの混乱が生じたとき、フェミニズムの「第二の波」が湧き起こったのです。しかし今度は変化の方向が異なりました。近代家族の体制の成立ではなく、崩壊。それゆえウーマンリブは、公私の分離と女性の家庭役割を疑う運動としてあったのです。ウーマンリブは、いわばひとつの時代の終焉を告げる予兆でした。

ただし日本では、すでにお話ししてきたような事情により、もっと複雑な事態が起きていました。リブの家族解体の主張は、「〈家〉の解体」という言葉もさかんに使われたように、解体されるべきは近代家族なのか、家なのか、意識的に区別することなく渾然一体としていました。内容的に見れば、主婦役割、母役割など、近代家族における女性の役割がおもな批判の対象とされていたのは明らかで、その点、戦後まもない時期の「家からの解放」論とは異なる新しい次元に、ウーマンリブが立っていたのは間違いありません。しかしやはり日本のリブでは、特に具体的な体験告白の中では、嫁姑関係や血のつながりなど、どろどろとした家制度への呪詛が、依然として小さくない部分を占めていました。また、「コミュニケーションとしてのセックス」を希求するというのは、真実の愛と性による両性の結合という、近代家族の理念の完全な実現を求めたものと見えなくもありません。[*30]「家からの解放」と「家族からの解放」――問題は次の時代へと持ち越されることとなります。

7

ニューファミリーの思秋期

◆それからの団塊

前章では、ウーマンリブについてお話ししました。今回は、そのもう少し後へ時代を移します。しかし、注目していく世代としては、だいたい同じ世代、ウーマンリブ運動に参加していたかどうかはともかくとして、ウーマンリブの時代に若かった女性たちに焦点を当てていきましょう。一九七〇〜七二年にだいたい二〇代前半、とすると、戦後のベビーブームに生まれた「団塊の世代」(一九四七〜四九年生まれ)を中心とする世代ということになります。彼女たちはその後、どういう人生を送っていったのでしょうか。

ウーマンリブのすぐ後の一九七四年ごろから、こんな言葉が流行しました。「ニューファミリー」。今でも新しいタイプの家族という意味で使わないわけではありませんが、まあ、歴史用語になってしまった感がありますね。とにかく当時は一世を風靡した言葉です。丸井百貨店の「和気あいあい」「愛情はつらつ」や、キッコーマンの「夫婦でワイン」という広告が、ニューファミリーのイメージを広めるのに力があったとも言われます。

そのころの新聞や雑誌を調べてみました。「ニューファミリー」という言葉がもっともよく出てきたのは、一九七六〜七七年でした。たとえば、これは『平凡パンチ』(七七年六月一三日号)に載った「ニュー・ファミリー大研究」のはじめの部分です。

なんか、アメリカ・タイプというのかな、若いカップルが同じような服装にキメちゃって、いかにも散歩という風情。ところがね、ふと見ると、その横にやっぱり同じような服を着た子どもがいて親子三人、完全にコーディネートしちゃってるんだ。こんなカップルが最近やたらに多いんだなあ。

ブームを反映し、『国民生活白書』では一九七六年に「ニューファミリーとオールドファミリー」の比較を取り上げましたが、そこでは、ニューファミリーとは「一般的には若者夫婦で、しかもそのなかでもとくに新しいものの考え方を持ち、それを行動で示している戦後生まれの若者夫婦をさすようである」とされています。*1 戦争を知らない子どもたち、ウーマンリブと学生運動の世代は、数年後には「愛情はつらつ」の「ニューファミリー」を作っていたというわけです。

もともと「ニューファミリー」という言葉は、アメリカのヒッピーコミューンの共同生活のしかたが「家族」の枠を超えているということで、「ニュー」をつけて表現したことからきていると言われます。そういう意味ならウーマンリブ運動が求めた「家族解体」に近いのですが、日本では本家とはすっかり様変わりした意味で使われていたようです。いったい日本の「ニューファミリー」とは何だったのでしょうか。

◆ニューファミリーの神話

まず当時、「ニューファミリー」とはどのような家族としてとらえられていたのか、見てみましょう。朝日新聞は一九七六年に「戦後っ子夫婦」と題した長期の連載を組み、その中で八回「ニューファミリー」をテーマにしました。*2 その第一回で、行動特性として、「できるだけ夫婦、親子で行動、家事も共同、ファッションに気を使い、まるで友達みたいな態度をとる。ジーンズを愛用。常にサウンドを求め、レジャー、外食を好む。一見セツナ主義」をあげました。夫はほとんどサラリーマン。共働きも多いといいます。

この連載でもそうですが、まずあげられたのは、上の世代とは消費生活の傾向が違うということです。たとえば「ワインを買う」。今では当たり前になりましたが、このころまではワインを飲むなんて外国人との交際がある人くらいでした。ところが当時の二〇代は家庭での食事で気楽にワインを飲んでいるらしいというので、大騒ぎになりました。これはひとつには、ちゃぶ台からダイニングテーブルへという生活の洋風化の表れでしょうが、そればかりではないようです。食べもの自体への執着が薄れ、もっぱら雰囲気作りに力を入れるようになったのは、豊かな中で育った世代だからだ。いや食事が家族のコミュニケーションの場となったからだ。さまざまな解説が加えられました。趣味に合ったものをそろえるのには金を惜しまないが、気に入らないものはタダでもいらない。借金（クレジット、ローン）しても、欲しいものは欲しいときに買う。既成の型にはまらないカジュアル志向。新しいライフスタイルと結びついた消費傾向の変化が、ニューファミリーの第一の特徴とされました。*3

消費生活と並んでよく指摘されたのが、いわゆる「友達夫婦」、夫婦関係の平等化ということです。*4

新聞の連載に添えられたニューファミリー・カップルの写真を見ると、もちろん演出もあるのでしょうが、あまりにそれらしくておかしいくらいです。ジーンズならジーンズどうし、カジュアルなセーターならカジュアルなセーターどうし、ペアというわけではありませんが、性別を感じさせない、よく似た格好をしているのです。そして、いかにも仲良さそうに、「私たち、学生の時に同級生だったんです。同い年なんです」なんて、インタビューに答えている。

戦前には四歳あった初婚年齢の男女差は、一九七〇年代には二・七歳にまで縮まっていました。[*5]相手と知り合った場所は「同じ職場」三六パーセント、「仕事先で」一二パーセント、「学校で」一七パーセント。[*6]同い年あるいは年の近い同級生・同僚カップルが増えてきたのはたしかです。加えて結婚相手について重視した項目に、夫は第一位に、妻は第二位に「価値観が似ていること」をあげています。[*7]こうして、結婚した後も何でも話せる友達みたいな夫婦が増えてきたのだと言われました。ほかにも、名前や愛称を呼び合っているとか、[*8]夫も比較的家事をするとかいったことが、ニューファミリーの特徴と言われました。他の年代の夫に比べ、二〇代の夫は、買い物や炊事、後片付け、掃除、洗濯をよくやるという調査結果も出ました。[*9]さすがウーマンリブ世代、と思いますか。運動の効果が早くも現れたかと。いやいや、話はそう単純ではありません。

その後、「ニューファミリー」はどういう運命をたどったのでしょうか。これはマーケティング業界の教訓として語り継がれていることです。まずは、ニューファミリーが出てきたと言って、大騒ぎしました。折からの不景気に悩む小売り業界は、人口の多い団塊の世代でひと稼ぎできるのではないかと、まさに渡りに舟と受けとめました。消費傾向が違うというので、ニューファミリー向けの商品がいろいろ開発されて、デパートに並びました。趣味の統一感を重視したディスプレイも工夫されました。ニューファミリー向けの雑誌『クロワッサン』『ＡＲＵＲＵ』の二誌も創刊されました。ところが、さあ、結果はどうだったでしょうか。こういう商品は売れたでしょうか。実は、売れなかったのです。

一年ほどして、今度は「ニューファミリーなんてオバケだった（実態がなかった）[*10]」と、うらみがましく、てのひらを返したように言われるようになりました。ＪＮＮデータバンク調査では、ワインや洋菓子などを買っているのはむしろ中年夫婦のほうでした。第百生命の調査では、生命保険加入率や積み立て貯金継続率も若い世代が特に低いというわけではありませんでした。[*11]ブームの火付け役の丸井百貨店も、一九七二年以来のニューファミリー路線を七七年六月からニューヤング路線に転換しました。「ニューファミリーも子どものできるまではよく買ってくれた。いまは子どもにカネがかかりすぎて、物を買えなくなったんですね」、これが、社長の弁です。

はたしてニューファミリーとは何だったのでしょうか。なにしろオバケだったということになってしまったので、研究者による調査や研究も意外にありません。[*12]

◇友達夫婦というけれど

ニューファミリー用に開発したけれど売れなかった最たる例が、雑誌の『クロワッサン』です。「ふたりで読むニュー・ファミリーの生活雑誌」「an・an famille」といううたい文句で華々しく創刊したのですが、これがさんざんでした。一年で、もう廃刊するのじゃないかと言われました。ところが、さすがマガジンハウス、というか、当時は平凡出版ですけれども、一年後にモデルチェンジして大きく部数をのばして、時代を代表する雑誌に育てあげました。いったいどうモデルチェンジしたのでしょうか。そのあたりを糸口に、「ニューファミリー」の正体に迫ることができるかもしれません。

まず、売れなかったころの『クロワッサン』を見てみましょう。一九七七年五月に創刊され、表紙は明るい色づかいのイラストで、例のうたい文句が刷り込まれています。家事、育児、ファッションなど従来の女性誌とそう変わらない内容が中心ですが、古谷三敏のマンガ「ぐうたらママ」の挿絵をつけた「家事は男子一生の仕事である」（一九七七年一〇月号）という記事など、独特の切り口も見られます。また、いかにもニューファミリーらしいカップルのインタビュー記事が特徴で、広告ページまでしばしば模擬インタビューといった体裁をとっています。たとえば七七年七月号のインタビュー記事では、長髪の夫「ミッキー」とほとんど化粧っ気のない妻「イチコ」が抱き合ったり、一緒に布団に入ったりしている写真を添えて、二人の出会いから三年間の同棲、「今も狂いっぱなしだね」という現在に至るまでが、熱烈な恋愛関係を軸に紹介されています。いかにも友達夫婦、いや恋人夫婦といいましょうか。

ところが、当時の『クロワッサン』に登場する友達夫婦を今日の目から見ると、妙に感じることがあります。たとえば図7-1の写真を見てください。これは、同じ一九七七年七月号に載ったイオナの広告記事からとったものです。自転車に相乗りしているカップル。二人ともジーンズにTシャツの

図7-1

（出所）『クロワッサン』1977年7月号より。

カジュアルなファッション。夫もやさしそうで、いかにも友達夫婦らしいイメージなのですが、二人のポーズを見てください。自転車をこぐのは彼。彼女は彼に寄りかかりながら、足をブラブラさせているだけ。彼がパッとはずしたら、彼女はコケてしまうでしょう。一見して対等そうで、妻ものびのび自由にしているように見えますが、「家庭」という自転車をこいでいるのは彼であって、彼女は彼にもたれかかっているにすぎないというイメージ。ほかにも、ニューファミリーの視覚的表現には、さりげなく男性優位がしのばせてあるケースが多く見られます。たかが写真、偶然さ。あるいは、たかが写真、演出さ。そう思われるかもしれませんが、ある図柄が選択されて掲載されるか否かには、編集者の意図、および編集者と読者双方の暗黙の前提が反映されており、分析に値します。*13 対等とか友達夫婦とは言っても、読者にとって見苦しくないのはせいぜいこのくらいまで、と編集者が意識的・無意識的に設定している限界が、はからずも出てしまったということでしょう。

では、ニューファミリーの妻たちは、何をしていると書かれているでしょうか。「イチコ」さんについては料理に力を入れているということしかわかりません。図7-1の妻は「結婚を契機にグラフィック・デザイナーの職をサラリとすてて家庭に入ったという」。夢は「またエレクトーンを始めようか」ということと家族旅行。夫の仕事としては、ミュージシャンとか脱サラして自営業なんていうのが、人気のタイプとされているのか、よく出てきますが、そこから伝わってくるのは、「家庭あるいは私生活を大切にした生きかたを」ということであって、女性自身の新しい生きかたへの提案はほとんど見られません。

ニューファミリーについての実態調査は、先ほども言ったようにあまりありませんが、朝日新聞家庭面が一九七六年に都内の団地の夫婦を対象に実施した「最近の夫婦の意識調査」は、「友達夫婦」といわれたニューファミリーの夫婦関係の実像に迫る貴重な手がかりを提供してくれます[*14]。同僚・同級生結婚が多いのは、さきほど紹介しました。結婚の条件として夫が重視した第一位は、やはりさきほど紹介したように「価値観が似ていること」で、以下「趣味の一致」「両親の賛成」でしたが、これが妻だと、上位から「将来性」「価値観が似ていること」「両親の賛成」の順になります。友達夫婦と言われながらも、妻は当然のことのように夫の将来性に自分の先々の幸福を重ね合わせて見ていたのです。相手に「あってほしい」、自分が「ありたい」夫と妻の理想像は、「かわいい妻」と「頼りがいのある夫」。そうしたステレオタイプを相手や自分に求める度合いは、妻のほうにより強かったようです。

ちょうどそのころ話題になっていた「国際婦人年をきっかけとして行動を起こす女達の会」の「ワタシ作る人、ボク食べる人」というテレビコマーシャルへの抗議への賛否を尋ねた項目があります。抗議に理解を示したのは妻の半数、夫の三割、抗議はおかしいとしたのは妻の四割、夫の六割でした。性別分業の是非についての男女の意見の違いが目立ちます。しかし、性別分業に漠然とした疑問をもちながらも、妻自身、夫に頼るかわいい妻でありたいという気持ちを捨ててはいなかったことも事実です。

◇つかのまの近代家族

ここで、図1-2の出生コーホート別年齢別女子労働力率のグラフをもう一度見てください。この中のCグループすなわち一九四六〜五〇年生まれの世代がニューファミリーをつくったとされる女性たちです。M字型カーブのM字の底が一番深く切れ込んでいるのはこの世代だったというのを、思い出してください。妻が専業主婦になった比率がもっとも高い世代だった。『クロワッサン』が、妻は専業主婦という想定で記事を作ったのも、当然といえば当然です。ニューファミリーの特徴として、朝日新聞は「共稼ぎも少なくない」という点をあげましたが、それは出産までのわずかな期間のことにすぎませんでした。子どもが生まれると消費傾向が変わったというのも、妻の収入がなくなったからだったのでしょう。

ニューファミリー世代というのは皮肉ですね。対等な夫婦関係をイメージしながら、その経済的な裏づけは一番ない世代だったのですから。いや、そもそも、皮肉などではないのかもしれません。夫は仕事・妻は家庭という性別分業をしているけれど対等、というのがニューファミリーのそもそもの理念であったとするならば。『クロワッサン』で見たように、メディアが作りあげようとしていた「ニューファミリー」像には、性別分業をあえて変えなくてはならないという視点は、ほぼありませんでした。

だとすると「ニューファミリー」の理念とは、前章での表現を用いると、「家族からの解放」ではなく、こう言うと古風ですが、「家からの解放」をめざしていたのだということになるのではないでしょうか。民主的で、夫婦も親子も対等で、愛によって結ばれた家族。戦後民主主義が夢見た近代家族。戦後結婚第一世代はその理想を完全に実現することはできなかったけれど、その次の世代こそは、と。朝日新聞の連載でも、ニューファミリーがぶつかる障害として描かれているのは、姑の問題や姑世代との確執など、まさに「家」的なものでした。

時期的に少しさかのぼってみると、ニューファミリーの夫婦は結婚前にはどんな恋人たちだったのか、うかがうことができます。やはりメディアを通したイメージですが、学生運動が盛り上がった一九六八年以来、性の解放という風潮で、ミニスカートやシースルー（透けて見える服）が流行し、体を思いきり露出したセクシーな女性像がもてはやされました。「ニューファミリー」とは違い、これは

図7-2

（出所）『女性自身』1968年4月29日・5月6日合併号より。

けっこう実態をともなったようです。しかし図7-2を見てください。これは一九六八年四月二九日・五月六日合併号の『女性自身』に載った広告写真ですが、大胆な花柄のミニのワンピースに身を包んだ若い娘が、（当時はまだ珍しかったクルマをもった）すてきな男性に声をかけられた瞬間という設定でしょうが、なんと極端な内股、そして握りしめたこぶし。こんなときに身を固くしてしまうくらい、彼女は本当は内気な女のコなのだと、ことさらに演出しています。六八年から七〇年ころまでの雑誌には、これと同じ種類の技法を用いた広告写真をよく見かけます。[*15] 性的に大胆な服装と、極端に内気なしぐさとのアンバランス。女性はセクシーになったけれど、それはあくまで男性に選んでもらうため、ということのようです。こうした時代背景を見てみると、ウーマンリブの女性たちは何にあれほど苛立っていたのか、なおさらよくわかる気がします。「平凡パンチ式」の性解放は、女性を解放するどころか、よけいに露骨な性的対象として、男の視線の前にさらしものにしただけだったのですから。

性解放のかけ声のもと、若い男女はかなりの性的関係までともなう恋愛をしました。同棲さえしました。婚前性交経験率はこのころ若かった世代からじりじりと上昇していきます。[*16] しかしリーダーシップをとるのは男、という関係は相変わらずで、多くのケースはほどなく、結婚という制度の中におさまっていきました。そして女性たちは、当然のことのように専業主婦になったのです。

愛と性によって結ばれた結婚。そして分業しながらも対等な人間関係の家族をつくる。団塊の世代は、近代家族の理念を、日本において、もっとも純粋なかたちで実現しようとした世代であったということになるでしょう。恋愛結婚が見合い結婚を数の上で上回るようになったのも、ちょうどこのころのことです（図7－3）。しかし、ウーマンリブがすでに察知していたように、近代家族の完成は、けっして理想郷の実現ではありえなかったのですが。

「ニューファミリーはオバケだった」ということになったと言いましたが、実をいうと、オバケ説を主張したのはニューファミリーの消費生活に目を向けていた企業人やマスコミ人たちであって、社会学者は当時から少し違いました。

湯沢雍彦は、こう書いています。「一九二〇年代に社会学者バージェスが、アメリカ社会では『制度的家族から友愛的家族へ』進みつつあると言ったが、わが国でも半世紀遅れて、ようやく真の『友愛家族』が出現してきたと言えそうである」。「今回ほど伝統的夫婦関係を覆し、世間を気にせず、好

図７－３　見合い結婚と恋愛結婚の割合の推移

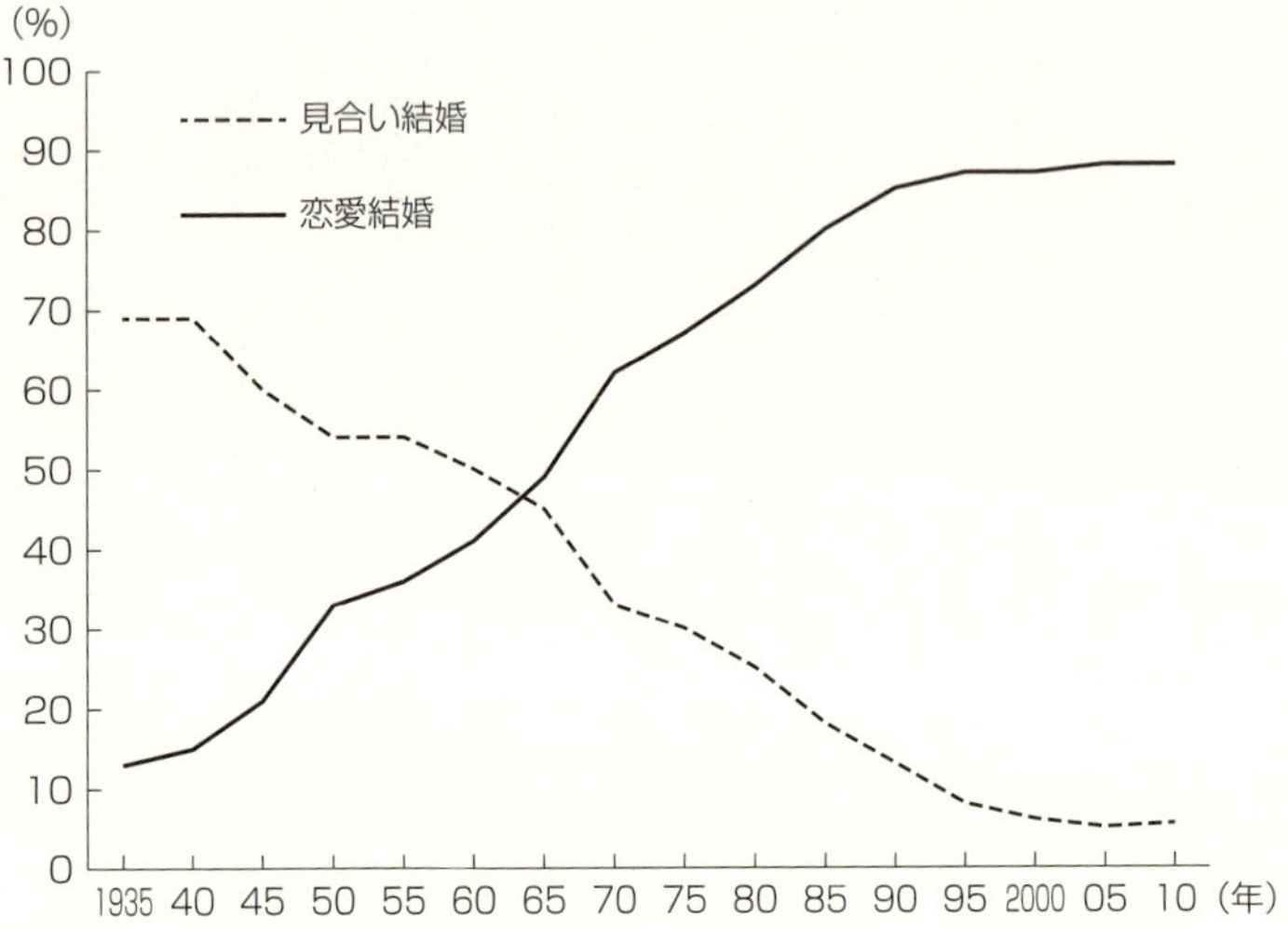

（資料）　国立社会保障・人口問題研究所「出生動向調査」。

きなように夫婦中心主義を貫く、という主張がこれほど多くの若者大衆に支持されたことはなかったことは明白で、日本家族史の上でも画期的な出来事といえよう[*17]」。

井関利明は一九六〇年代に話題になった「マイホーム主義」と比較して、「マイホーム主義の響きにはモーレツ社員に対抗しての若干後めたさもあったし、ホームで示されるように、家とか耐久消費財、つまりモノの充実のイメージがあった。しかし、ニューファミリーの場合、後めたさなどない。ホームより構成員が問題で、買い物、レジャーなどすべての生活空間で行動の単位が夫婦と子どもという意識がある[*18]」と語っています。

また中野収は若者論の文脈から、「個室は自我の一部だ」という〈密室志向〉の若者の「個室の構成員が、夫婦か、親子三人になったときの、生活空間が『ニューファミリー』にほかならない」という、クリストファー・ラッシュのナルシシズム論にもつながるユニークな分析をしています。[*19]

いずれも、ニューファミリーとは日本において近代家族の理念をもっとも先鋭に志向した家族だった、という解釈です。今までお話ししてきたように、わたしもこの見かたに基本的に賛成します。「ニューファミリーはオバケだった」と、すべての知見を水に流してしまう気にはなれません。

しかし、ようやく出現してきた「友愛家族」の黄金時代は長くは続きませんでした。それどころか、ほんのつかのまの蜃気楼のように浮かび上がっただけで、ほどなくかき消えてゆきます。よく言われるように達成が不十分だったからではなく、達成されてそれ自身の矛盾が一挙に噴き出したというかたちで。ニューファミリー嫌いの人たちは、しばしばそれが女性的なライフスタイルだと批判しましたが、皮肉なことに、ニューファミリーに反旗をひるがえしたのは女性たちでした。

◆自立と思秋期

『クロワッサン』に戻りましょう。『クロワッサン』は、二年目から成功しました。いったい、どうモデルチェンジしたのでしょうか。「女の新聞」というキャッチフレーズに変えた。これがポイントです。女と男、夫婦が一緒に読む新しいライフスタイルについての雑誌から、女性だけが読む新しいライフスタイルについての雑誌に変身したのです。編集部は、要するに男を見捨てたのですね。この世代の男たちは決して新しくない、新しいのは女だけだ、と。

性別分業について男女の意識差があったというのは前に紹介しましたが、ニューファミリーは、その後ますます男女の間の溝を深めていきます。友達夫婦という建前を信じ続けたかった女たちと、現実の力関係に開き直った男たちと言いましょうか。変身前と比較するために、「女の新聞」になってからの『クロワッサン』のビジュアルイメージを見てみると、まず、仕事をしている女性の姿が頻繁に登場するのが目につきます。それも、キャリアウーマンというより、主婦だったのに、自分で工夫してこんな仕事を創り出したとか、お店を始めたとかいうケースが多いのです。体験談とともに、素人の女性が大きくきれいな写真入りで紹介されました。それから、思索する女性とか本を読む女性とかいった、それまでならまったくさまにならないとされていた女性像が、「素敵だな」とイメージ作りされてグラビアを飾ったりもしました。それが、新しい『クロワッサン』だったのです。一九七〇年代末から八〇年代初めにかけて、「女の自立」を合い言葉に、『クロワッサン』は女性たちに絶大な影響力をもちました。

しかし、いくら『クロワッサン』にあこがれたとしても、いったん家庭に入ったニューファミリーの妻たちにとって、「自立」はすぐに手の届くものではありませんでした。そのあたりの煩悶が、一九八二年にベストセラーになった斎藤茂男の『妻たちの思秋期』にはよく描かれています。[*20]「思秋期」というのは著者の造語で、女性は思春期より人生の「秋」にむしろ深刻に悩む、というのです。結婚して、主婦になりきっていたのが、子どもが小学生や中学生になって手が離れたとき、ふと気がつく。もう若くはないワタシ。いったいワタシは何をしているのかしら、こんなことをしていていいのかしらと、漠然とした不安感にとらわれる。これが、「思秋期」なのです。

この本にも事例が出てきますが、一九八〇年代の初めには、「主婦アル中」が問題になりました。「台所症候群」とか「キッチンドリンカー」という言葉もありました。主婦たちが今言ったような漠然とした不安にとらわれて、何をしたらいいか、わからない。それまで何の苦もなくこなしてきた家事がどうしても手につかない。そんなとき、目の前にあった台所の料理酒に手がのびて、というわけです。夫は、妻がアルコール依存症になった場合、叱ったり、「医者に行け」と言ったりします。しかし彼女が何を悩んでいるかは、全然わからない。きちんと給料を運んできてやっているのに何が不満なんだ、どうして家事ができないんだ、と。それから、見離してしまったりする。家の中が汚くても見て見ぬふりとか、あげくは帰ってこなくなったりとか。

これは、結局、ウーマンリブが言っていたことではなかったのでしょうか。ウーマンリブは、アメリカでは、こぞって主婦になった一九五〇年代の妻たちの不満を背景にしていました。それと同じことが、日本ではもっとも主婦化が進んだ団塊の世代の女たちに起きたのです。

『妻たちの思秋期』の翌一九八三年、話題のテレビドラマ「金曜日の妻たちへ」、いわゆる「金妻」が放映されます。登場する三組の夫婦は、学生運動の経験もある団塊の世代ということに、はっきりと設定されており、バックミュージックにわざわざボブ・ディランを流したりしていました。「金妻」は不倫ドラマの定番といわれていますが、「昼メロ」とは一味違い、シリーズ初期のものは脚本もまじめに作ってあります。主婦の悩みとか夫婦の行き違い、女どうしの友情など、そうしたものがしっかり描かれていたことが、熱い共感を呼んだ理由だったのではないでしょうか。なぜ不倫に至ってしまうのか、の理由づけがちゃんとある。「パート1」は、小川知子が離婚するところから話が始まるのですが、彼女は元「スチュワーデス」（客室乗務員）で、てきぱきときちょうめんなカンペキ主婦という設定。しかもたいへんな教育ママ。でも、いつもイライラしているんです。それにいたたまれなくなって、夫が若い女性を好きになってしまう。主婦の不満やイライラが最初から描かれています。「パート2」になると、より純粋に、コレという不満を家族や夫に対してもっているわけではない普通の主婦が、なんとなくもの足りなくなって不倫に傾いていく設定になっています。

『妻たちの思秋期』にしても、「金曜日の妻たちへ」にしても、今までなら何の不足もないと思われていた生活の中で、主婦たちというのは不満を抱いているものなんだ、ということを前面に押し出しました。これに世間はびっくりした。妻の座を得たら女は三食昼寝つきで安泰のはずなのに、なんと不満をもっているらしいぞ、と。しかしそれは、リブがその一〇年前に言っていたことなのですけれどもね。リブが言っていたことを少しは知っていたはずの団塊の世代の女性たちが、ニューファミリーの幻影を追い求めて専業主婦になって、何年かして子どもから手が離れて、結局それを実現してしまった。それが、一九八〇年代だったのです。

◆主婦役割からの脱出

もう一度、出生コーホート別年齢別女子労働力率のグラフ（図1-2）を見てください。日本女性史上、もっとも家庭に入った団塊の世代、すなわちCグループは、M字の底を過ぎた後、どういう人生を歩んでいるでしょうか。さあ、どうです。この急勾配。M字ですから、いったん下がった後、また上がるのですが、この上がりかたの急なこと。この外へと向かう強烈なエネルギーが、強烈な悩みと苦しみをともなったのは、当然ともいえましょう。

グラフを見ればわかるように、もう一〇歳年長のBグループの女性たちも、緩やかに再就職していきました。けれども、団塊の世代では再就職年齢が前倒しになり、しかも皆いっせいに再就職しています。一〇歳年長の女性たちが、さあ、子どもから手が離れたから何かしましょうかと考えたのは、子どもが高校を卒業したころだったので、再就職もさることながらカルチャーセンターが流行しました。しかし団塊の世代は、子どもが中学に入ったくらいで子どもから手が離れたと思ったようです。まだ、三〇代。パートが多いとはいえ、まだ就職のチャンスがあります。オイルショック以来、夫たちの賃金が頭打ちになり、教育費や住宅費を妻が補助しなくてはならなくなったという経済的事情もはたらきました。

再就職ばかりではありません。お金になるわけではないけれども、社会に参加していくというかたちの活動、そういう方向に生きがいを見出した女性たちも大勢いました。それも趣味や教養のためだけではなく、生協活動や消費者運動、住民運動などにのりだしたのが、団塊以降の若い世代の主婦たちの特徴でしょう。そうしたネットワークに支えられて選挙に出た女性たちもいましたね。

もっとも人口の多い世代の女性たちが、いっせいに家庭に入ったかと思うと、今度はいっせいに外に出てきた。一世代まるごと右往左往した彼女たちの動きは、本人たちを内面的に動揺させたばかりではなく、社会全体にとっても大きな出来事とならざるをえませんでした。

一九八〇年代は「女の時代」だったとしばしば言われます。「女の自立」がマスコミの流行語となり、女たちが変わっているという印象を多くの人がもちました。「女が変わる」というのは、一言でいえば「主婦離れ」ということで、八〇年代には代表的な主婦雑誌が次々に廃刊になり、生き残った雑誌からも「奥様らしく」「ミセスらしく」といったコピーが消えました。[*21] 雑誌の中でも現実にも当たり前になったショートパンツあり、デニムの上下ありと、未婚・既婚の区別のまったくない服装が、現代の既婚女性の自己イメージをよく示しています。

こうしてみると、一九八〇年代に女性解放という意味の「フェミニズム」が世間の注目を集めたのも、同じ現象の一環だったということがよくわかります。ウーマンリブの予言が、大挙してニューファミリーをつくった団塊の世代の女性の一〇年後に的中し、彼女たちの苦悩や怨念が再び同じ系列の言葉を呼び求めたのです。八〇年代フェミニズムの理論的焦点となったのは、まさに「主婦」や「家庭性（domesticity）」でした。[*22]

◇ハナコ世代以降

さて、ここまではおもに団塊の世代に焦点を当ててお話ししてきました。団塊の世代の女性の一丸となった主婦役割からの脱出が、一九八〇年代の女性の主婦離れ現象であったのだということでした。

しかし、一九八〇年代の女性の主婦離れ現象については、もうひとつ、より若い世代の女性の引き起こした新しい動きにも注目しなくてはなりません。「ハナコ族」とか「お局さま」という揶揄するような名前を世間は彼女たちに与えましたが、なかなか結婚しないで三〇歳近くまで、あるいは三〇歳を超えても働き続ける女性たちがたしかに増えました。

図3-5で見たように、一九七〇年代半ばをやはり転換点に、それまでに安定していた平均初婚年齢が上昇を始めました。女性の結婚は「クリスマスケーキ」どころか、「正月のお餅」になりました。若い世代の女性たちは、そもそもなかなか「主婦」にならないという方向で、主婦離れ現象に加担していたのです。

何回も見てきた図1-2で、今度は団塊の世代より一〇歳年下のDグループに目を転じてみましょう。第1章でお話ししたように、まさにこの一〇年間でトレンドの逆転が起きました。Dグループの M字の底は、二〇年分の低下をひっくり返して跳ね上がっています。さらに一〇歳年下のEグループでは、もっと上になっています。さまざまなデータを調べてみると、一生休みなしに働き続ける女性は、それほど増加したわけではありません。しかし、晩婚化すると同時に再就職年齢が低下し、家庭にこもり家事専業の生活をする期間は短くなりました。それに加え、図3-6に示されたように、平均初婚年齢のばらつきが大きくなり、すなわち適齢期規範が緩み、家庭にこもる時期は人により二〇代前半だったり三〇代半ばだったりと、各人各様になっています。これら二つの傾向が重なり合って、DグループとEグループの世代のM字の底は埋まってきたのです[*23]。言い換えれば、団塊の世代より若い世代の女性たちは、なかなか主婦にならないし、なっても人生のほんのわずかな期間しか主婦でいない、しかもみんないっせいに主婦になるようなことはしないのです。

ポーラ文化研究所が一九八七年に行った調査は、夫婦関係についての女性の意識の世代差を示していて、興味深いものがあります。[*24] 団塊世代の女性は「妻はいつも夫に従うのではなく、自分の趣味や仕事に打ち込み自分の生き方を大切にする」を選んだ率が他の世代に比べて圧倒的に高く、「妻は夫をもりたてるように気を配り夫が一家の主人として威厳を保てるようにする」を選んだ年長の世代との違いが歴然としています。しかしさらに若い世代はまた別の反応を示しているのです。団塊の世代より一〇歳年下の世代が圧倒的に支持したのは、「妻と夫は家事や育児を分担しあって互いに相手の仕事や活動を助けるようにする」でした。男女間の対決姿勢は、協調姿勢に取ってかわられています。分析者はこう続けます。「おそらくこれが本当の男女平等の夫婦像なのだ。とりたてて『妻は夫に従わず自分の生き方を大切にする』と言わなくても、すでにそんなことは当たり前の大前提である。自分の生活がおろそかになるような結婚ならはじめからしないのだ」。

行動で新しいトレンドを示した世代は、意識の面でもこれまでの流れとは違った方向に歩み出しています。先ほどふれた婚前性交経験率も、団塊の世代でやや上向くものの、本格的に上昇するのはその少し下の世代からです。[*25]

さて、ここで、若い世代の女性に問題です。あなたが「思秋期」の年齢に達したとき、すなわち三〇代の半ばから四〇代前半になったとき、あなたも「思秋期」におちいると思いますか。

先のことだからわからないというなら、問題の角度を変えてみましょう。団塊の世代より一〇歳年長の世代にも、漠然とした思秋期らしきものはあったようです。では、さらに一〇歳年長の女性たちに、「思秋期」はあったでしょうか。それを考えるためには、一九八〇年代にこうした現象が起きた条件は何だったのかということを、整理してみなければいけません。なぜ団塊の世代は「主婦であることから脱出したい」という強烈な感情を爆発させたのでしょうか。

「思秋期」が社会現象となる条件は、大きくまとめて二つあると思います。ひとつは、当たり前のこと。女性が主婦化している、ということです。主婦になっていなければ、主婦であることの漠然とした不安なんて抱きようがないですから。自営業とか農家のお嫁さんが多数派の時代には、「することがなくて不安だわ」とか「これからどうすればよいのかしら」なんて思うまもなく、仕事がおおいかぶさってきました。子どもが手を離れたら、「ああ、家業に精を出さなくちゃ」。目標は最初から与えられているのです。

それから、「思秋期」の条件はもうひとつあります。たとえ主婦であっても、少子化が進んでいなければ、子離れという時期は訪れません。女性のライフサイクルの変化といいますが、子どもが手から離れた後の人生が延びた、これは大きい変化です。いつから延びたのかというと、少産化の進んだ戦後結婚世代からということになります。一九五〇年代に結婚した世代から、子離れ後の人生というものが出現しました。それ以前の女性たちは、子どもをたくさん産んだので、末っ子が育ち上がるころには自分も寿命が尽きてしまうものでした。主婦化と少子化、家族の戦後体制の特徴にあげたこの二つの条件があるからこそ、「思秋期」は起きたのです。それがもっとも典型的だった団塊の世代に、もっとも強く。

したがって、これからの若い女性たちにも思秋期は訪れるだろうかという問いに対しては、この二つの条件がどうなるかを考える必要があります。五、六人も子どもを産むつもりの人は、まあ、ほとんどいないでしょう。すると、「少子化」という条件はこれからも変わらないことになる。では、もうひとつの条件、「主婦化」という条件は今後もあり続けるでしょうか。

その答えは第11章で考えることにしましょう。その後、労働環境も結婚のしかたも大きく変化しましたから。しかし、少なくともこれだけは言えます。ニューファミリー世代の女性たちは、日本でほとんど初めて、集団的に「得体の知れない悩み」（ベティ・フリーダン）にとりつかれた世代だったので、悩みの正体を見つけ出そうと、自分で七転八倒するしかありませんでした。しかしその後の世代にとっては、ニューファミリー世代という大量の先人がいるのです。彼女たちの貴重な体験から学ぶことができるはずです。

8

親はだめになったか

◆家族危機論を疑う

「このごろの親は子どももろくに育てられやしない。情けない時代になったものだ」。「近ごろの親には母性が欠けている」。現在の家族の印象を尋ねると、前章でお話しした「女性の主婦離れ」と並んで、よく返ってくる答えがこれです。「母性」というと、普通は母親のことしかさしませんから、「親性（おやせい）」という言葉を造語して、「親性を育成する教育を」などと言われることもあります。

新聞でもそういう連載がありました。「育児書に頼りすぎるお母さんが増えているのがいけない」というのです。自分の子どもは何ccしかミルクを飲まない。それでは平均より劣っているので、無理やり平均の何cc飲ませたら、そのあげくに赤ん坊が自分で喉に手をつっこんで吐くのを覚えたなんて、とんでもない事例もあったとか。こういう異常なことが起きるのは偏差値世代だからだ、というのが記者の分析でした。

しかし、どうでしょうか。この論法でいくと、現在の親はみな偏差値世代だから、全員ろくな親にはなれないはずですね。そんな文明批評は、現実に子育てするとき、何の力にもなりません。それにだいたいわたしは、あまり親のせいにしたくありません。なぜ今の親はだめな親と呼ばれなければならないはめに陥ったのかと、むしろ考えてみるべきではありませんか。

第3章の「二人っ子革命」についてお話ししたとき、「母原病」という言葉を出しました。一組の夫婦が産む子どもの数が減って、一人ひとりの子にめいっぱいの愛情と関心が注がれるようになった結果、それがかえって重荷になって小児喘息や吃音などの心身症的疾患を示す子どもが増えてきたのだと、わたしはそこで解釈しました。「母原病はいわば近代家族の宿痾《しゅくあ》」というわけです。近代家族の完成は主婦に「思秋期」という病理をもたらしたとともに、「母原病」をもたらしたのです。

しかし、こうした病気に「母原病」――母親が病原体である病気――という名前をつけたように、『母原病』（一九七九年）の著者久徳重盛さんの原因論はわたしの解釈とはかなりニュアンスが違っています。高度経済成長による急激な社会の変化のため、「母親の育児本能」が壊れてしまったことにより起こる「文明病」が「母原病」の正体であるというのが、著者の一番強調している論旨です。「子どもはあまり好きではない」、「子どもは少ないほうがよい」、「育児より外で働くほうが楽しい」、「〇～三歳児のころ、子どもを親から離して他人に預けてもあまり気にならない」などということが思い当たるお母さんは要注意だとされています。*1

母親になると〈自分ではない自分〉を受け入れさせられるのがいやだなんて言うウーマンリブの女は、この観点から見たら、それこそ文明病患者でしょう。現在起きている家族問題の原因を、何でもかんでも「女性の自立」のせいにする説明はよくありますが、これもまた、そうした類の論法ですね。

一九八〇年代にはさまざまな「家族問題」が世間を騒がせました。妻たちの「思秋期」に始まって、離婚率の上昇、ひとり暮らし老人の増加、そしていじめや自殺、家庭内暴力など子どもの問題。ウーマンリブが用いたときとは反対の憂慮の念をこめて「家族解体」とか「家族崩壊」とかいう表現がマスコミをにぎわせ、「家族は危機にある」という認識が広まりました。大平正芳内閣のときの「家庭基盤の充実に関する対策要綱」（一九七九年、自由民主党政務調査会家庭基盤の充実に関する特別委員会）を受けて、『国民生活白書』も一九八三年に異例の家族特集を組み、毎年発表される国民生活指標では家庭の領域だけが悪化の一途をたどっていると報告されました。[*2]

ではこうした「家族危機」の原因は何なのかというと、家族があるべき本来の姿からはずれてきたからだというのが、一般的な解釈といえましょう。「女性の自立」がなにかとやり玉にあげられたのは、それが家族の悪しき変化の代表とみなされたからでした。

しかし、こうした家族観こそが、わたしがこの本を通じて疑義をさしはさもうとしている当のものなのです。第5章ですでにお話ししたように、家族の危機のこうしたとらえかたの背景には、「近代家族」こそ人類普遍のあるべき家族の姿であるという、理論的な思いこみがあります。しかしひとたび「近代家族」もまた家族の歴史的諸類型のひとつにすぎないと看破すれば、いたずらに家族の危機は人類の危機だなどと騒ぎたてるのではなしに、変化の方向を冷静に見定めたり、対策を立てたりすることもできようというものです。

親子関係の問題に立ち戻ると、「母原病」という問題のとらえかたは、まさに家族危機論の典型でした。「母親の育児本能」という、定義からいってけっして失われるはずのないものが、「文明」という社会の変化によって壊されているというのですから。

そこで本章では、この問題をいわゆる「家族危機」のひとつのケーススタディとして、少しつっこんで取り上げてみましょう。従来の枠組みとわたしが提案しようとしている枠組みとでは、どのように理論的構造が違い、どのように現実の解釈が違うのでしょうか。

◆三歳神話は本当か

『母原病』の著者は、〇〜三歳児保育はできる限り避けたほうがよいとしています。毎朝母親に捨てられる経験を繰り返すことは、幼児にとって耐え難い苦痛で、心に傷を残すというのです。いわゆる、「三歳までは母の手で」ですね。

この「三歳までは母の手で」の影響力は絶大です。学者が言うばかりでなく、お母さんやお姑さんが娘やお嫁さんに、夫が妻に、近所の世話やきが若いお母さんに、いろいろな場面でこのせりふを聞くことができます。

若い世代の女性たちも、この呪文から自由ではありません。自分の生きかたを大切にするのは当たり前、と女の生きかたでは新しいトレンドを創り出しながら、子どもを産んだらたっぷりと愛情をそそいで、思いきり可愛い格好もさせたいし英才教育もしたい、と思っている人は少なくないでしょう。三歳神話＝母性神話は、主婦神話よりもなお強いということでしょうか。

一九八〇年代の終わりころ、歌手のアグネス・チャンさんの子連れ出勤が論争のタネになったことがありました。子どもをしっかりとだっこしながら職場へと向かうアグネスさんの姿は、仕事も子どももと望む世代の心の姿そのままのようです。[*3] しかし、アグネスさんのような解決法を、そうそう誰もが実行できるわけはありません。「手抜きになるくらいなら、いっそ産まないほうがいいと思って」

とシングルやDINKS（ダブルインカムノーキッズ）を続けるという逆説もけっこうあるようです。

それにしても、二一世紀の現在でも若い世代までもとらえて離さない「三歳までは母の手で」という説の根拠は、いったいどういうところにあるのでしょうか。

このルーツは、精神分析理論にまでさかのぼることができます。フロイトは、乳児期の母子一体感がエディプス・コンプレックスにより破られることにより、自我が発達するとしました。幼児体験に決定的な重要性を与えた彼の理論は、あまりにも有名です。フロイトの説によりながら、エリク・エリクソンは「人生の発達の階梯《かいてい》」というものを考えました。それぞれの発達段階には達成されなければならない発達課題があって、もしもそれをうまく達成できないと、それより上の段階には上がれないというのです。人生最初の段階の発達課題は、母親との関係により築かれる「基本的信頼感の確立」なので、母親との関係に問題があると、その人の人生は、後からでは取り返しのつかない歪みをかかえこむことになるとされました。

第二次世界大戦後のアメリカでは、科学主義と実験主義が流行し、母子関係を科学的に測定する母子相互作用論が発達研究の主流になりました。[*4] その中でも影響力の大きかったのは、愛着理論（attachment theory）です。アタッチメント・セオリーのアイデアは、もともと動物行動学からきています。動物行動学者ローレンツの『ソロモンの指環』という本をご存知でしょうか。その中に、ローレンツがハイイロガンの親にされてしまったという、ほほえましい逸話があります。ハイイロガンは、卵から生まれて初めて見た動くものを、親だと思いこむ性質があるのだそうです。これを「刷り込み」と呼びます。人間はこれほど単純ではありませんが、基本的には同じような愛着のしくみがあると、アタッチメント・セオリーの創始者ボウルビーは考えました。たとえば、出産後すぐに赤ちゃんが未熟児室に入れられてしまったような場合、母親はなかなかその子を愛せなかったり、育児に自信をもてなかったりするといいます。

母子相互作用論は、高度な技術を駆使した測定により、出生直後の新生児にも、いや、さらにさかのぼって胎児にさえ、外界を感知する能力が相当程度備わっていることを明らかにしました。だから、生まれてすぐから、まだ反応がなくても、赤ちゃんにつとめて話しかけてあげるようにしましょうとか、赤ちゃんと目を合わせながら授乳しましょうとか、このごろの育児書にはよく書いてありますね。

早い時期から赤ちゃんには対人関係能力が備わっていると、広く知らしめたのはたしかに母子相互作用論の功績です。しかしその対人関係の相手が、実の母でなければならないとか、一人でなければならないとかいうことは、実験結果からは出てきません。というより初期のころは、母親以外の人間との関係は考慮に及ばないとして、測定すらされませんでした。近代家族の常識が「科学者」の仮説構築の前提にまで忍びこみ、バイアスをかけてしまったのです。そもそも母子相互作用論の土台となっている精神分析学自体が、近代家族の人間関係を前提にした学問です。

その後アメリカでは、母子関係のみを強調する初期の傾向は影をひそめ、このごろは父親や保育士、子ども仲間などの役割に研究対象が広がってきています。そうしたさまざまな実験から言えるのは、対人関係の相手は固定した少数者であれば一人に限らなくともよく、おそらくは男性でもよく、ときには同じように無力な乳児であってもよい、だいたいそんなところです。

◆母性剝奪と母子癒着

母子相互作用論を正統的に継承しつつ、それを理論的に突き抜ける方向を打ち出しているのが、バウアーです。彼の議論の組み立てかたは、理論的な視点の転換とはどのようなことなのかを鮮やかに見せてくれますので、「人見知り」と「分離不安」についての分析を例にとりながら検討してみましょう。[*5]

「人見知り」というのは、ご存知のとおり、子どもが知らない人と会うと嫌がって泣いたり、お母さんなどの後ろに隠れてしまったりすることですね。それから「分離不安」というのは、親が離れると子どもが不安がって泣き叫んだりすることです。人見知りや分離不安があるということは、誰かと愛着の絆ができて、他の人と区別できるということですから、これ自体は全然悪いことではありません。人間の発達段階において必要なことです。しかし、あまりに強すぎる場合は、やはり困ります。

人見知りや分離不安が強すぎる子どもがいるとします。もしそのことで相談されたとしたら、あなたなら、何が原因で、どうしたらいいとアドバイスしますか。よくあるアドバイスはこういうものです。

「そうですか。お宅のお子さんは、人見知りや分離不安が強すぎるんですか。それはね、お母さん、あなたとお子さんとの間の絆がまだ弱いからですよ。だから、お母さん、いつも側にいて、しっかり抱いてあげなさい。二人の間の絆がしっかりすれば、お母さんが見えないところへ行ってしまっても、必ずまたすぐ戻ってきてくれると信じられるから、泣き叫ばなくなります。それから知らない人がやってきても、お母さんとの間の絆さえしっかりしていれば、お母さんが守ってくれるという安心感があるから、そんなに人見知りはしないはずです。」

「もっと母子関係を」式のアドバイスですね。分離不安どころではなくて、一〇代になってからの家庭内暴力を治すのにも、同じ論法で、「赤ちゃんだと思って、抱っこしてあげましょう」とアドバイスすることがあります。エリクソンの階梯を上り直すように。

しかし、分離不安や人見知りというのは、ある年頃に強まって、また弱くなるものです。一生続いたりはしません。分離不安の強さと年齢との関係は図8－1のようになります。生まれてからしばらくはまったくない。その後一歳までに急速に強まり、二歳ごろまでがピークで、それから少し弱まって、四歳半から五歳くらいでほとんどなくなる。では、この画期となっている二歳という年齢はなんでしょう。これは言語を身につけ始める年齢です。また五歳とは、言語にほぼ不自由がなくなる年齢です。どちらも言語コミュニケーションの発達の重要な節目だということにバウアーは注目します。

言語は相手を選ばないので、「一般的コミュニケーション」と言えましょう。言語をしゃべれるようになれば、その言語が通じる相手なら誰とでもコミュニケーションできます。初めて会ったすれ違いの人にも道を聞くことができる——これは何でもないことのようですが、すごいことです。

ところで、赤ちゃんは、一般的コミュニケーションである言語を身につけるまでに、もうひとつの

図８－１　年齢と分離不安

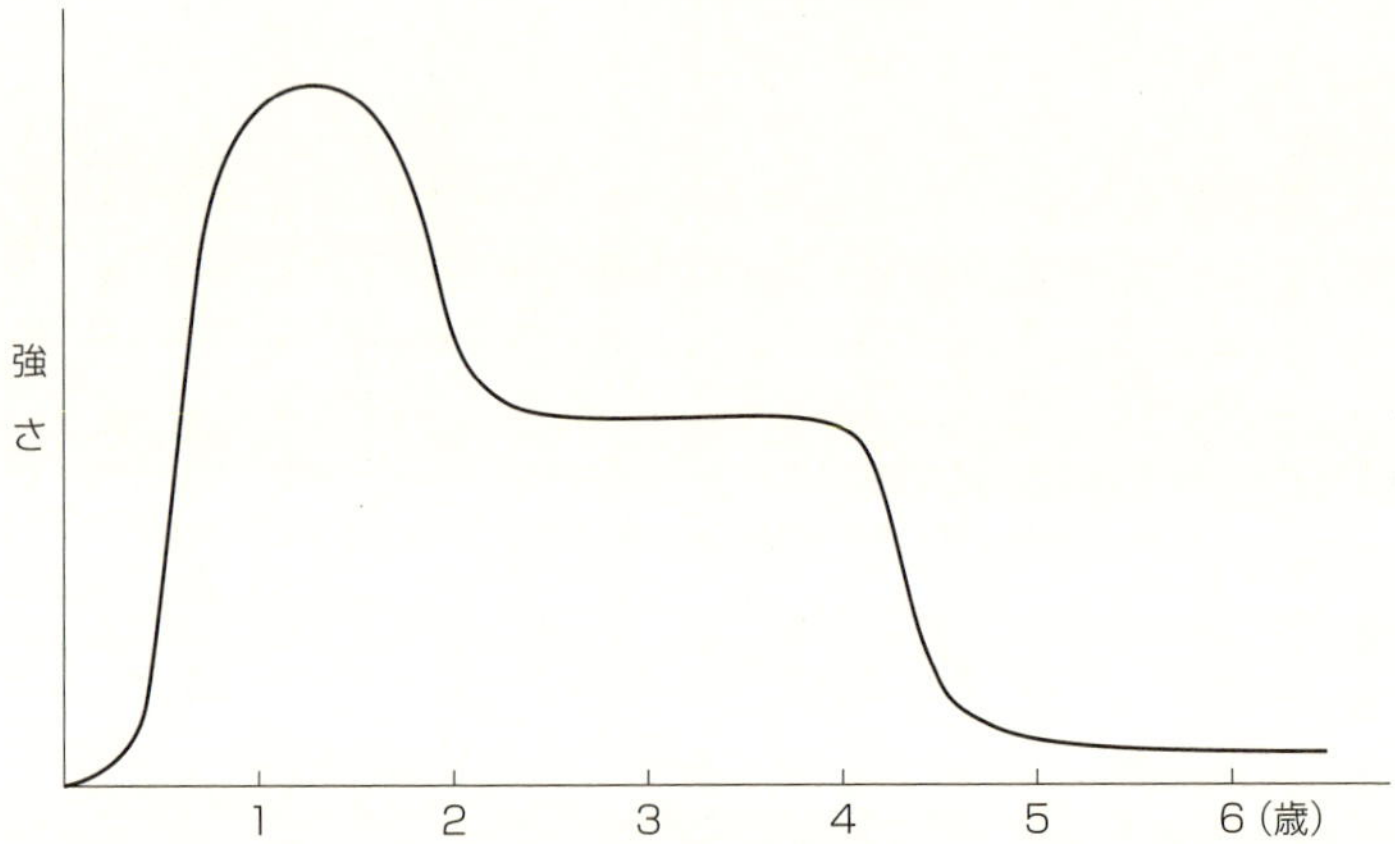

（出所）　T. G. R. バウアー『乳児期』（＊5）より転載。

段階を踏んでいると考えられないでしょうか。「誰とでも」はだめだけれど、「この人となら」意思が通じるという、特殊的コミュニケーションの段階です。親は赤ちゃんの表情を見て、「オシッコね」「オッパイね」とわかるというように。ボディランゲージのようなものと考えたらいいでしょうか。赤ん坊はそういうことを、文字どおり体で覚えます。そのようにして、ある人とだけコミュニケーションできるようになったという状態が、「愛着」だと言えましょう。「愛着とは特殊的コミュニケーションの回路である」とバウアーは位置づけます。

では、人見知りや分離不安とは何かとあらためて考えてみると、愛着の絆がない人は、赤ちゃんにとって外国人のようなものなんですね。とすると、外国人に道を聞かれたりして逃げ出したくなる、あれが「人見知り」。外国旅行で日本語のできる人とはぐれてしまう恐怖、あれが「分離不安」。しかし、言語を身につければ、少なくともその言語のできる人は「外国人」ではなくなります。だから、一般的なコミュニケーションの力を育てていくと、人見知りや分離不安はなくなる。それが分離不安が二歳、五歳で急速に弱まることの意味なのだと、バウアーは考えました。

だとすると、人見知りや分離不安に対するアドバイスも、従来とはまったく違うようになります。

「お宅のお子さんは、人見知りや分離不安が強すぎるんですか。それはね、お母さん、あなたがお子さんを独り占めにしてきたせいですよ。他の子どもや大人と、もっとつきあう機会があったら、一般的コミュニケーションのしかたをもっと身につけやすかったでしょうに。だから、お母さん、どうぞ、子どもを自分のもとに囲いこまないで、他人の中に押し出してあげてください。ちょっとたいへんかもしれないけれども、子どもというものは、そういう中で人とつきあうことを覚えていくんですよ。」

こういうアドバイスになります。そういえば、お店屋さんの子はあまり人見知りしないとよく言います。背中に子どもをおんぶしながら、ずっと店に出ていると、お客が声をかけたりしてきますね。そうするうちに、自然に他人への対応を覚えていくからですね。

こうしてみると、なぜあんなにまわり道しないと、この結論にたどりつけなかったのだろうかと、むしろ不思議な気がしませんか。人見知りをする子どもは人に慣らしてあげればいいと、すぐに思いついてもいいようなものです。

ところが奇妙なことに、長いこと専門家は、もってまわったまったく反対のアドバイスをしてきました。子どもに問題が起きると、とにかく原因は母子関係の弱さにあるという近代家族的な思いこみが、まずあったからでしょう。枠組みがじゃまをして、虚心に見ればすぐにわかるはずのことがまったく見えないというのは、よくあることです。「子どもが甘えすぎます」「それは母親との絆が弱いんですね」「子どもが親と離されてもまったく平気です」「それは絆が弱いんですね」。何があっても「絆が弱いんですね」。と、ひとつ覚えのようにそう言ってきたのです。これを母性剝奪論（maternal deprivation theory）と言います。

しかし、考えてみると、それが逆効果のアドバイスとなっていたこともおおいにあるのではないでしょうか。子どもにまつわるさまざまな問題の原因は、母と子が遠すぎることではなくて、むしろ母と子が密着しすぎて他から孤立している「母子癒着」にあるのではないかと考えられることも少なくないのです。[*6] そういう母子に「もっとくっつきなさい」「まだくっつきかたが足りないですよ」とアドバイスし続けてきたとしたら……。

人間や社会に関する理論というものは、真空の中に浮いているのではなく、特定の社会的条件を背景にしているものです。親が子に手をかけられない捨て子の多いような社会で「母性剝奪」の危険を警告することは意味があっても、そうでなくとも母と子が密室にこもっているような社会になってまで同じ警告をくり返し続けるなんて、こっけいを通りこして危険です。

日本では、これまでお話ししてきたように、近代家族の体制が成立してから揺らぎだすまでに、わずか二〇年しかかかりませんでした。近代家族を創ろう、という方向でのアドバイスをつい続けてしまうのも無理もなかったかもしれませんが、それはもはや危険なのだと、そろそろ認識されるべきです。

◆育児不安になる条件

現代では、このような時代の変化を背景に、新しい視点からの親子関係研究も、もちろん出てきています。子どもから「離れる」ということと、「よりよい育児態度が関連している」――そうはっきり結論を出した研究者がいます。いわゆる「育児ノイローゼ」「育児不安」について、一〇年間も調査を積み重ねてきた牧野カツコです[*7]。

ここまでは、親子関係の問題を、子どもの側に現れる問題から見てきました。今度は、親の側から見てみましょう。親の側が適切な育児行動をとれなくなる、その最たる現象が児童虐待ですが、その原因の一つがいわゆる「育児ノイローゼ」です。わたしは一九八六年に兵庫県家庭問題研究所で「核家族の育児援助に関する調査研究」というプロジェクトを担当しました。その一年間に兵庫県で「育児ノイローゼ」による母子心中が二件ありました。どちらも同じような地域、すなわち似たような形の集合住宅が並んでいる新興住宅地で起きました。「育児ノイローゼ」とまではいかなくとも、「育児不安」には誰でもなります。「育児不安」とは、牧野によれば「子どもや子育てに対する蓄積された漠然とした恐れを含む情緒の状態」で、表8－1にあげたように感じることがあるかどうかが、判定のめやすとされます[*8]。

表8－1　育児不安尺度

このごろあなたは、次のようにお感じになることがありますか。	
① 毎日くたくたに疲れる（N）	Ⅰ一般的疲労感
② 朝，目ざめがさわやかである。（P）	
③ 考えごとがおっくうでいやになる。（N）	Ⅱ一般的気力の低下
④ 毎日はりつめた緊張感がある。（P）	
⑤ 生活の中にゆとりを感じる。（P）	
⑥ 子どもがわずらわしくて，イライラしてしまう。（N）	Ⅲイライラの状態
⑦ 自分は子どもをうまく育てていると思う。（P）	
⑧ 子どものことで，どうしたらよいかわからなくなることがある。（N）	Ⅳ育児不安徴候
⑨ 子どもは結構１人で育っていくものだと思う。（P）	
⑩ 子どもをおいて外出するのは，心配でしかたがない。（N）	
⑪ 自分１人で子どもを育てているのだという圧迫感を感じてしまう。（N）	Ⅴ育児意欲の低下
⑫ 育児によって自分が成長していると感じられる。（P）	
⑬ 毎日毎日，同じことの繰り返ししかしていないと思う。（N）	
⑭ 子どもを育てるためにがまんばかりしていると思う。（N）	

（注）Ｐはポジティブ，Ｎはネガティブな項目。
（出所）牧野カツコ「〈育児不安〉概念とその影響要因についての再検討」（＊8）より作成。

誰もがなりうると言いましたが、インタビュー調査をしたときには驚きました。子育てグループのリーダーたちが口々に言うのです。「わたし、実はこのグループに入る前、ひどい育児ノイローゼみたいになりましてね」と。一見、生き生きと活動的で、ノイローゼとは程遠い感じのお母さんたちばかりです。

おひとりの例を紹介しましょう。[*9] 今はとびきり元気いっぱいの彼女、結婚後しばらくは自分の生まれ育ったところの近くに住んで、子どもを育てていたそうです。そのころはご近所とも仲良く、快調そのものでした。ところが夫が転勤になって、別の県に引っ越すことになりました。そのあたりは転勤族の多い地域で、どうせまた引っ越してしまうんだからと、近所の人ともあまり深くつきあわないようにしました。それまでご近所と和気あいあいとやっていた彼女が、急に孤独になってしまった。しかも夫は転勤したてなので、いいところを見せようと職場で遅くまで働いてくる。彼女は新しい家の中で、夜遅くまで子どもと二人きりで向き合って暮らしているうち、ちょっとしたことで子どもに罵声を浴びせるようになっていました。「だって、壁にぶつけてもしょうがないじゃない。子どもしか、当たる相手、いないじゃないですか」。そんなとき、以前の友人がたまたま遊びに来て、注意してくれたのだそうです。彼女が子どもを叱っている声を聞いて、「あなた、ちょっとおかしいわよ。そんな叱りかた、前はしなかったわよ」と。それでハッと我に返り、「このままじゃダメになっちゃうから、無理やりでもいいから友達をつくろう。近所がだめなら、バスに乗ってでも、とにかく仲間を見つけよう」と思い立った。彼女はそうして今の子育てグループに出会い問題を解決したのですが、引っ越しとか近所とのもめごととかを契機に、普通なら元気な人が、いとも簡単に育児ノイローゼに陥るものです。

現代の子育てというのは、どうやら構造的に育児不安を引き起こしやすくできているようです。どういう構造がそうさせているのかというと、牧野カツコの調査[*10]により、特に重要な二つの要因が明らかになりました。そのひとつは、「父親の協力の欠如」。夫が帰ってきたとき、妻は子育ての悩みを相談しようとします。ところが夫も疲れて帰ってくるのです。「家庭のことは、お前に任せてあるじゃないか。俺に愚痴を聞かせるなよ」となる。そういうふうだと、何もかも一人で引っかぶった妻は、育児不安につきおとされます。

さて、もうひとつの非常に大きな要因、それは「母親自身の社会的ネットワークの狭さ」です。これは育児にかかわるネットワークのことだけではありません。育児を手伝ってくれる人が少ないとノイローゼになる、これはよくわかりますね。しかし、育児と関係なくても、趣味のサークルなどで、母親自身が他の大人と関係をもっていられる、そういうことが重要なのだそうです。「お子さんが小さいのに、何もカルチャーセンターに行くことはないでしょう」などと言われたりしますが、牧野の調査によると、カルチャーセンターに通っているお母さんたちは、育児不安になる確率が明らかに低いのだそうです。[*11]つまり自分の生きがいを子どもだけに求めていない、どこかで気分転換ができるということによって、リフレッシュして子どもに向かえているんですね。むしろ子どもが小さいうちこそ、意図的にそういう時間を作ったほうがいい。

育児不安の傾向のある母親も、ない母親も、「子育て以外にも何かやらねばならないと思う」ことが「よくある」「時々ある」と答えます。ところが、育児不安のある人とない人とでは何が違うのかというと、「子どもから離れてやりたいことができていると感じる」かどうかです。こう感じることが「よくある」「時々ある」と答える人は、育児不安にならない。ところが「まったくない」「ほとんどない」人は、育児不安になる比率が明らかに高いのです[*12]（図8−2）。育児以外に生きがいをもっているということが、育児不安を防いでいます。となると、女性は自己実現をあきらめて子育てに励みなさい、なんてアドバイスは、かえって逆効果です。後ろめたさなど吹きとばして、自分の時間をもちましょう。そうすれば、リフレッシュして、いいお母さんになって、子どものそばに戻って

図8-2　子育て以外の生きがい

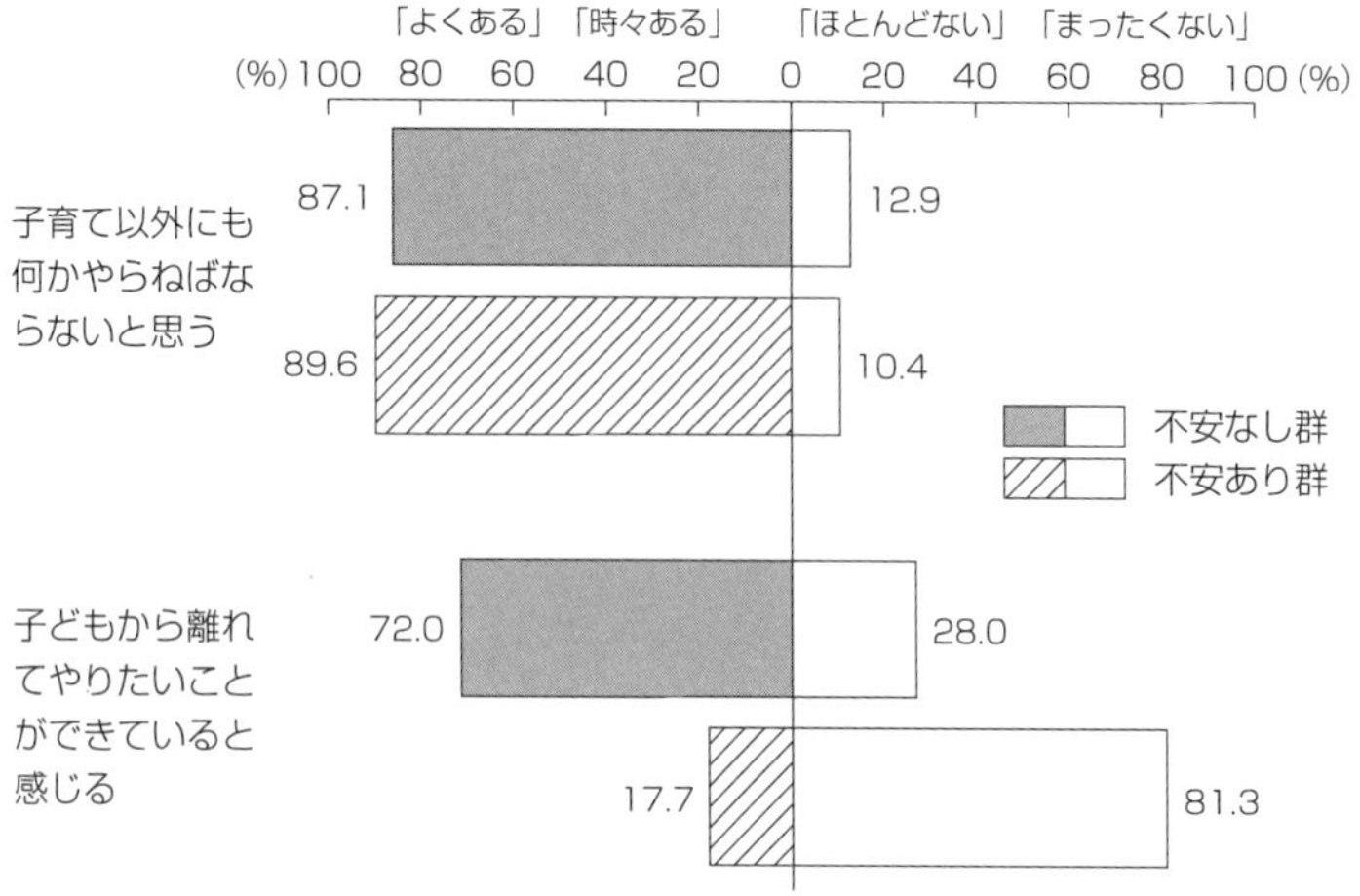

（出所）　牧野カツコ「乳幼児をもつ母親の生活と〈育児不安〉」（＊7）より転載。

くることができます。

さて、「父親の協力の欠如」と「母親自身の社会的ネットワークの狭さ」といえば、性別分業と女性の家庭領域へのとじこめ、どちらも「女性の主婦化」により引き起こされたことです。この母親の全エネルギーとストレスが「少子化」した一人か二人の子どもに向かい、母子はともども他の人々との絆を失って「家庭」というカプセルに閉じこもる。そして母親は育児ノイローゼに陥って子どもにあたり、子どもは社会性を発達させる機会もないまま母親に依存し続ける。現在の日本で頻発している親子関係の病理は、このように母子癒着のメカニズムにより生み出されているのです。

前章は思秋期、すなわち主婦たちを襲う漠然とした不安、本章では母子癒着という親子関係の病理について考えてきました。思秋期の条件は女性の主婦化と少子化でしたが、母子癒着も同じく女性の主婦化と少子化により引き起こされたものでした。これらは「家族の戦後体制」の特徴としてあげたうちの二つです。思秋期も母子癒着も、特別の問題を抱えた特殊な家族に起こる現象なのではなく、戦後日本のどの家族に起こってもおかしくなかった、あるいはどの家族も潜在的に体験してきた問題だったのです。いわば「家族の戦後体制」に構造的に運命づけられていたといいましょうか。さらにいえば、これら二特徴は、戦後日本家族に限らず、欧米の二〇世紀近代家族にも広く共通したものでした。主婦の不安と子どもの囲い込みは、近代家族の構造的ウィークポイントなのです。

◆育児ネットワークの再編成

では、これからの子育てはどのような方向に向かうのか、観察される現象を手がかりに考えてみましょう。またクイズ形式で考えてもらいましょう。育児をめぐる近所づきあいは、都市部と郡部のどちらにおいてよりさかんでしょうか。

一般的な近所づきあいは、社会通念どおり郡部でのほうがさかんです。ところが、こと幼児の子育てをめぐっては、都市部でのほうが頻繁に近所と交際しているのです。表8－2は一九八六年に兵庫県家庭問題研究所でわたしが担当して実施した、県下の二歳児を第一子としてもつ母親を対象とする無作為抽出調査にもとづくものです[*13]。ここでもそうした傾向がはっきりと現れました。同様の調査結果は、他の地域でも報告されています[*14]。

いったいなぜでしょう。この理由は、家族類型を考え合わせてみるとよくわかります（表8－3）[*15]。

表8-2　育児をめぐる近所づきあいの地域差

（　）内は%

	だいたい毎日	週2,3回	月3,4日	ほとんどない	合計
都市部	136 (40.6)	96 (28.7)	45 (13.4)	58 (17.3)	335 (100)
郡　部	27 (17.4)	42 (27.1)	38 (24.5)	48 (31.0)	155 (100)

（出所）　兵庫県家庭問題研究所『核家族の育児援助に関する調査研究報告書』（＊9）より転載。

郡部では幼児のいる世帯の六割以上が拡大家族世帯でした。祖父母が同居しているので、あえて近隣とつきあわなくとも手は足りる。これに対し都市部では三割半が孤立核家族（双方の祖父母の住居まで四〇分以上かかる場合と、この調査では定義した）。近所とのつきあいのきっかけを尋ねると、郡部では「子どもが生まれる前からつき合っていた」が五割近いのに、都市部では「子どもの遊び相手がほしくて、意識的にさがした」が三割近くを占めていました。都市部におけるさかんな育児ネットワークは、必要に迫られた親たちが意図的に創り出した、いわば「新しい地域」なのです。

ここで、第4章で一九六〇年代家族のきょうだいネットワークについてお話ししたことを思い出してください。親族ネットワークと近隣ネットワークが代替的だということは、当時の調査からも見出せました。しかし六〇年代に育児期にあったのは、きょうだいの多い人口学的第二世代の人々だったので、彼女たちは都市でもしばしば姉妹で助け合い、近隣コミュニティをあまり発達させませんでした。

一九六〇年代と八〇年代とを比較してみると、あまりに理論どおりの変化が起こったことに驚くほどです。育児の主力がきょうだいの少

表8-3　幼児のいる世帯の家族類型の地域差

（　）内は%

	夫方同居	妻方同居	夫方隣居	妻方隣居	夫方近居	妻方近居	孤立核家族	合計
都市部	67 (20.0)	12 (3.6)	32 (9.6)	23 (6.9)	62 (18.5)	23 (6.9)	116 (34.6)	335 (100)
郡　部	83 (53.9)	17 (11.0)	13 (8.4)	7 (4.5)	15 (9.7)	9 (5.8)	10 (6.5)	154 (100)

（出所）　表8-2に同じ。

ない人口学的第三世代に交替することによって、都市家族は親族ネットワークをほとんど失い、近隣ネットワークを発達させざるをえなくなりました。こうしてみると、「家族の戦後体制」の時代の日本家族は、世界的に見ると「近代家族」ではあったものの、人口学的条件の与えたきょうだいネットワークにより、その弱点とされる孤立性や脆弱性から守られていたのだということがよくわかります。しかし、その条件が失われたとき、日本の家族も剝き出しの近代家族となりました。さまざまな「家族問題」が七〇年代後半から人目につくようになった理由のひとつは、おそらくそんなところにもあるでしょう。

しかし同時に、母と子は、ただの受け身の存在ではありません。必要な社会的ネットワークを工夫して創り出す力ももっています。育児ノイローゼの例にあげた彼女が、「このままじゃダメになっちゃう」と子育てグループにとびこんでいったように。一九八〇年代の都市部における近隣ネットワークの発達は、追いこまれてもそのままではすまさない母親たちのたくましさの結果です。模索の中から、新しい時代の子育てのありかたが自生してきたと言いましょうか。

実を言えば、祖父母と同居している場合にも、ネットワークは必要です。大人がつきっきりで遊んでも、友達の代わりにはなれないのです。大人は「イヤだ！」と言わないから。「ダメよ！」とは言っても。

ある幼稚園が二歳児クラスを始めました。きっかけはこんなことだそうです。入園前の子どもたちを集めて、「さあ、お友達と遊んでみましょう」と車座に座らせてボールの転がしっこをさせたら、みんな自分のところに転がってきたら自分のものにしてしまって、他の子に渡すということができない。いつも大人相手に遊んできたので、おもちゃを他の子と共有するとか、順番とかいうことが理解できないわけです。*16 お互いに簡単には譲ってくれない子どもどうしで、自己主張したり、待ったり、ということをくり返さなくては、対等な人間関係の作りかたは身につかないのです。

やはり子育ては、仲間がいないとできないのです。親どうしの仲間も必要だし、子どもにとっても遊び相手が必要です。これは、多少つらくとも意識して作ったほうがいい。近所づきあいは、それは面倒臭いこともありますよね。でも、こればかりは手をかけないと育たない。

しかし、子どもが減っているので、郡部や、都市部でも高級住宅地などでは、子どもがめったにいない地域があります。こんなところで同い年の遊び友達を見つけるのは、至難の業です。子どもが多い地区の公園まで、毎日、自家用車で送り迎えなんてことも、現実にやられています。*17

こうしてみると、近隣ネットワークの自発的な活性化だけでは、対処しきれない場合も残るのは明らかです。実はあの育児ノイローゼから立ち直った彼女がとびこんだ子育てグループも、行政の開いた子育て講座をきっかけに作られたものでした。子育ての行政的援助というと、何もかも行政が丸抱えにすることを想像するかもしれませんが、そんなにしなくても十分な場合もいくらもあります。公民館や児童館が育児ネットワーク作りのきっかけや場所を提供するとか。すでに各地で始められている電話育児相談などというのも、有効な手助けになります。また、保育所や幼稚園だけでなく、すべての乳幼児を対象としたさまざまな形態の認定こども園も登場し、入所規定も見直されています。

「家族の危機と見えるものは実は都市の危機である。都市が身を引いてしまった役割を家族が自分だけで背負いこもうとするから、家族は機能不全に陥るのだ」とフィリップ・アリエスは述べています。[*18]「家族」という集団が独力で子どもを育てたことなど、いつの時代にもなかったのです。子どもはいつも、近所のおばさんや親戚のおじさん、遊び仲間や学校など、さまざまな種類のネットワークの中で成長してきました。

今、子育てがうまくいっていないように見えるのは、子どもの成長にかかわるネットワークが変動しつつあり、その再編成がまだスムーズに運んでいないからです。親族に頼れないなら地域、地域で不十分なら公的援助、さらにそれらを柔軟に組み合わせて、時代の社会的条件に見合った新しい育児のありかたを模索していきましょう。

◆ 子どもを産む意味

一九七〇〜八〇年代は、「家族の戦後体制」に埋め込まれていた矛盾が、一挙に噴き出した時代でした。戦後家族の理想を実現できなかったからではなく、まさに実現してしまったからこそ、これらの家族問題は起こったのでした。理想を実現したと思ったとたん、予想もしなかった逆機能が顕在化することは、よくあることとはいえ、なんとも皮肉な感じがします。

これらの家族問題の噴出は、家族危機だの家族解体だのとずいぶん騒がれました。しかし、むしろこうした家族問題の隘路から脱け出そうともがくことで、家族は新たな変化への歩みを知らず知らず踏み出したのではないでしょうか。

「家族の戦後体制」の構造変化が統計数字の上に現れるようになったのは、繰り返しお話ししてきたように、一九七五年ころのことです。家族の戦後体制の第一の特徴である主婦化のトレンドが逆転し、女性の主婦離れが始まった経緯については、前章で詳しくお話ししました。

では、第二の特徴についてはどうでしょうか。一九七五年に始まった普通出生率の第二の低下は、たしかにある変化が起ころうとしていることを指し示しています。その後多少持ち直しましたが、二〇〇五年には合計特殊出生率が一・二六まで下がりました。

第3章の最後にお話ししたように、出生率は有配偶率と有配偶出生率との積と考えることができます。一九七五年以降の日本でまず起きたのは有配偶率の低下でした。その点、一九七五年以降の出生率低下は、一九五〇年代に起こった第一の低下とは、性格を異にするものです。有配偶率の低下は、まずはおもに晩婚化によりもたらされてきました。人口減少を心配する人たちにしてみれば、「結婚しない人たちが悪い」というわけですね。信念をもった生涯独身主義者は意識調査の結果でもあまり増えてはいませんが、結果として一生独身で過ごす男女の比率は上昇しています。「産み始めが遅かったんで、一人産むのがやっとだったわ」なんていう人の分を含めて、有配偶出生率も低下し始めました。

結婚する／しない。結婚するにせよ、早くする／遅くする。子どもを産む／産まない。産むにせよ、一人産む／二人産む／三人産む。さまざまな時点でさまざまな選択をする人が分かれて、結婚と出産に関して見た場合、今よりもたくさんの種類の生きかたが生じてくるだろうと予想されます。すなわち、再生産平等主義は過去のものになるでしょう。

再生産平等主義が終わるとは、みんな結婚し、みんなが同じように二、三人の子どものいる近代家族をつくるという体制が終わるということです。すると親子関係はどう変わるのでしょうか。子どもがなくてなんの家族か、あるいは、人として生まれたからには自分も人の親にならなくては、という考えは、すでにやや薄れつつあります。強迫観念や義務感で子どもを育てるのでなくなれば、親子関係は今より風通しのいいものになるでしょうか。しかしそれは、子どもがいよいよ本当に「耐久消費財」になるということでもあります。車や海外旅行と同列に並べて選択するものになるということです。子どもをもつからには思いきり可愛がって楽しまなくちゃ、良い子になるように手をかけなくちゃ、でもそうできないならいらない、という新しい時代の心性が生じているようです。

しかし、そう考える人たちを批判するのはやめてください。あなたは、なぜ人は子どもをもつべきなのか、「労働力が」とか「高齢化が」とかいう天下国家の見地からではなく、日常生活を営んでいる個人としての言葉で説明することができますか。

人はなぜ子どもを産むのか。これからの時代には、この問いが大きな謎とならざるをえません。経済的に役に立つから産む（生産財としての子ども）のでも、みんなが産むから産む（近代家族の規範）のでもなくなれば、人は自由になるかわり、子どもを産む理由を自分で見つけ出さなくてはならなくなります。楽しいから産む（耐久消費財としての子ども）、もう少しもっともらしい言いかたをすれば、子育て自体がかけがえのない人間的な体験をもたらしてくれるから産む、結局のところはそれしかないでしょう。しかし、産んでみたものの、楽しいより大変なほうが大きいとわかったら？　育つにつれ可愛い気が失せて、楽しくなくなったら？　車やパソコンと違って、子どもは中古で売却したりできないのです。

現代、子どもを産み育てなければならないと、その必要性を真に実感しているのは、家族でも、ましてや個人でもありません。将来の労働力を確保しなくては、と考えるのは国家だけです。本当は国境を越えた労働力の移動を自由にすれば、そんな心配はなくなるのですが、そうすると「国家」の存在基盤もあやしくなると思うのでしょうか。近年の出生率低下をめぐる政府、マスコミあげての大騒動は、そんなあたりを背景にしています。

9

双系化と家のゆくえ

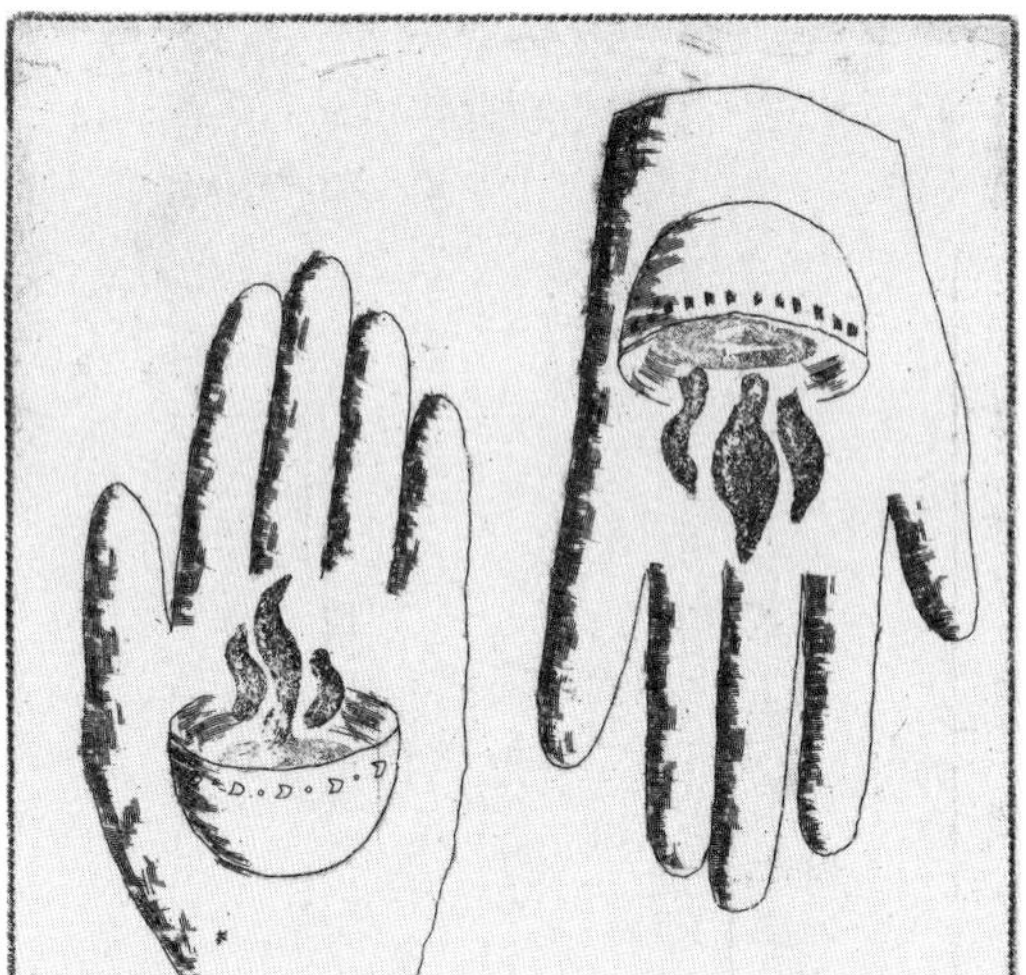

◇第三世代の家族形成

本章の話題は、どんな年齢層の方たちからも、熱い反応が返ってくるテーマです。かつての教え子が、卒業後何年かしてから、「結婚しようかな、と思っているんですけれども……」と研究室を訪ねてくれました。ところが、「でも、ちょっと悩んでいることがあるんです」というのです。「どうしたの」と尋ねたら、こんな返事が返ってきました。

彼女は二人姉妹の長女です。彼は長男なんだそうです。もうほとんど結婚しようというところまできているのだけれど、その彼から、こんな条件が出されたというのです。「将来、両方の親が同時に病気になることがあるかもしれない。そのときには、いくらキミでも、いっぺんに両方の親を看ることはできないだろう。だから、そういうときには、いいかい、キミの親を老人ホームに入れるんだよ。」これが結婚の条件だと言われたそうです。これは実話です。さあ、あなたならどうしますか。若い女性なら、それでも彼と結婚しますか。若い男性なら、やはり本音は彼と同じですか。年頃の娘さん、あるいは息子さんのいる親の立場なら、さて。

一九八〇年代の家族の変化のキーワードは「女の自立」でしたが、実はその陰で、一見古風な「家」の問題が再び浮上してきていました。九〇年代から二一世紀の初頭には、むしろそちらが日本人の対処しなくてはならない最大の家族問題になったのではないか、とわたしは感じていたくらいです。

「家族の戦後体制」の終わりとして、一九七五年という数字を出してきました。七五年というのは、いろいろな意味で画期となる年でした。経済的にはオイルショックも鎮静化し、高度経済成長後の新しい局面が始まりました。七五年はまた国際女性年でもあって、これに続く「国連女性の十年」の間に、くしくも日本の女性たちは主婦役割を離れ、生きかたを変え始めました。再生産平等主義が崩壊し始めたのもこの時期のことです。

人口学的に見ると、人口学的第三世代、すなわち少産少死世代、生年でいえば一九五〇年以降生まれの世代が結婚して家族形成をするようになったということが、この時期からの特徴です。二五歳を平均結婚年齢とすると、五〇年生まれの人が結婚するのが七五年前後。というわけで、七五年以降には、第三世代の人口学的な条件からくる問題が現れてきました。わたしも第三世代に入りますので、ここからは「わたしたちの世代」という表現を使わせてください。わたしたちの世代は、きょうだい数が少ない世代です。こうした世代が家族を作るようになると、第二世代が家族形成の主役だった六〇年代、つまり「家族の戦後体制」が華やかなりしころとは、家族のありかたも変わらざるをえません。好むと好まざるとにかかわらず、その変化は始まっていたのです。

前章までは、「家族の戦後体制」の第一、第二の特徴の変容、すなわち近代家族的側面の変化に焦点を当ててきましたが、本章では第三の特徴、すなわちいわゆる「日本家族の特殊性」を実は陰で支えてきた人口学的条件が失われることにより、日本の家族はどう変わるのかを展望しましょう。

◇頭打ちになった核家族化

復習しておきますと、「家族の戦後体制」の人口学的特殊性とは、きょうだいが多く人口規模が大きい人口学的第二世代が家族形成の主役であったということでした。そのため、家的な同居規範と核家族化の両立が可能になり、また、きょうだいネットワークに支えられた家族は、一見自立性の高い家族に見えたのでした。

さてそこで、人口学的条件の変化に起因する一九七五年以降の家族の変化ですが、そのひとつ目は核家族化が頭打ちになったということです。核家族化は現在も依然として進行中と思っている人が多いようで、新聞などにもそういう記述が出たりすることがありますが、それはまったくの間違いです。図4-1を見ればわかるように、七五年以降、核家族率はむしろ低下しています。単独世帯の増加と並び、一夫婦当たりの成人する子ども数の減少が、その原因です。時代は、親二人に子ども四人の第二世代の時代から、親二人に子ども二人の第三世代の時代に移行したのです。犬も歩けば長男・長女にあたる。「スペア」の子はもういない。直系家族の同居規範を厳格に守るなら、核家族は生じません。

とはいえ、各々の事情で子どものうち誰も親と同居しない、あるいはできない場合もありますから、親の側から見れば、子どもと一緒に住まない割合が増えます。高齢者（六五歳以上）から見た子どもとの同居率は、日本はまだ欧米諸国と比べれば高いほうですが、一九六〇年代から低下が始まり（図

図9-1　高齢者から見た子どもとの同居率

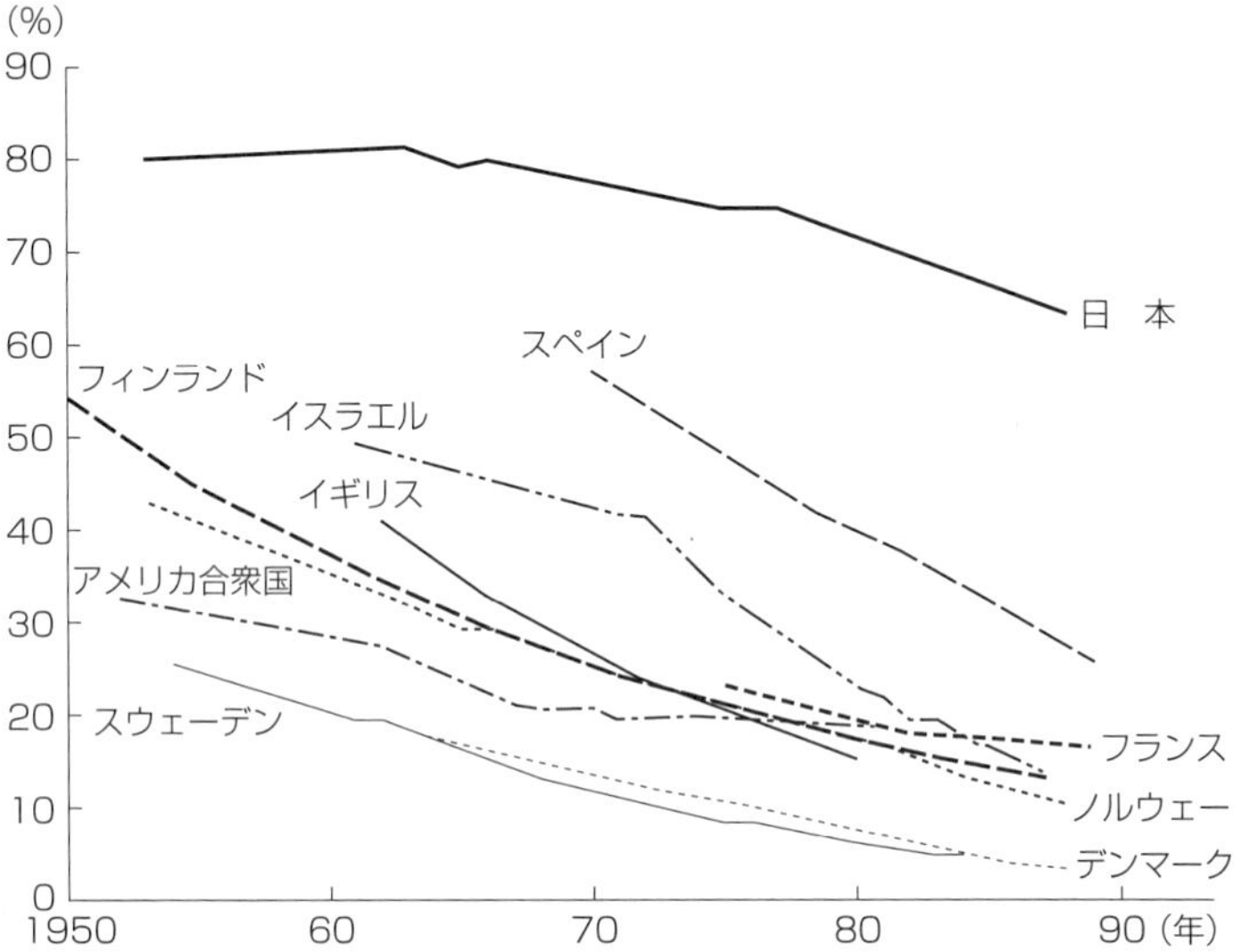

（注）　65歳以上総人口に占める割合（ただしノルウェー1953年とスウェーデン1954年は67歳以上，フランス1990年は60歳以上，デンマークは全年70歳以上）。
（資料）　OECD, *Caring for Frail Elderly People.*
（出所）　経済企画庁『国民生活白書（平成6年版）』第Ⅰ-4-7図。

9-1）、特に八〇年代以降は、八〇年は六九・〇パーセント、九〇年は五九・七パーセント、二〇〇一年は四八・四パーセントと確実に低下を見せています。[*1] これが、高齢者世帯の増加や、独居老人の増加などとして、しばしば問題視されていることです。

しかし反対に子どもの側から見れば、どうでしょう。廣嶋清志の分析によれば、きょうだい数の減少の裏返しで、二〇代、三〇代の子どもから見た親との同居率は一九七五年から八五年まで、わずかながらかえって高まる傾向にありました。[*2] この率はその後、下降に転じたのですが、「高齢者世帯の増加」という言葉から受ける薄情な印象とは裏腹に、わたしたちの世代はむしろ親と縁の切りにくい世代なのです。

一九八六年と八七年に「男女七人夏物語・秋物語」という人気テレビドラマが放映されました。トレンディ・ドラマのはしりとなった作品です。ちょうどわたしくらいの世代に設定されている主人公（明石家さんまと大竹しのぶが演じた）が親や親代わりのお姉さんに弱くて、自分の恋人が気に入られるようにとても神経を使うんですね。親の反対にあったら親を捨ててでも、という団塊の世代のようにはいかないところが、よく描けていると苦笑いしました。*3

◆跡取り娘の悲劇

こんなことを言うと、すわ、家制度復活か、と色めき立つ向きもあるかもしれませんが、いやいや、むしろ方向は反対だろうとわたしは思います。核家族化についてお話ししたとき、戦後、「家制度は滅びた」とさかんに言われたにもかかわらず、直系家族制を中核とする家はともかくも続いていたのだと言いました。しかし、いよいよ今度こそ、「家制度は滅びるだろう」とわたしは宣言したいのです。戦後すぐのように声高には言われませんが、人口学的な理由によって、家制度はいよいよ本当に消滅するか、少なくとも根本から変質せざるをえないところに立ち至っています。

家制度とは父系的な制度だと考えてみましょう。実を言うと日本の家は純粋な父系制ではありません。純粋な父系制なら、血のつながる男子がいなかったら、潔くその家は断絶するはずなのに、日本では婿養子だって取るのですから。しかしそのことについてはまた後で戻ってくることにして、ここでは一般の社会通念どおり、日本の家は父系的な原則をもっているとして、話を始めましょう。

ここで、順列組み合わせの問題です。一家の子ども数は二人になりました。それぞれの家は純粋な父系制、すなわち男の子が跡を取り、女の子は他家へ嫁に行くシステムをとることにします。次男（あるいは非跡取り）は家を出てもいいけれども、とにかく一人は男の子が残る。そして、女の子しかいない家は潰れるということにします。さて、そうすると、潰れる家は何軒に一軒の割合で生じるでしょうか。

簡単ですね。子ども二人の場合、女の子しかいない確率は、四分の一です。「男・男」「男・女」「女・男」「女・女」の四通りなので、「女・女」は四軒に一軒です。父系制の原則どおりの家制度を続けていけば、代替わりごとに四軒に一軒の家は潰れるということになります。[*4] これは、たいへんなことです。四組の老夫婦のうち一組は子どもの支えを失い、四つに一つの墓は無縁墓になるということなのですから。

男のきょうだいがいない女性、それから娘さんしかいないご両親、これはまさにあなたの身にふりかかってくる問題です。心してください。ものの考えかたを転換しておかなかったら、跡取り娘とその親は苦労します。

わたしの友人にも多いのですが、跡取り娘はなかなか結婚できません。恋愛しても、男性四人のうち三人は長男。親はしかし、養子に来てくれる人を、なんて甘いことを考えていたりする。よほど財産があって「逆玉（の輿）」であるならともかく、ここでもう結婚話は暗礁にのりあげてしまいます。

名字だけが問題で、二年も三年も結婚できないでいるカップルも少なくありません。

結局、彼女のほうがやむなく姓を捨てるという解決をとるケースが多いですが、そうすると今度は、お姑さんの攻撃が待っている。「ご実家にちょくちょく帰りすぎですよ。あなたは○○家に嫁に来た人なんですから、ご実家に甘えるのはいい加減にしてちょうだい。そもそもわたしが嫁に来たときには……」。しかし、きょうだいの多かった第二世代とは違い、彼女には安心して親をまかせられる「田舎の兄さん」はいないのです。お姑さんが嫁に来たときとは、状況がまるで違います。自分が訪ねなければ他に訪ねる人もいないのに。

そして、墓。姓の変わった娘が実家の墓を引き継ぐのを認める寺も、ようやく多くなってきました。しかし、まじめにお参りしようとすれば、両方の親族の法事で年中大忙しです。狭いマンションに仏壇を二つも並べ、お盆やお彼岸ともなると、あちらのお墓からこちらのお墓へ、日本中飛び回る騒ぎにもなりかねません。

◇ 養子と夫婦別姓

先ほど、日本の家は純粋な父系制ではないと言いましたが、実はこの養子を取るという制度こそは、人口学的条件と家制度とをつなぐ、きわめて重要な役割を果たしてきました。[*5] 第二世代よりさらに前の第一世代は多産多死で、成人する子どもの数は今日の第三世代とほとんど変わりませんでした。にもかかわらず「潰れ」を極力出さずに家制度を維持してきた秘密が、さかんな養子慣行だったのです。

歴史人口学の手法を用いて調べてみると、幕末の農民の場合、全戸主の二割前後は養子でした[*6]。武士ではこの比率はもっとも高かったようです[*7]。当時の次三男にとって、養子に行って跡取りになることは、もっとも当たり前の人生の選択でした。

しかし第二次世界大戦後、養子は減りました[*8]。それは民主化のせいというより、きょうだいの多い第二世代では養子を取らなくてはならないようなケースが少なかったからですが、その間に男は姓を変えないものだという新たな習慣に人々が慣れてしまいました。いうなれば、日本の家は第二次世界大戦後になって、純粋な父系制に近づいたのです。

では、人口学的条件が第一世代とほとんど同じ状態に戻った現在、男たちは再びためらわず姓を変えるようになるのでしょうか。そうなるなら家制度は安泰ですが、ならないなら四軒に一軒が断絶する阿鼻叫喚の世界が待っています。婿養子は一時期若干増加したようですが[*9]、二割という江戸時代の数字には到底及びません。やはり跡取り娘たちの悲劇は終わりません。

そこで脚光を浴びているのが、夫婦別姓です。夫婦別姓というのは、法的に結婚しても、姓を同じにしなくていいような婚姻制度にしようということです。現在も、通称という形でなら旧姓を使えますが、通称ではなく正式に姓を変えないでいいようにしようというのです。夫婦別姓を強く支持している勢力というのは二つあって、一方はキャリアが切れてしまうと困る働く女性たちですが、他方は、娘しかもたない親たちです。自分の家の姓を絶やしたくない。でも、今どき養子に来てくれる男はいない。だから夫婦別姓にしたい、という論理です。

家制度との関係では、これはなかなか微妙と言えましょう。娘の親たちを動かしているのは、家を永続させたい、名字を絶やしたくない、という意志なのですから。

しかし、この方向を推し進めることによって家制度は、終わると言わないまでも、大きく変質するでしょう。家制度にとって、系譜性と並んで重要なのが集団性だと考えている人たちもいます。同時所属はいけない。しかし、夫婦別姓にすると、そういう原則が崩れる。夫婦の間で、あなたはこの家の人、わたしはこの家の人ときっちり分けるのも難しいから、現実的にはその夫婦は両方の親や親族とつきあっていくことになる。

別姓にしなくても、実質的にはこうした現象はすでに始まっていると言っていいでしょう。結婚する娘に、今の親たちはこう言っています。「嫁に行っても、いつまでもここはおまえの家なんだからね。どうしてもだめだと思ったら、いつでも帰ってきていいんだぞ。」そういえばこのごろ、婿に来たのでもない夫の親の家を「実家」と呼ぶような言いかたが広まってきましたが、これも双方の家との関係が対称的になってきたことの表れでしょうか。

◆双系化とは何か

ここで、「双系化」という言葉を提案しておきましょう。「双系的」(bilateral) というのは、親族関係の作りかたを示す人類学の用語です。「双系制」をめぐっては一連の議論がありました。名字や地位、財産の継承が、父から息子へという父系的な線に沿って行われる社会、母から娘へ、あるいは女性を中心にその兄弟（母方オジ）からその息子（姉妹の息子）へという母系的な線に沿って行われる社会の存在は、人類学の初期のころからよく認識されていましたが、どうやらどちらでもない社会があるらしいというのが議論の出発点でした。ではそれは、「父系的」でも「母系的」でもないということなのか、いや、「父系的」でも「母系的」でもある、すなわち「両系的」であるということなのか、あるいは都合によって柔軟にという「選系的」ということなのか、などと議論が重ねられました。結局のところ、系譜性より、個人との関係の近さ・遠さを重視する親族関係の作りかた（人類学に言うkindredとほぼ同じもの）と考えておけばよいようです。

たとえば、東南アジアは双系制の強い地域として知られています。人間のコントロールの及ばないほどの大河川の氾濫のサイクルに合わせた農業のしかたが、水の管理のための組織の発達を必要としなかったためと言われます。核家族の構造をもつ世帯が多いですが、都合によって、妻の実家・夫の実家のどちらかの近くに住むこともあり、親族のネットワークがけっして弱いわけではありません。また、核家族の団結が強いわけでもなく、基本的には個人本位で、離婚率も相当の高さを示します。離婚した夫婦の子は、親族ネットワークのどこかで面倒を見てもらえるので問題ありません。[*10]

これに対し東アジアは「父系制」が強い地域ですが、日本は東南アジアとも関係が深いので、古代には「双系制」だったという説もあります。かつて高群逸枝は、日本の古代は母系制社会だったという説を唱えましたが、人類学の知見をふまえて見直すと「双系制」と考え直したほうがよいと言われます。かつての日本の柔軟な養子慣行の背景には、こうした伝統があるのかもしれません。

日本の古代は「双系制」だったか「父系制」だったか「母系制」だったかという議論に深入りはしませんが、ここでは現代の日本について、夫婦別姓や墓の問題などとして現在話題になっている親族関係の揺らぎを、「双系化」ととらえてみてはどうかと提案したいのです。

近代欧米の都市家族について、親族関係が双方的になっているという指摘はこれまでにもありました。[*11] しかし北西ヨーロッパやアメリカの家族はそもそも産業化以前から核家族で、系譜性をほとんど問題にしていませんでした。[*12] 日本のような、もともと直系家族規範をもった、欧米とは異質の文化伝統の社会において、人口転換が家族制度にどのような影響を及ぼすのかという問題は実はまだあまり研究されていません。[*13] というのも、当たり前ですよね、欧米圏以外でもっとも早く「近代化」した日本でさえ、その問題がようやく姿を現したところなのですから。

「双系化」という言葉を提案するのは、何も理論的関心からばかりではありません。変動期に必要なのは、今までどおりの原則がこれからも通用し続けるのかどうかをしっかりと見定め、もはや通用しないとなれば、気持ちを入れ替えて新しい時代にふさわしい原則を探すことです。今までどおりの原則でごり押ししようとすれば、たいへんな無理がかかります。発想を転換するための第一歩は、現在起きている変化に適切な名前をつけて、対象化することでしょう。

冒頭であげた、フィアンセに「君の親を老人ホームに入れるんだよ」と言われた女性の例に戻りましょう。「いったん嫁に行ったんだったらしょうがない」とあきらめて、自分をだましだまし納得するのが今までどおりの発想です。ところが、先ほど見たように、その発想でいけば四軒に一軒の親は孤独のうちに打ち棄てられてしまうことになります。そんなことが成り立つと思いますか。たぶん無理ですね。そういう家がごく少数のときには、その人たちの泣き寝入りということで、制度はそのまま続いたでしょう。ところが、四分の一の家族がその問題で不幸になるのであれば、「革命」が起きたっておかしくありません。ということなら、早晩この制度は反古になると見切りをつけて、新しい解決法を探すことです。「わたしが解決を見つけられないくらいなら、日本の家族に未来はない」くらいの意気込みで。そんな発想の転換についてこられないような頭のかたい彼なら、これまた見限ってしまいましょう。

現実に、静かな革命は進行しています。先ほど、今どきの娘たちは「いつでも帰ってきていいんだぞ」とひそかに言われて嫁に行くという話をしましたが、女の側の親も今どき負けてはいません。ズルズルとなしくずし的にやりかたを変えてしまっています。娘の名字だけ変えたものの、実質的には家を買ってやって近くに住まわせたり。

いずれにせよ、現代の若夫婦は、両方の親の間の潜在的な綱引きの、たいへんな緊張関係の中にいます。しかし当の二人も、双方のご両親も、どうぞ肝に銘じてください。現代の若夫婦は、これまで述べてきたような理由で、どちらかの家に入りきってしまうことはできないのです。どちらの親とも、バランスをとって、じょうずにつきあい続けていかなくてはならない。これは現代の若い世代の人口学的宿命です。それを見誤って、どちらかの家に取り込んでしまおうとすると、どこかに悲劇が生まれます。へたをすると、若年離婚だってさせられかねない。これが「双系化」の時代なのです。

◆同居・別居・近居

「双系化」の時代を生きるわたしたちの世代は、一九六〇年代の第二世代とは、親との同居・別居のしかたもまったく変わらざるをえません。六〇年代には長男（あるいは跡取り）は当然のように親と同居しました。キッチンを分けたりなどもちろんせず、何から何まで一緒のベッタリ同居でした。それに対して、次三男や娘たちは、キッパリ別居しました。キッパリ別居した場合には、盆と正月の年に二回も親を訪ねれば立派なもので、あるいは年に一回か、何年かに一回でもいい。六〇年代には、跡取りであるかないか、すなわち同居するか別居するかで、親との関係はまったく異なりました。わたしたちも、親との関係というと、同居するか／別居するか、というふうに、つい発想しがちです。しかし、これからの時代、同居にしても別居にしても、もうこれまでと同じようにはいきません。

もっとも大きな違いは、親を安心してまかせられる「田舎の兄さん」はもういないということです。一九六〇年代にはベッタリ同居している「田舎の兄さん」がいたからこそ、他のきょうだいはキッパリ別居できたのです。嫁に行った娘も、都会に出た次三男も、それは同じことでした。しかし、現在では、二人に一人は跡取りですし、跡取りとまではいかなくとも、数少ない二人や三人の子どものうちの一人なのは間違いありません。また跡取りを特別視する考えも薄れていますから、仕事や住宅の都合で「跡取り」も親元を離れます。今や跡取りという特権をもった子もいなくなったかわりに、実家の親との関係を断つという「特権」をもった子もまたいなくなったのです。

夫側と妻側、どちらに同居しても、電話するなり訪問するなりというかたちで、もう一方の親との関係も保っていかざるをえない。あるいは、どちらとも別居しても、まったく親と縁を切って自由の身になるわけにはいかない。これがこれからの親との関係のありかたとなるでしょう。今後、核家族率がどこまで低下するかについては、最高の場合と最低の場合の予測が立てられていますが[*14]、その間のどのあたりが現実のものとなるか、したがってどのくらいの高齢者が自分たちだけで住むことになるのかについて、政府も研究者たちも非常に神経質になっています。しかしこれは、やや見当はずれの心配というものではないでしょうか。そもそも同居か別居かという区別が、これまでほど本質的な違いはもたなくなっていくのだとすれば。

かつて、同居・別居をめぐって、比較文化論的な説が立てられたことがありました。日本では別居するとなるとずいぶん遠くに住むけれど、アメリカでは「スープの冷めない距離」に住むという話です[*15]。これも文化論的な違いもさることながら、親元に同居している子がいるかどうか、したがって安心して離れていられるかどうかという単純な理由によるところが大きかったのではないでしょうか。アメリカではより高齢になり、配偶者と死別するほど一人暮らしが増えるのに、日本ではそうではない、パターンの違いがかつては明らかでした（図9-2）。これからは日本でも、親元に誰も同居していないケースが増えてくるのは間違いありません。だんだんと、アメリカ同様、つかず離れずの距離に住む「近居」が理想の住みかたということになってきているようです。

別居子と親とのつきあいかたも見直さざるをえません。日本では、別居子はアメリカほど頻繁に親

図9-2　1980年代における高齢者の居住形態：日米比較

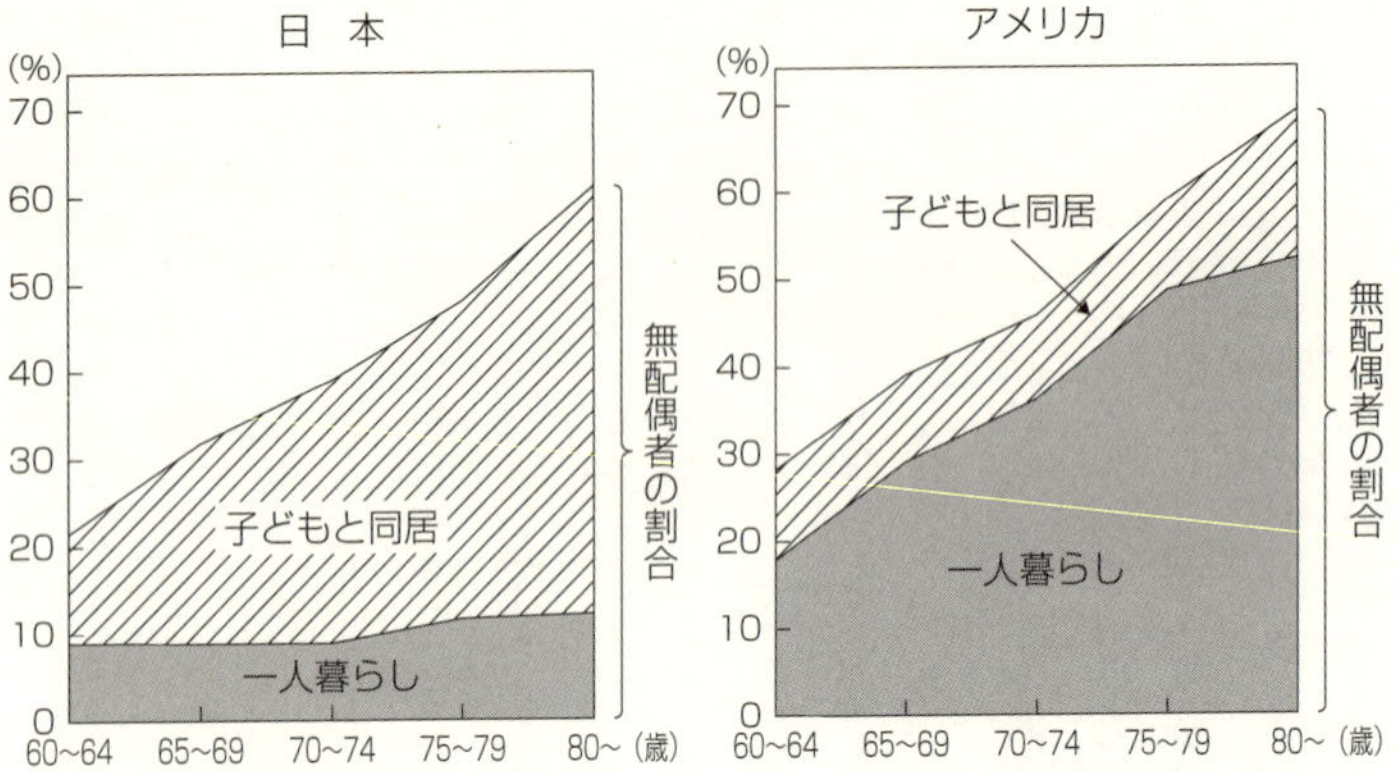

（注）　1. 全回答者のうち，配偶者のいない者について家族の形態を見たものである。
2. 調査対象は両国とも全国60歳以上の男女で，回答者はアメリカ1,669人，日本2,200人。

（資料）　日本：東京都老人総合研究所・ミシガン大学「全国高齢者調査」1987年。
アメリカ：Institute for Social Research, University of Michigan, *Americans Changing Lives Wave* I, 1986.

（出所）　経済企画庁『国民生活白書（平成6年版）』。

を訪ねません。特に親元に同居子のいる場合には、安心してだか遠慮してだか、別居子が親を訪ねる頻度はいっそう下がってしまいます。これに対してアメリカでは、少し前の統計になりますが、別居子の行動は、同居子がいるかどうかにまったく影響を受けません。同居しても別居しても親への責任は変わらない、ということでしょうか。今後の日本の親子関係を考えるうえで示唆的に思えます（表9-1、図11-10）。

これからは、好むと好まざるとにかかわらず、同居や別居だけでなく、もっとさまざまなかたちの親子のつきあいかたを工夫していくことになるでしょう。玄関やキッチンを別にした二世帯住宅というのも、そうした模索のひとつです。重要なのは、両方の親とバランスをとってつきあうという

表9-1　別居子と親との交流

親との交流頻度	日本		アメリカ	
	同居子あり	同居子なし	同居子あり	同居子なし
週1回以上	40.7	57.4	76.9	77.3
月1回以上	40.8	32.1	20.2	18.5
月1回未満	16.4	9.2	2.4	3.4
なし	2.2	1.3	0.8	0.8

（資料）　図9-2と同じ。
（出所）　経済企画庁『国民生活白書（平成6年版）』第Ⅰ-4-13図より作成。

ことでしょう。孫の顔を見せる回数から、家に招く、あるいは家を訪ねる回数まで。今度のお正月はどちらと一緒に過ごそうかと考えるだけで、正月が来るのが怖くて、という声をよく聞きます。さまざまな場面での気苦労は、親の側も同様でしょう。こうすればいい、というルールがまだ確立していないだけに、親子双方、何かと気疲れする、しんどい時代がしばらく続きそうです。

◆高齢化とネットワーク

さてここまでは核家族化の頭打ちを糸口に、一九六〇年代には核家族化の進展と矛盾することなく存続することが可能だった家制度が、いよいよ本質的な改革を余儀なくされるところにまで立ち至っているということをお話ししてきました。

では、「家族の戦後体制」の三つ目の特徴に関連してあげたもう一点、きょうだいネットワークはどうなっているのでしょうか。

この点については、実はもうすでに前章でかなりお話ししてありますす。第二世代の子育てを陰で支えていたきょうだいネットワークが第三世代には存在しようもないため、剝き出しの「近代家族」になった第三世代の家族は、母子の孤立と癒着という近代家族の病理をあらわにしていました。しかし同時に第三世代の家族はたくましく社会的ネットワークの再編成を始めており、都市部では近隣ネットワークの活性化が見られるし、公的その他のネットワークの整備も要請されています。

ここでは、これからの重要な家族問題とされる「高齢化」との関連で、ネットワークの問題を考え直してみましょう。

まず、「高齢化」とは何かということで、ぜひ強調しておきたいことがあります。それは、しばしば「高齢化」は近年の「出生力低下」と結びつけて語られるけれど、それは本質的には関係ないということです。現在話題になっている出生率低下は、すでに述べてきたように一九七五年ころから始まったものなのですが、日本社会が急激に人口の高齢化を経験することは、そのずっと前に運命づけられていました。高齢化の本質的原因は、出生率の「第一の低下」、すなわち出生力転換のほうです。第一世代、第二世代、第三世代という呼びかたで紹介している三つの世代の人口比が一対二対二となった時点から、高齢者とその世話をする子世代との人口比が、一対二から二対二へと急速に転換するときがくるのはわかりきっていました（図4-3、表4-1）。高齢化を今の若い世代のせいにしたり、女が子どもをもう少したくさん産めば高齢化は防げるように考えたりするのはばかげています。誰かが責められるべきだとしたら、当然予測できることに早めに対策を立てなかったことについてなのです。

さて、高齢者を六五歳以上とすると、一九九〇年以降、第二世代（一九二五～五〇年生まれ）もどんどん高齢者の仲間入りを始めました。一対二から二対二への転換が起きたのです（図9-3）。

「たらい回し」という言葉があります。老親を他のきょうだいに押しつけ合うのを揶揄的に言う言葉ですが、考えてみれば、「たらい回し」する先があっただけ、以前はましだったということになるのではないでしょうか。「たらい回し」というのは、見ようによっては、きょうだいネットワークによる支え合いでもあったのですから。しかしそのきょうだいの多い第二世代が高齢化したとき、それを支える第三世代の子どもたちにとっては、もう逃げ場はありません。では、どうするか。捨て子ならぬ「捨て親」をしなくてはならなくなる事態が生じないとも限りません。これはまったく冗談ではありません。現実にアメリカでは起きていることです。痴呆化した父親を車いすごと人混みに置き去りにしたのは、なんと実の娘だったというニュースがありましたが、テレビカメラから顔を隠し無言で逃げだした彼女は、これまでいったいどんな生活を送ってきたのでしょうか。日本にもついにそのときがやってきました。失ったものを「日本文化」と呼んで懐かしがっていてもしかたがありません。変化を冷静に見つめて、具体的方策を立てなくてはなりません。

さきほど、第三世代には親は「たらい回し」する先もないなどと言いましたが、現実は、少し違います。第三世代もまた第二世代のきょうだいネットワークの恩恵をこうむっているのを忘れてはいけないでしょう。子どもに期待できない第二世代は、お互いどうしで支え合ってきました。夫に先立たれた姉妹たちで、さて久しぶりに水いらずで旅行にでも出かけましょうか、といったことから始まって、病院に行くのにつきあうとか、あるいは寝込んだときに食事を届けてあげるとか……。戦後、都

図9-3　65歳以上人口に占める各人口学世代の割合

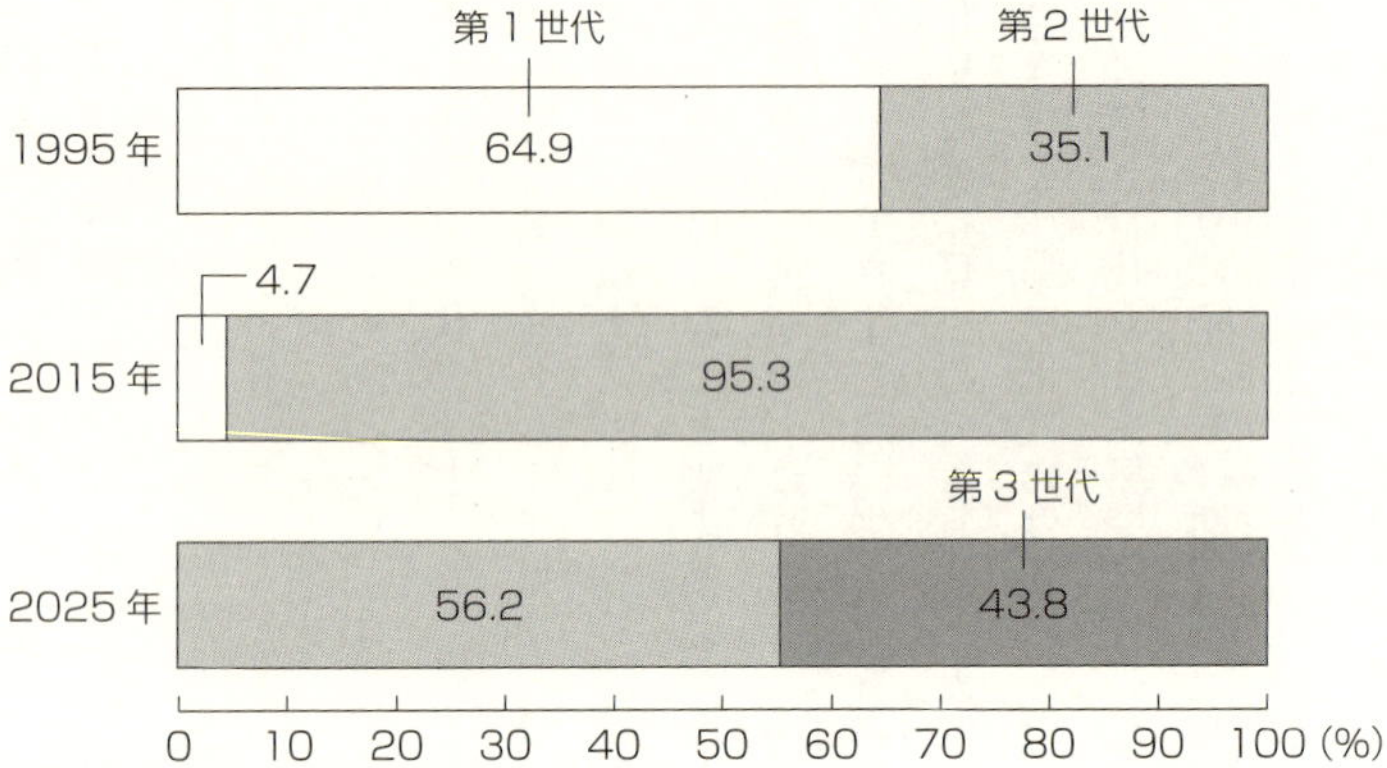

（注）　それぞれの世代の定義については第4章参照。
（資料）　厚生省人口問題研究所「日本の将来人口推計」(1996年9月推計)。
（出所）　経済企画庁『国民生活白書（平成6年版)』第Ⅰ-2-2図より作成。

市に集団移住してきた彼女たちは、育児のときに活躍したネットワークを、今度は自分たち自身のために活性化しているのです。心強い「叔母さん」がいることで、第三世代はどんなに助けられてきたことか。しかし今、「叔母さん」も老い、第三世代は第二世代の親たちの介護でてんてこ舞いです。

そして今、この第三世代も老い始めました。きょうだいもいなければ、子どももあてにならない。いったいわたしたちはどうしたらいいのでしょうか。育児の場合同様、親族ネットワークがだめなら、近隣や友人ネットワーク。それもだめなら、また別のネットワーク。公的サービスや民間サービスの充実を含め、わたしたちの世代は、自分の老後を支えるネットワーク作りを、元気なうちから準備しておくほかなさそうです。二〇〇〇年に施行された介護保険制度は、親族ネットワークが縮小したこの時代に、なくてはならない制度となっています。

◇家事労働力不足の時代

最後にマクロな視野に立って労働力不足の問題を家族の観点から考え直してみましょう。[*16] 第三世代が社会の中心になるというのはどういうことかと言いますと、原則的に労働力不足の時代がやってきたということです。

これに対し、第二世代が担った高度経済成長期、一九六〇年代というのは、人が余っている時代でした。「家族の戦後体制」の時代というのは、潜在的労働力過剰時代だったのです。

高度経済成長期の日本の社会のさまざまな特徴を、人口過剰という点から説明してみると、面白いことがわかります。まず「日本的経営」。終身雇用・年功序列の、いわゆる「日本的経営」は、普通は日本的集団主義から説明されてきましたが、これも労働力過剰という事態への企業および従業員の対応であったという説明が可能です。日本的経営は能力主義ではないので、効率は必ずしもよくないのですが、潜在的労働力過剰という条件下では、従業員たちにとっては失業の不安をなくすことが何より大事でしたし、企業にとっては安価な労働力を粗放に使うことができましたから。[*17]

それから、この本のテーマである「家族の戦後体制」、これもまた人口過剰時代に適合していたのではないかと考えられます。男性のみが職業労働をし、女性は家事専業になるという近代家族的性別分業は、効率という点から見ると、実は非効率です。[*18] 性別などにこだわらず、能力によって適材適所に配置して働かせたほうが効率はいいに決まってますから。しかし、日本的経営が潜在的過剰労働力を企業の中に抱え込む役割を果たしたのと同様に、性別分業は女性を「失業者」ならぬ「主婦」という名で各家族に抱え込ませる役割を果たしたとも言えます。性別分業は一人の女性を一人の男性にはりつけることで、またとない「失業対策」となり、社会不安を防いだことになるでしょう。

しかし今、わたしたちはそれとはたいへん状況の違う時代に生きています。働き盛りの人口が足りない時代に生きているのです。短期的に景気が悪くなったとしても、これだけ若い世代の人口が減っていますから、長期的には依然として慢性的労働力不足状態が続きます。

この労働力不足から何が帰結されたかというと、まずは女性の就労でした。これが一九八〇年代に起きたことです。

ここで声を大にして言わなくてはいけないことがあります。労働力不足というのは、なにも企業だけに言えることではない、ということです。もう一方の労働力も不足しているのです。企業のための労働力も不足するけれども、家庭における労働、家事労働の労働力も不足するということです。当たり前ですね。すべての男性が職業労働、すべての女性が家事労働をしていたとしても、男も女も人口が減るのですから、両方ともこれまでに比べて労働力不足になるのです。それに加えて女性は企業の労働力不足を補うために家庭を離れています。今もっとも深刻に労働力が不足している産業は何かといったら、それは「家事産業」かもしれません。

これは深刻な問題です。超高齢社会に日本は突入しましたが、お年寄りを養うにはカネだけではダメです。「手」が必要です。

人間の生活水準というものは、少なくともカネとヒマとテマの三要素から構成されると、言えるでしょう[*19]。カネとまあせいぜいヒマのことしか考えないことが少なくありませんが、テマも必要だということが重要です。これは経済学では「サービス」と呼ばれるもののことです。その圧倒的部分を担っているのが家事です。

お年寄りの世話をするには、お年寄りにお金を渡して「これで、好きなケア買ってちょうだい」というだけではダメで、やはり最低限、誰かが「手」を出さなくてはすまない部分があります。介護保険制度があっても、さらにテマはかかるのです。それを家事としてまかなっていくとしたら、家事労働力不足はこれからますます深刻になっていきます。

「過労死」という言葉がありますね。企業での労働が苛酷すぎて、過労で人が死ぬという意味で使われます。しかし、人は家事労働でも死ぬのです。特に介護労働で死にます。八〇代のお姑さんを六〇代のお嫁さんが介護していて、脳溢血で嫁のほうが先に亡くなってしまったというような話を、一九九〇年代にしばしば耳にしました。

企業の労働力不足は女性の就労というかたちで補われたのですが、では、家事労働力不足はどういうかたちで補われるのでしょうか。介護保険によるヘルパーさんと呼ばれるケアワーカーの雇用は日本社会にすっかり定着しました。介護費用の原則九割は保険により支払われ、一割が自己負担ですから、ケアの市場化と社会化が合わさった動きと言えるでしょう。介護保険によって、家族を介護している女性のケア時間ははっきり減少しました[*20]。おかげで介護過労死にまで至るケースは減ったのではないでしょうか。

同時に男性の家事参加もなしですますことはできないでしょう。「男だから何しかしない、女だから何しかしない」というのでは、労働力不足の社会は回らないのです。さきほど性別役割分業は非効率だと言いましたが、そのことの意味がときに残酷なかたちで現れてくるでしょう。

保健婦（師）学校で教えたとき、学生が、地域にもっている「ケース」を、「ケース」自身と介護者の性別に注目して分析するようにという課題を出しました。性別分業の存在は、介護にプラス、マイナス、どのような影響を及ぼしているのでしょうか。それから、介護の過程で役割変容が起きることはあるのでしょうか。注目されるのは、妻の介護を夫がせざるをえなくなったケースです。あるタイプのカップルは、性別分業を乗り越えていきます。ある男性は、妻が病気になったとき、会社を辞めました。そしてタクシー運転手に転職しました。タクシー運転手だと、三日に一日は昼間、家にいられるので、買い物もできるしケアができるというのです。もちろん、男性もとれる介護休暇制度が有名無実ではなく運用されていたら、彼は会社を辞める必要もなかったのですが。

かと思うと、正反対の道をたどるカップルもあります。気はやさしい夫で、病気になった妻に対して、「本当に気の毒だな。お前は運が悪いよな。何の悪いことしたわけじゃなく、こんなに一生懸命やってきたのになぁ」と言葉はかけるのですけれども、自分が介護をしなくては、ということは思いつきもしない。妻の介護どころか、家事もいっさいしないのだそうです。だから、その病気になった妻は、はいずりまわるようにして夫の食事の支度をし、洗濯をし、掃除をしていた。彼女自身も、家族の世話をするのが自分の仕事だと思っているから、これを手伝ってもらったら自分の存在意義がなくなるというふうに思っていたようです。しかし、そうこうしているうち、彼女は転倒して骨折して、本当に寝たきりになってしまいました。愚かを通りこして悲惨なケースです。

二〇一六年の国民生活白書によれば、要介護者と同居している主な介護者のうち、男性の割合は三四パーセントにのぼっています。今や家族を介護している人の三人に一人は男性なのです。家族介護者についての時系列的な変化を見ると、一九八〇年代くらいまでは半数近かった嫁による介護が大幅に減少し、そのかわりに息子や夫による介護が増加しています（図9-4）[*21]。主な介護者ではないけれど週末などに介護をしている男性を含めたら、介護は女性のすること、とはまったく言えなくなってきました。

介護保険は財政的にもたないという意見を聞くことがあります。介護保険は費用がかかりすぎ、日本経済にとって負担になるから抑制すべきだというのです。しかし、考えてみてください。介護保険があるおかげで仕事を辞めないですんでいる人がどれだけいるでしょうか。総務省の「就業構造基本調査」（二〇一七年）によると、介護や看護のために離職した人は九・九万人にのぼります。そのうちの二・四万人は男性、七・五万人は女性です。年齢的には五〇代がもっとも多くなっています。まさにキャリアのピークの年齢で、そこまで頑張ってきた女性や男性が仕事を辞めているのです。苦渋の決断だったでしょう。そのために日本経済が被ったマイナスはどれほどでしょう。日本国はどれだけの税収を失ったのでしょうか。介護保険が無ければ、この損失はどれほど大きくなるでしょうか。介護保

図9-4　要介護者と同居している主たる介護者の続柄

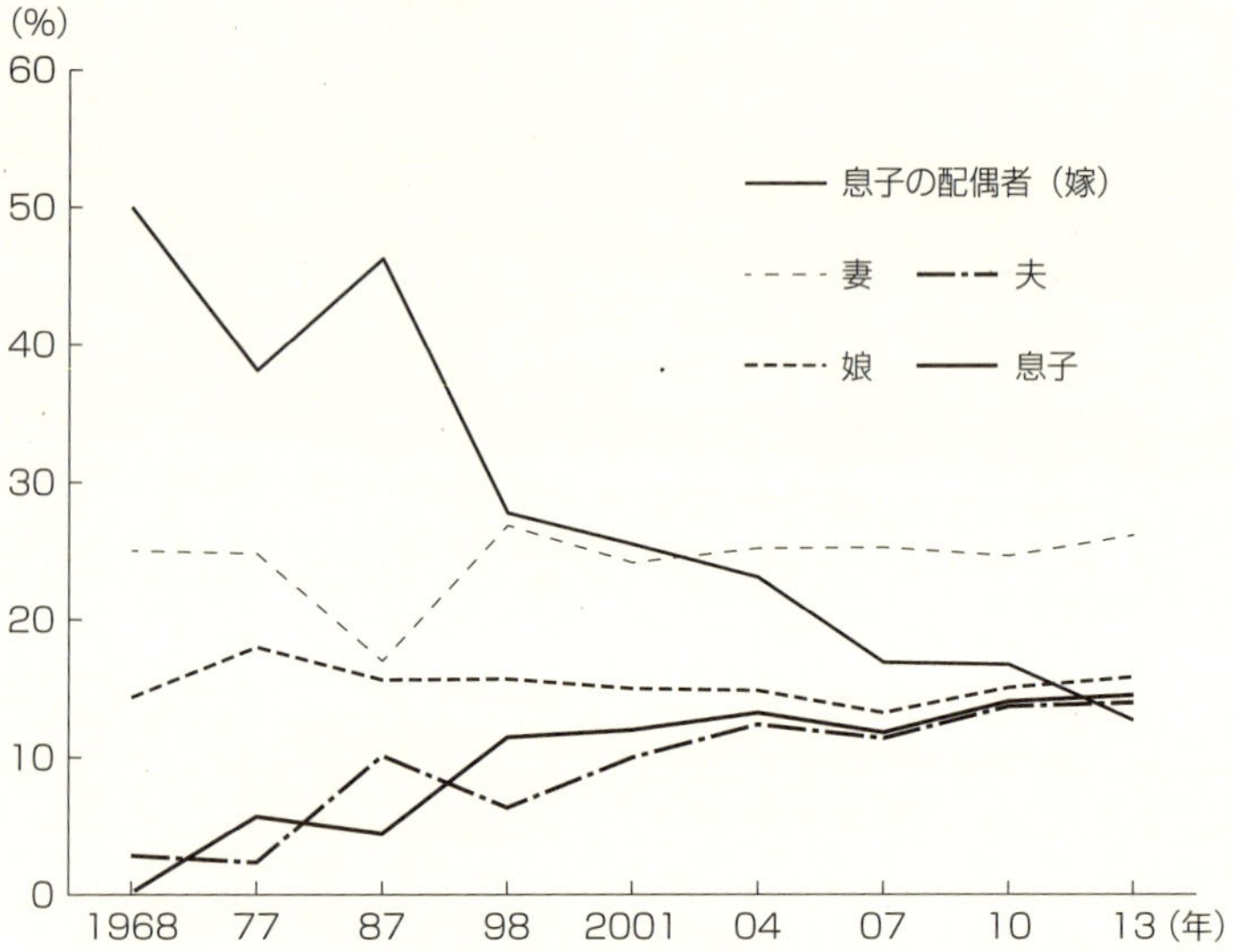

（資料）1987年までは社会福祉法人全国社会福祉協議会による調査。1998年以降は国民生活基礎調査（世帯票）にもとづき作成。
（出所）津止正敏「家族介護者の現状と課題」（*21）。

険の経済性を論じるなら、そのプラスの経済効果も見なくてはフェアではありません。

第8章では育児ネットワークの再編成が必要だと言いました。第9章の最後に、高齢者を支える社会的ネットワークの再編成もまた急務であることを強調しておきましょう。ヨーロッパやアメリカばかりでなく、近隣のアジア諸国と比べても、日本のケアをめぐるネットワークの再編成は難渋しているようです[*22]。

10

個人を単位とする社会へ

◇新しい男の出現

さて、それでは二一世紀という時代に、家族はどこへ行くのか。「二〇世紀家族」の成立と黄昏《たそがれ》とを追いかけてきて、どうしても問うてみたいのがこの問いです。将来予測というのは社会学者にとっては大きな賭けです。しかし今日のような変動期にあっては、「変わらなきゃ」というかけ声だけではもはや助けになりません。「どう変わるのか」についての、単なる「べき論」や希望的観測ではない答えをみんなが知りたがっています。現在得られるあらゆる手がかりから、「二一世紀家族」の方向をどこまではっきりと占うことができるでしょうか。

まず、身近な例から始めましょう。わたしのまわりでも、友人の離婚が相次ぎました。離婚は統計的にも増加していますが、そのこと自体はもはや目新しくはありません。わたしが、おや、と思ったのは、その質的変化のほうです。ある夫婦のケースには友人一同びっくりしました。大学時代、二人は一緒にバンドをやっていました。彼がボーカル、彼女がキーボード。まるでサザンオールスターズみたいだね（世代がわかりますね）、とみんなが噂したとびきり似合いの二人でした。なぜ離婚を決断したのか、についての彼の説明はこうでした。会社勤めを始めてからも音楽が忘れられない彼は、給料が入るたび次々と楽器や音楽編集用の器材を買い込んだ。家が狭くなるうえ、ついに生活費にも支障が出るにいたり、今は専業主婦となって家計を預かる身の彼女は当然のことのように夫をなじった。そんなことが何度か重なって、彼はこう思ったというのです。「僕が好きなことをあきらめなきゃならないくらいなら、結婚なんてやめだ。心の通わぬ妻と子を養うために、給料の運び屋になるなんてまっぴらだ」。

なんという男だ、と思うでしょうか。だいたい男子たるもの、結婚したからには妻子を一生養う覚悟をしたはず。それが開き直って趣味のために妻子を棄てるとは、と。「男の責任」「男の沽券《こけん》」はどこに行ったのか。しかしこれに類した話は、三〇代や二〇代の離婚男性から、ちょくちょく聞くことができます。結婚しない理由として聞くこともあります。ある男性は、ちゃんと結婚してほしいと迫る恋人にこう答えたそうです。「結婚すると、好きなときに映画見に行ったりできなくなっちゃうじゃない。僕、そういうの、イヤなんだ」。

彼らを「自分中心」で「無責任」なダメ男と決めつける人もいるでしょうが、わたしの見方はちょっと違います。一九八〇年代、女性たちは家事ロボットやホームドラマに出てくるような良き母、良き妻ではなく「自分らしく」生きたいと、主婦離れ現象を起こしました。今、男性たちが給料の運び屋ではなく自分らしく生きたいと言い出したからといって、誰が責められるでしょうか。「女の時代」と言われたころ以来、女は変わったのに男はなかなか変わらない、と言われ続けてきました。性別役割にこだわらず、会社人間にならない「新しい男」よ、出てこい、と女性たちは挑発し続けてきました。そうなのです。出てきたのです、「新しい男」たちが。ただし、ようやく現れた「新しい男」は、女性たちのムシのよい期待とはちょっと違っていました。男は変わっても給料だけは運び続けてくれるはず、と八〇年代の女たちはタカをくくってはいなかったでしょうか。しかし、性別役割を疑うという風潮から若い世代の男性たちがまず学んだのは、男の一番つらい役割、すなわち妻子を養うという役割から解放されてもよい、ということだったようです。女と男の役割の再編成は、女たちのもくろみも超えた段階に突入しつつあります。*1

◆第二次人口転換

女と男の役割の転換についてはまた後でふれることにして、まずは現在進行中の家族の変化の全体像を統計的に、かつ国際比較を視野に入れながら概観してみましょう。「家族危機」というとき、人々が頭に思い浮かべていたのは、離婚の増加、出生率の低下、同棲や「未婚の母」の増加といったことでしょうが、価値判断はともかく、これらはどの程度事実なのでしょうか。また、欧米の家族と違って日本の家族は大丈夫（たいして変化しない）という意見も聞かれますが、それは本当でしょうか。

図10−1は諸外国と日本における普通離婚率の推移を示したものです。日本では一九七〇年代から八〇年代初めにかけての離婚率上昇が家族危機論の根拠とされました。九〇年代に大幅に上昇して、今や日本の離婚率は西ヨーロッパ諸国と肩を並べる水準です。一九七〇〜九〇年代にはアメリカが群を抜いていましたが、二〇〇〇年代以降はロシアがアメリカに取って代わり、韓国も急上昇しました。ヨーロッパの中でも離婚率の水準には地域差があり日本よりも低い国々があることも忘れてはいけません。カトリックの強い南ヨーロッパでは最近まで離婚が法的に禁止されていたり制限されていたりしました。*2

図 10－1　離婚率の年次推移：諸外国との比較（1947～2016 年）

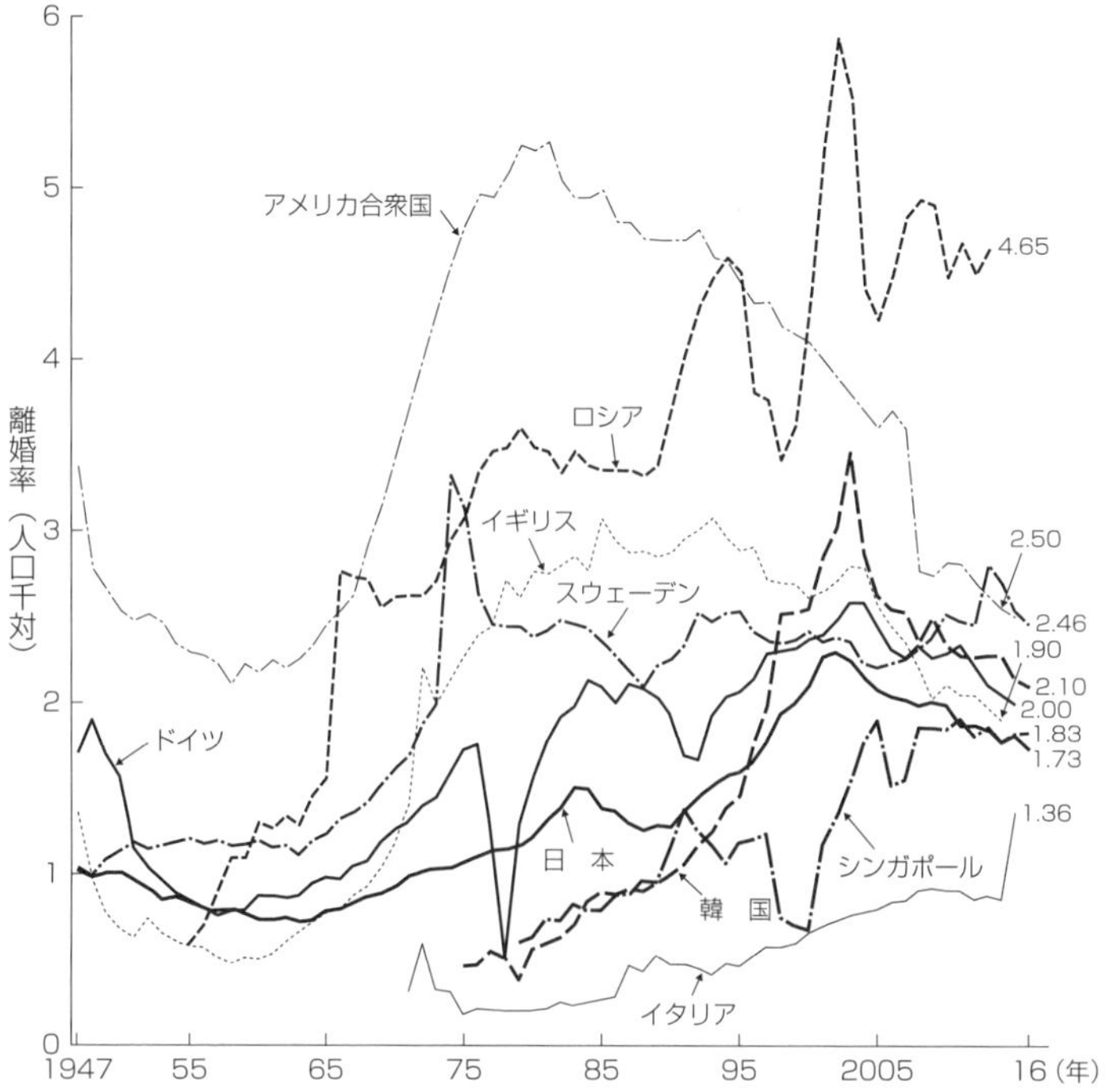

（注）　ドイツの 1990 年までは旧西ドイツの数値。イギリスの 1970 年まではイングランド・ウェールズの数値。ロシアの 1990 年までは旧ソビエト連邦の数値。
（資料）　UN, *Demographic Yearbook*. U.S., *National Vital Statistics Reports*.
（出所）　『我が国の人口動態（平成 30 年）』36 頁より一部省略して転載。

離婚率の高低は、しかし、それだけを見ていたのでは誤解を招きやすい指標です。そもそも結婚をしていなければ離婚にならないからです。結婚の法的手続きをともなわない同棲（cohabitation）はヨーロッパ、ことに北欧では結婚に代わる一つの制度といえるほどにまで普及していますが、アメリカではそれほどではありません。アメリカの人たちは結婚しては離婚し、また再婚するので、離婚率も婚姻率も高く出るというからくりがあります。同棲は一九六〇年代には北欧でもまだ一般的ではありませんでしたが、七二〜七三年にはもはや「逸脱」ではなく「正常」な行動とみなされるようになっていたそうです。[*3] ヨーロッパ人と話をしていると、相当しっかりした地位にある人でもパートナーを「妻」や「夫」ではなく「ガールフレンド」「ボーイフレンド」として紹介してくれることがありますが、スキャンダルでも聞いたように驚いてはいけません。現在ではもうこれは当たり前の習慣なのですから。日本ではというと、結婚前から性関係をもつことはもはや当たり前となったものの、同棲はそれほど多くはなく、結婚前に短期間の同棲期間を経ることはあってもじきに制度的な結婚に移行しているようです。

さて、同棲の増加から当然の結果として生じるのが婚外子出生の増加です。同棲の普及度を反映し、北欧で高く、アメリカではそれより低いのは当然ですね。スウェーデンでは生まれる子の半数ほどは婚外子なので、こうなると婚外子差別も何もありえません。[*4] 日本でも未婚の母志向が生じているなどと報道されたことがありましたが、[*5] 国際的に比較してみると、とんでもありません。図10－2が示しているように、日本の婚外子出生率は欧米に比べるときわめて低水準で、二〇一六年でも二・三パーセントです。とはいえ、歴史的に見れば、離婚率の場合と同じく日本は婚外子出生率の高い国で、明治三二（一八九九）年には全国の総出生数の七・四パーセントが婚外子だったのですが[*6]（後掲の図10－6も参照）。

出生率の低下についても、ヨーロッパは一つではありませんでした（図10－3）。西側地域では長期

図 10－2　婚外子出生率の年次推移：諸外国との比較

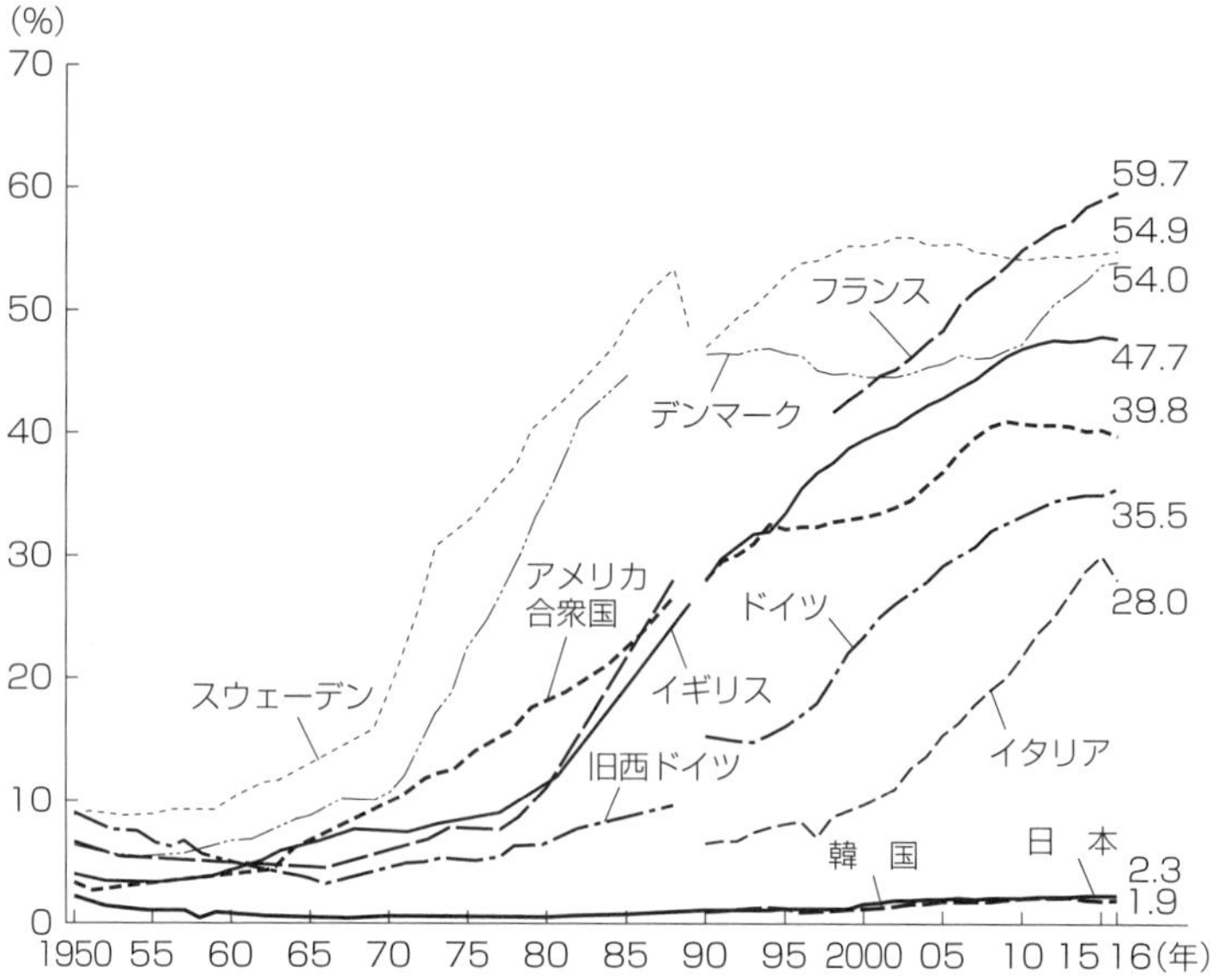

（資料）日本：厚生省・厚生労働省「人口動態統計」。諸外国：UN, *Demographic Yearbook*. 1990 年以降については OECD データベース。

のベビーブームの後、一九六〇年代後半から出生率が下がり始め、北欧のスウェーデン、デンマークでは早くも六〇年代末から人口再生産水準（先進国の死亡率を前提とするなら合計特殊出生率約二・一）を割り込み、七〇年代前半には西欧諸国がこれに続きました。この時期まで南欧諸国は比較的高い出生率を維持していたので、やはりカトリック圏は違うのかと言われていましたが、これらの諸国でも七〇年代後半に入っていったん人口再生産水準を下回ると下がり続け、世界でも低出生率の地域となりました。日本はというと、低下開始時期の遅さから見ても、その後の低下の急激さから見ても、南欧諸国に似たパターンを示していると言えるの

図10－3　合計特殊出生率の年次推移：諸外国との比較（1950～2016年）

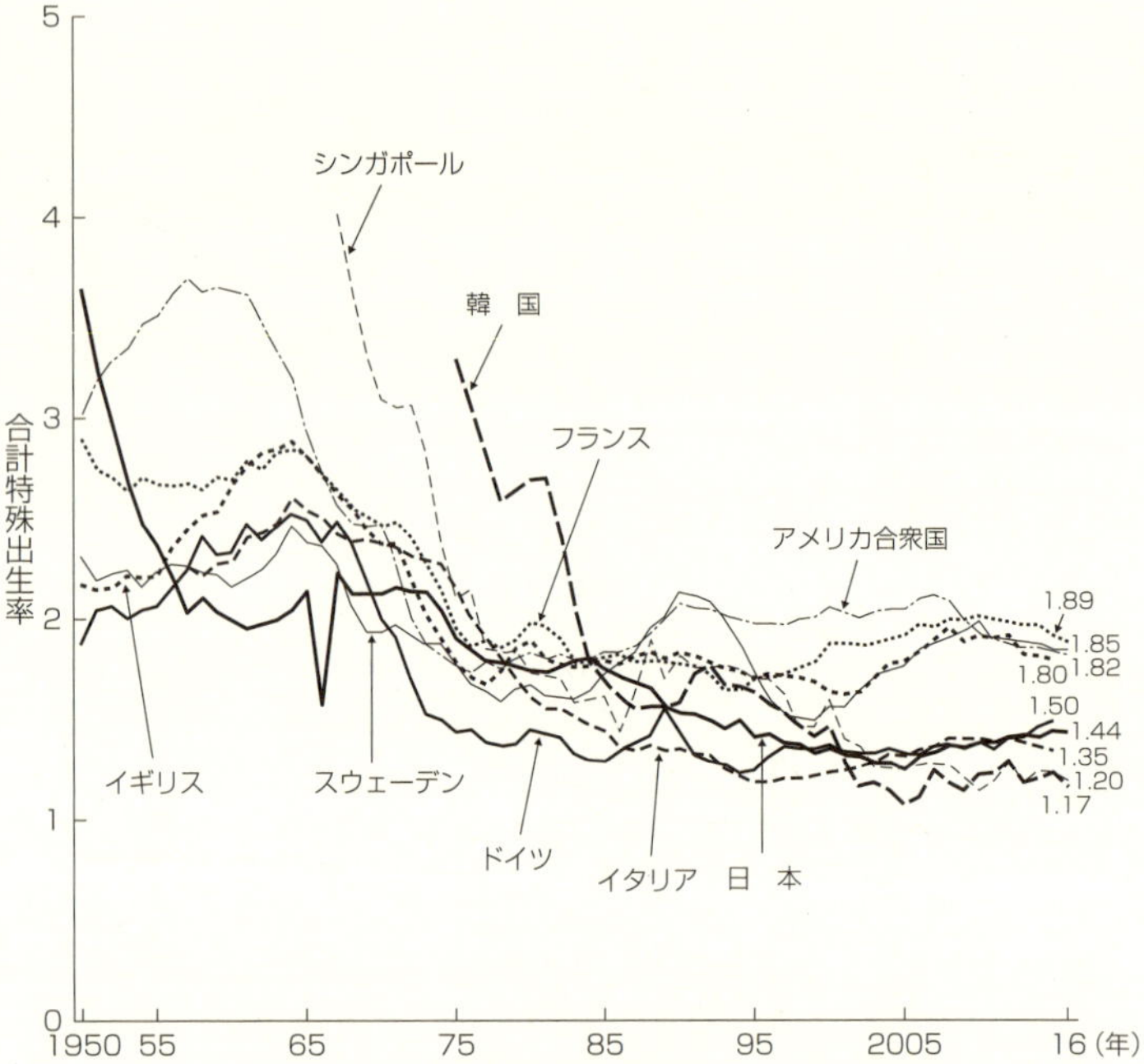

（注）1. ドイツは1991年までは旧西ドイツの数値。イギリスは1981年まではイングランド・ウェールズの数値。

2. 以下は暫定値。フランスの2014～16年，イギリスの2015年，アメリカ合衆国の2016年。

（資料）UN, *Demographic Yearbook*. U. S., Department of Health and Human Services, *National Vital Statistics Reports*. Eurostat, Population and Social Conditions. Council of Europe, *Recent Demographic Developments in Europe*. WHO, *World Health* Statistics. 大韓民国統計庁資料.

（出所）『我が国の人口動態（平成30年）』14頁より一部省略して転載。

ではないでしょうか。これに対し北欧諸国では出産・育児への手厚い政策的支援が少なくともいったんは効を奏し、八〇年代後半には人口再生産水準を回復しました。その後、九〇年代の不況の影響か、北欧の出生率も再び低下しましたが[*7]、全体として見ると、出産年齢にある女性の労働力率の高い国ほど出生率が高いという、一見して、常識と反対のような関係にあるのはきわめて示唆的です（図12-2および図12-3参照）。これは「女性の社会進出を前提として経済と人口再生産システムを両立させようとする政策努力あるいは非政策的、社会的対応が進んだためと解釈できるのでは」と阿藤誠は述べています[*8]。

さて、以上、離婚、同棲、婚外子出生、出生率などの欧米および日本における動向を見てきましたが、一九六〇年代末から欧米に始まったこうした人口学的変化を、「第二次人口転換」（the Second Demographic Transition）と呼ぶ学者もいます[*9]。近代化の過程で起きた第一の、というか多産多死から少産少死へのいわゆる「人口転換」に比すべき、根本的で不可逆の変化だという主張です。この変化の普遍性については議論がありますが、七〇年代以降の少なくとも欧米と日本において社会を根底から変えるような変化が起こっているのは間違いないでしょう。ヨーロッパ内での地域的パターンと比較してみると、出生率に関する限り日本は南欧型に似ているように思えると言いましたが、婚姻をめぐる規範には比較的保守的な態度を続けているという点においても日本と南欧の共通性を指摘できそうです。日本は別だ、日本の家族は欧米の家族のように「崩壊」したりはしないという主張が日本国内には根強くありますが、欧米といっても一括りにはできないのは見てきたとおりです。日本と北欧と

図 10－4　婚姻終了率：イギリスと東北日本

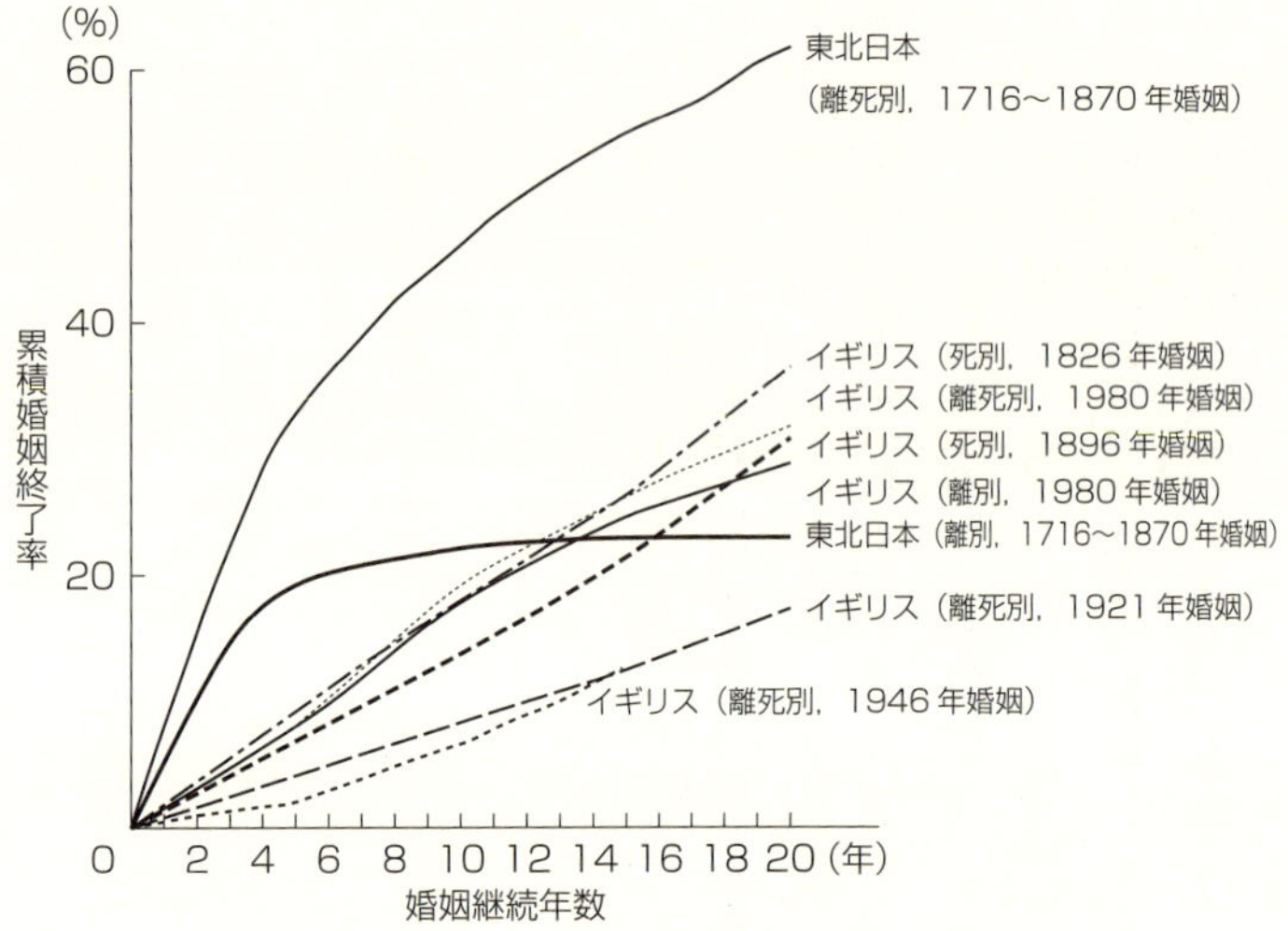

（注）　イギリスは，イングランドとウェールズ。日本は，旧二本松藩の 2 村。
（出所）　イギリス：Anderson，“What is New about the Modern Family”（＊10）．
日本：落合恵美子「失われた家族を求めて」（＊12）。

か、日本とアメリカとか、変化がもっとも極端に現れている地域と比べて、日本は違うと言ってみても正しい比較とはいえません。南欧なども含めた地域的多様性を視野に収めて見てみれば、日本のケースもゆうにいわゆる「第二次人口転換」の地域的バリエーションの一つとして見られるのではないでしょうか。

◇家族の時代の終わり

では、いわゆる「第二次人口転換」を経て、欧米や日本の家族はどのような方向へ向かおうとしていると言ったらいいのでしょうか。マイケル・アンダーソンの論文「近代家族のどこが新しいのか」は、こうした長期的な家族の変化を考えるとき、おおいに参考になる枠組みを提供してくれています。[*10]

ちょうど今問題にしていた離婚も、アンダーソンがしているように長期的な家族変動の流れの中に据え直して見てみると、少し違うふうに見えます。図10-4のイギリスは、イングランドとウェールズについてアンダーソンが算出した、結婚後何年で何パーセントの結婚が終了、すなわち死別か離別に終わったか（一部は「終わると推定されるか」）の割合を結婚コーホート別に示したものです。このグラフは、たとえば一九八〇年結婚コーホート、すなわち一九八〇年に結婚した人たちの場合は、離死別合わせると二〇年後までに約三〇パーセントの夫婦が結婚を終了したと推定される、というふうに読みます。離別のみに限っても勾配はたいして変わらないので、その内訳はほとんどが離別であることもわかります。これを二〇世紀前半に結婚した一九二一年コーホートと比べてみると、これらコーホートの婚姻終了率は半分くらいなので、やはり近年になるほど結婚は壊れやすくなっていると結論したくなります。しかし、ちょっと待ってください。一九世紀の一八二六年と一八九六年のコーホートの結婚は、一九八〇年コーホートとほとんど同じような高率で壊れているのです。ただしその理由は死別ではありますが。原因が離婚か死亡かという違いはあるけれど、一九世紀の婚姻は現在と同じ程度に壊れやすかったという指摘は驚きかもしれません。

しかし過去の日本の状況はイングランドよりさらに衝撃的でした。キリスト教の影響で離婚がタブーだったヨーロッパ社会と違って、日本は大正時代まで世界に冠たる離婚国として知られていました。高い死亡率に加え、頻繁な離別が日本の婚姻をさらに不安定にしていました。[*11]図10-5は明治以来の

図 10－5　日本における離婚率の長期的推移

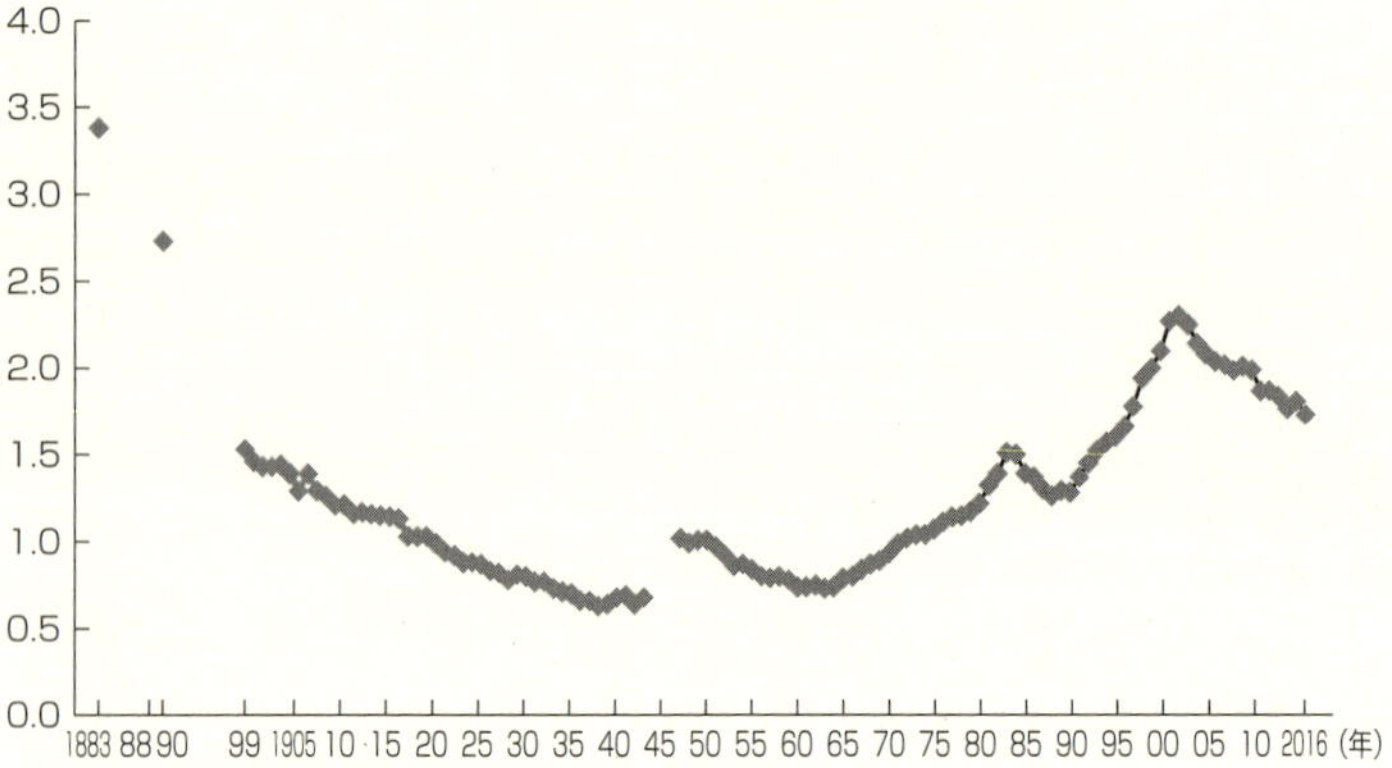

（資料）　1883・90 年は内閣統計局『帝国統計年鑑』，1899～1943 年は内閣統計局「日本帝国統計年鑑第 38 回」および「日本帝国人口動態統計」，1947 年以降は厚生省（2001 年以降は厚生労働省）「人口動態統計」。

日本の離婚率の長期的変化を示したものです。一八八三年にはなんと三・三八という二一世紀の世界の国々と比較してもロシアに次ぐ高さであり、明治民法制定時に大幅に低下して一八九九年には一九八〇年代の日本並みの一・五三となり、さらにその後、近代化の過程でいっそう低下していきました。

日本については明治よりもさらに前、アンダーソンが示しているような一九世紀どころか、もっと前の時期までさかのぼることもできます。わたしも参加した歴史人口学のプロジェクトが、徳川時代の宗門人別改帳という歴史資料から、その時代を生きた人々の人生や家族経験を再構成する成果をあげてきたからです。近代が始まる以前の徳川時代、婚姻はどのくらい壊れやすかったのでしょうか。現在の福島県に含まれる旧二本松藩の二つの村の人別改帳から得られるデータから、アンダーソンと同じ趣旨のグラフを描いて重ねてみたときは、わたし自身あら

図10-6　日本における婚外出生率の長期的推移

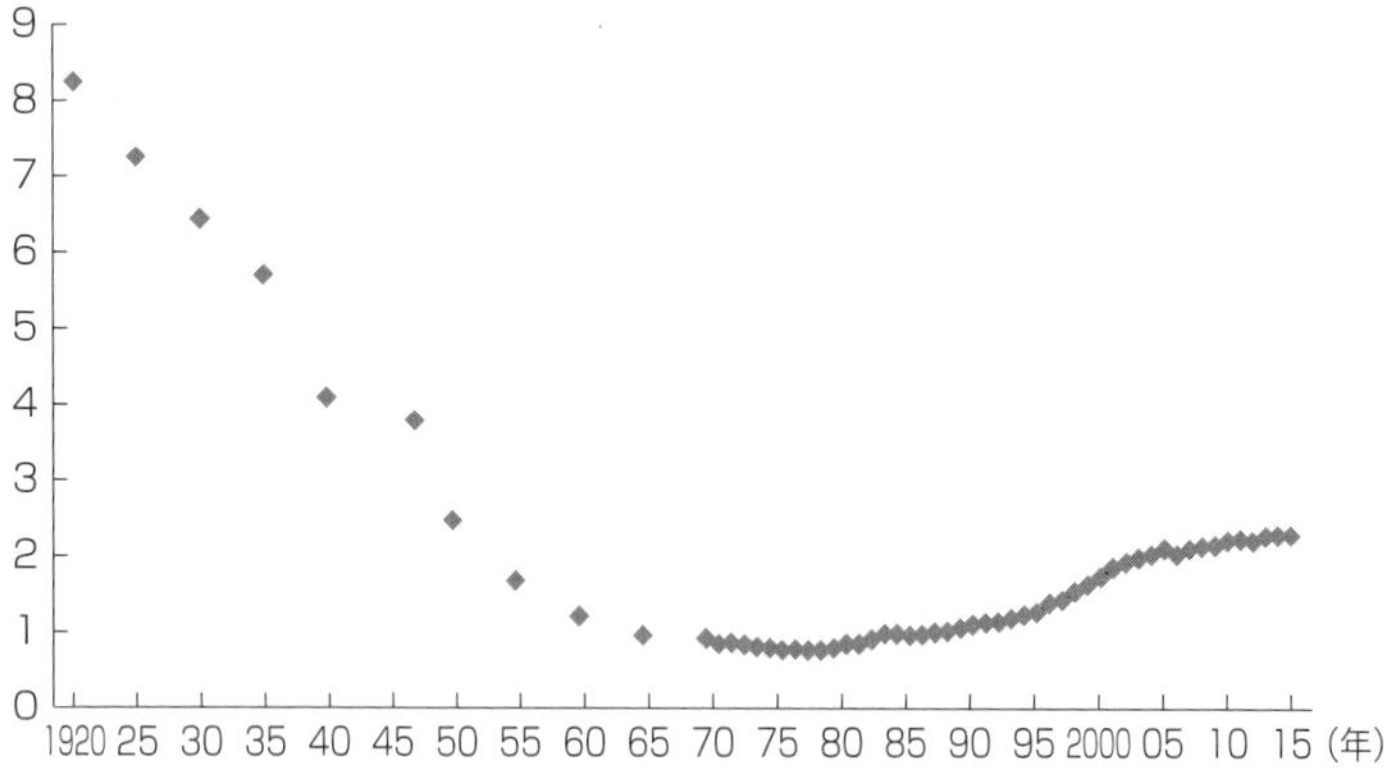

（資料）厚生省・厚生労働省「人口動態統計」。

ためて驚きました（図10-4[*12]の「東北日本」）。結婚後二〇年の時点でなんと六割近くの結婚が終了しています。結婚後五年までに離別するケースが多く、全体の二割近くを占めています。現在見られるような日本の結婚の相対的な壊れにくさは、けっして日本の伝統だったわけではなく、イギリス同様に、というよりイギリス以上に、近代化の過程で新たに獲得されたものであったことがわかります。付け加えれば、徳川時代には婚外子出生率も（少なくとも地域によっては）高かったことが明らかにされています。現在の長崎県のある村では、一八世紀後半から明治初頭までの出生のうち一一・七パーセントは婚外出生でした[*13]。明治以降の婚外出生率の長期的推移を描くと、離婚率と同様にいったん低下して、近年になってから増加傾向に転じています（図10-6）。

こうして見ると、注目に値するのは現在や一九世紀の結婚の壊れやすさではなく、むしろその間に挟まれた時代の婚姻と家族の安定ぶりのほうなのではないかという気がしてきます。アンダーソンが指摘したように、死亡率の低下が家族生活に及ぼした影響は、いくら強調してもしすぎることはありません。大人になってからも人はいつ死ぬかわからないという状態から、死はもっぱら高齢者に訪れるものという今日のような状態への転換は、結婚生活や家族生活に長期的な安定性を与えました。人類史上で初めて、結婚は、そして家族は、ほぼ一生その中で暮らしていけると信頼するにたる制度となったのです。それに加えて、日本のように離婚の多かった社会では、離婚が減少することによって結婚の安定性は劇的に上昇しました。こうした変化にともなって人生の予測可能性（predictability）がかなりの程度高まり、また誰の人生もたがいに似かよってくるという画一化（standardization）も進みました。[*14] 就職してから結婚、結婚してから出産というライフイベントの順序も定まりました。誰もが似たようなライフコースを歩み、似たような家族を作った時代。前のほうの章で用いた言葉を使うなら、これこそが「近代家族」の時代でありました。さらに、二〇世紀、特に第二次世界大戦後の先進国、いわゆる「豊かな社会（affluent society）」で可能になった社会の全階層での完全雇用の実現や高い消費水準の達成といった経済的条件も、家族の安定と画一性をいっそう強める方向に作用しました。そしてもちろん、再三述べてきたように、家族や子どもへの愛に至上の価値をおくイデオロギーも。近代は、というより二〇世紀は、まさに「家族の時代」でありました。

　では、二〇世紀の末に起こった「第二次人口転換」は、どのような時代を開いたのでしょうか。「第二次人口転換」を主張する代表的論者であるバン・デ・カーは、ヨーロッパに共通して見られる変化の傾向を、「結婚の黄金時代から同棲の夜明けへ」「〝子どもが王様〟時代から〝ペアが王様〟時代へ」「画一的家族から多元的家族へ」などとまとめました。[*15] 近代家族の終焉、そして画一的な家族の時代の終焉の明確な宣言です。一方、やはり「第二次人口転換」論者であるロン・レスターゲは、宗教規範の弛緩（世俗化）や消費水準の高度化による個人主義の徹底として現在の変化を見ています。[*16] 家族の時代の終わり、そして個人へ。これが現在起きている変化の筋書きとして浮かび上がってきました。

◇個人を単位とする社会

家族の「個人化」というのは、「多様化」と並び、日本の学界でも家族の変化の方向を表す標語として定着してきました。「個人化する家族」という概念を最初にはっきりと打ち出したのは家族社会学者の目黒依子です。「第二次人口転換」としてあげたような変化は、家族という観点から見ると、婚姻の公的意味づけの消失、一生を通じて、あるいは人生のかなりの期間、子どもや配偶者をもたないライフコースの一般化など、家族に属するということが人々の人生にとって必ずしも自明でも必然でもない社会の到来を指し示しています。若い世代がそうした生き方を志向するばかりではなく、つれあいに先立たれた高齢者のように、そうした暮らしを余儀なくされる局面ももちろん出てきます。「家族生活は人の一生の中であたり前の経験ではなく、ある時期に、ある特定の個人的つながりをもつ人々とでつくるもの」となる、[*17] すなわち家族生活は一つのライフスタイル、人生のエピソードの一つとなると目黒はいいます。

「個人の時代」が来る、などと言うと、なんだまたか、と思う人がいるかもしれません。個人を尊重する民主的な家族の時代が来る、というのは、戦後、家制度が終わったと言われた時期にも、さんざん繰り返されたスローガンでしたから。しかし、今回問題になっていることは、それとは一風違います。理念としての個人主義が望ましいからそれを実現しようなどというきれいごとではなくて、システムが否応なく個人を単位とする方向へ変わりつつあるというのです[18]。

これまでの社会が、家族を社会の基礎単位とする社会であったことは、少し考えてみれば誰でも思い当たることでしょう[19]。誰もが同じような、サラリーマンの夫と専業主婦の妻、二、三人の子どもたちからなる近代家族、行政用語でいえば「標準家族」に所属しているはずだという前提のうえに、雇用システムも税制も年金制度も日常生活もすべて組み立てられていたのが、これまでの社会でした。家に主婦がいて初めてできる長時間労働、配偶者控除や扶養控除、払込額は同じでも被扶養者が多ければ多く受け取れる社会保険や年金制度、世話をできる家族がいれば入りにくい保育所、昼間に会合を設定するPTA。これらは一見、当たり前だったり、生活者にとって良い制度だったりするように見えますが、単身者や共働き家庭に負担がしわ寄せされたり、妻の就労をいわゆる「一〇三万円の壁」[20]以下に抑え込んだりすることで、あたかも標準をはずれた人々を罰し、標準へと矯正するような効果をもってきました。

しかし時代は変わりました。「標準をはずれた人々」は今や多数派になりつつあります。五〇歳まで結婚しない人たちの割合は、二〇一五年には男性の二三・四パーセント、女性の一四・一パーセントとなりました（図11-6）。子育て年齢の既婚女性の七割近くは家庭の外で働いています（図11-2）。これだけの人々をいわば罰し続ける社会が、長続きするわけはないでしょう。

また、同じように家事専業の人生を送ってきた女性でも、それが夫のためだったなら将来十分な年金を受け取れるのに、親のためだったならだめだとか、本人のしてきたことではなく、どんな家族関係を結んでいるかによって著しい不平等が生じるのは、フェアなシステムとはとうてい認められません。家族関係によって影響を受けない「ライフスタイル中立的」な社会制度を作ることをめざすべきでしょう。

すべての人が属する社会的単位はもはやないのだとすると、社会の基礎単位となりうるものは個人以外にありえません。かつてフィリップ・アリエスは、近代は個人主義の時代であったという考えを批判して「勝利したのは個人主義ではなく家族」であったと宣言しましたが[*21]、アリエスが見出した家族の勝利が過去のものとなった現在、いよいよ本当に「個人の時代」が始まるのではないでしょうか。

誤解を避けるために付け加えれば、個人が社会の基礎単位となるということは、一人暮らしの増加を意味するわけではありません。安定した人間関係は深い情緒的経験を与えてくれることが多いので、経済的にも生活面でも一人で生きていける人たちが、あえて一緒に生活することを選ぶということは十分ありうるでしょう。ただし、そうした「家族」が、はじめから家族が単位と決めてかかっている社会の家族と異なるのは、あくまでそれらは私的な選択の結果であり、どのような選択を行ったとしてもそれを理由に社会保障制度や職業生活などの公的生活において不平等な取り扱いを受けることはないということです。

◇弱者の家族からの解放

「個人を単位とする社会」とわたしが呼んでいるようなことを、「シングル単位社会」と名付けて真正面から展開した本があります。伊田広行の『性差別と資本制――シングル単位社会の提唱』です。伊田は現在までの社会を「カップル単位社会」あるいは「家族単位社会」と呼び、それと対比される「シングル単位社会」と、はっきり概念的に区別しました。「カップル単位社会」とは「個人ではなくカップル（夫婦／家族）が社会・生活・経済の単位となっている」社会であり、「個人を見る上で性差や結婚というファクターが非常に重要な意味をもっている社会」です。これに対し伊田が提唱している「シングル単位社会」とは、個人が社会・生活・経済の単位で、「性差や結婚というものが一人の人間を見る上で無関係になる社会」であるとされています。*22 カップル単位社会では男性が単位の代表とみなされ、女性は「扶養される者」として「シャドー化」されます。しかも単位の中には原則的に個人や差別はないものとされるので、葛藤が隠蔽されてしまいます。したがって、家族が単位であることこそが性差別が生じる秘密であり、フェミニズムは性別役割分業批判にとどまらず家族単位視点自体を批判しなくてはならない、という分析は的を得ていると思います。*23

伊田はカップル単位社会の諸制度を批判して、シングル単位社会への制度改革案を示しましたが、なかでもその精神ともいうべきものをよく表しているのが介護問題の扱い方です。家族を介護している者に手当を支払うべきかという問題は、介護保険制度導入時にも議論が分かれていた点ですが、伊田は支払うべきではないと主張しています。この問題についてはしばしば、女性のただ働きを少しでも改善するために支払うべきだという意見と、わずかな対価を名目的に与えられて介護は女性の仕事という性分業を固定されるのはよくないという意見とが対立するのですが、伊田の強調している論点はどちらとも違います。伊田の論点は、公的補助は家族ではなく、介護を必要としている本人に対して支払われるべきだということです。

重度の障害者が自分で私的ヘルパーを雇い、それに対しヘルパー一人当たり月額三〇万円もの公的補助が出るというデンマークの制度が例にひかれており、家族の愛と献身に支えられた無力な弱者、という介護イメージをもっている人には相当ショックかもしれません。しかし「基本的に高齢者や障害者や子ども本人へ福祉サービスや手当を提供・支給しながら、当事者の自己決定を尊重すること、当事者自身がサービスを選び、買い、利用し、ヘルパーを雇い、要求と指示をだす主体となるというのが、シングル単位の発想なのである」という主張は実にもっともだとわたしは思います。[*24] 家族やボランテイアの愛や善意による介護は一見温かいようではありますが、ケアの受け手を「負い目」をもつ弱者としての立場にいっそう追い込んでしまいがちです。家族と同居している高齢者の自殺率の高さは、こうしたつらさの反映なのでしょう。個人の家族からの解放という発想は、強者のもののように見えて、実は弱者にとってこそもっとも切実なのだという問題提起の意味を、わたしたちはもっと深く考えてみなければならないでしょう。

◇「個人を単位とする社会」と主婦

一九八五年に制定された男女雇用機会均等法の強化（一九九七年）、介護保険法（一九九七年）、男女共同参画社会基本法（一九九九年）、労働基準法の女子保護規定撤廃（一九九九年）など、一九九〇年代には家族生活や男女の役割に関係する法制定や法改正が次々に実施されました。保育所の位置づけを変える児童福祉法改正、主婦年金の扱いをめぐる年金制度の改正も議論されてきました。また、夫婦別姓を選択できるようにすること、五年間別居していれば有責配偶者側からの請求でも離婚を認められる破綻主義離婚の徹底、非嫡出子の相続における差別の撤廃などを含む民法改正も実現するかと思われました。これらの法改正や制度改革での焦点は「家族を単位とする」制度に生じてきたきしみをどうするかということだと思って見ると、一見ばらばらに進んでいるように見えるそれぞれの動きが、実は同じような方向を示していたことがうかがえるのではないでしょうか。家族に属しているか否かで個人の人生が変えられるのを避ける、どんな家族もやみくもに維持させようとするのはやめる、ケア責任を家族だけに押し付けずに社会化するといった「個人を単位とする社会」に向けた改革の方向を指し示していたと言えるでしょう。

しかし、二一世紀に入ると、こうした改革の機運は急速にしぼんでいきました。政治的および経済的な流れの転換が大きな要因でしょう。一九九七～九八年のアジア通貨危機を契機に景気後退が深刻化し、改革派の橋本龍太郎内閣が退陣しました。不況は離婚率、自殺率を一気に押し上げ、国民の間でも守りの気分が広がっていきました。非嫡出子の相続差別は二〇一三年の最高裁の違憲決定により解消しましたが、それ以外の点については民法改正も実現していません。

「個人を単位とする社会」に向けた改革は現実味のない理想論だったのでしょうか。不況になると実現できなくなるような。経済的な不安があると、人々はやはり家族を頼るしかないのでしょうか。「個人を単位とする社会」が来ると困ると言われる主婦という立場を例にして考えてみましょう。

八〇年代フェミニズムは、主婦も自立していないけれど身の回りのこともできない男も自立していない、と言ってきました。しかしそんな論法は皮肉としては有効でも、やはり欺瞞だったと認めざるをえません。妻に去られた男性はコンビニ弁当でも何でも買って「個人化」できますが、夫が収入を入れてくれなくなったら夫に経済的に依存していた女性は窮地に陥るのが現実なのですから。

しかし困るからといって、今までどおり主婦をし続けるわけにもいきそうにありません。主婦が安心して主婦をやっていられるためには三つの条件が必要だとわたしはかねがね言ってきました。夫は死なない、失業しない、離婚しない、の三条件です。人口転換で達成された第一条件はともかく、雇用が不安定化し、離婚率も上昇した今日、第二、第三の条件は風前の灯火です。バブル経済崩壊後の不況で、女性の主婦離れもおしまいだという意見がありましたが、とんでもない話ではありませんか。不況で夫も失業するかもしれないときに、誰が安心して主婦をやっていられるでしょうか。一九七〇年代以降のヨーロッパやアメリカでの女性の就業率の上昇は、慢性化した経済の低迷の中で、男性の収入に一生安心して頼ってはいられなくなったという厳しい現実を反映したものでもあったのです。「自立」はもはや単なる理想論ではありません。経済的に困難なときにこそ、家族に頼らなくても生きられる術をもっていないとなりません。

しかし、子どもの世話や高齢者の介護など「ケアをしている人はどうするの？」という声がすぐに上がるでしょう。ケアを抱えた女性は簡単に「個人として」「自立」できないと。ケアを女性だけの責任にしない、男性もケアの担い手となり、かつ保育所や介護保険などによりケアを社会化する、とまず答えられますが、しかしそれでもケア負担が大きくて、仕事と両立できない場合はあるでしょう。そうすると、「個人を単位とする社会」は、ケアされる人ばかりでなくケアする人も取り残してしまうのではないでしょうか。

「個人を単位とする社会」という世界のトレンドを推進してきた思想的リーダーのひとりであるダイアン・セインズベリは、この疑問に対し、以下のような答えを出しています。年金制度などの社会保障制度に女性をどのように包摂するかについて、「働き手として」「妻として」「母として」「社会成員として」という四つの方式があるとセインズベリは整理します。[*25]「働き手として」というのは、女性自身が職をもつことにより、社会保障を受給する資格を付与されるということです。「妻として」とは、働き手の妻として資格付与されるということです。一つとんで「社会成員として」という方式では、ベーシックインカムのように、その社会の成員であるだけで資格付与されます。「母として」とは、これらより直感的にわかりにくいかもしれませんが、ケアをする者として資格付与されるということです。実は「母」に限らず、子どもや障がい者、高齢者などケアの必要な人たちのケアをしている人たちすべてを含めると考えたほうがいいでしょう。

現在の日本の主婦の多くは「第三号被保険者」として年金制度に入っています。「妻として」の資格付与ですね。「第三号被保険者」とは、厚生年金と共済年金の加入者の配偶者（二〇歳以上六〇歳未満）で、自分の所得が一三〇万円未満の者をさします。すなわちサラリーマンと公務員の妻は、専業主婦か収入の少ないパートタイマーであれば、保険料を納めなくても年金をもらえます。家族が基礎的な経済的単位であって、夫が働いて収入を得て保険料を払い、妻は夫が働けるよう家庭を守るという、性別分業が前提の「家族を単位とした」年金制度なのです。知らない人が多いので蛇足ながら付け加えますと、夫が妻の分の保険料を代わりに納めているわけでもありません。第三号被保険者の年金は夫を含むすべての加入者が均等に負担しているのです。「妻として」の資格付与のうちでも、世界でももっとも気前のよい制度だと言われます。

しかし、自営業者の妻はこの制度の恩恵にあずかることはできません。また離婚したり未婚で出産したりしてシングルマザーになったら、主婦と同じように家事と育児をしていても、この資格は得られません。不公平なのでこの制度は見直すべきだと三〇年以上言われ続けながら、既得権化しており、なかなか手がつけられないまま今日に至っています。

ではここにセインズベリの「母として」あるいはケアをする者としての資格付与という原理を適用したらどうでしょうか。現在「妻として」資格付与されている方の多くは「母として」の資格に切り替えられるでしょう。それに加えてシングルマザーはもちろんのこと、制度のつくり方によっては介護をしている女性も男性も資格を得られるでしょう。「妻として」が「母として」になっただけなら特にメリットはない、と思ったら大間違いです。「母として」(ケアをする者として)の資格は誰かに依存したものではなく、「本人」としての資格です。家族関係になんらかの変化が起きても影響を受けることはありません。このようにすれば、また同じような制度を他の育児担当者や介護をしている人にも適用するなら、ケアする人の労苦に少しでも報いることになるのではないでしょうか。このように「個人を単位とする社会」という原則で設計した制度は、主婦やケアする人も包摂するように対応できます。これだけで十分とは思いませんが、家族単位の制度よりも、この考えかたのほうがすっきりして公平と言えるのではないでしょうか。

かつては「女性よ主婦であれ」というのが社会の女性に対する要求でした。その規範の中で女性は思秋期に悩み、その枠から抜け出そうともしてきました。しかし今は「女性よ主婦にとどまるな」「女性活躍」という方向の社会の要求も生じてきました。しかし問題なのは、担当省庁が異なるせいもあって、個々の改革相互の関連や異なる要求の間の矛盾が公の場できちんと議論されていないことです。経済産業省は女性を企業の労働力にしたい、厚生労働省は家庭介護の担い手として女性をあてにする。一人の生身の女がいったいどうしたらそんなにたくさんの役割を果たせるものか、自分でやってみたら、と言いたくなります。また、結婚は「永久就職」でもみんながするものでもなくなったのに、均等法に罰則規定を盛り込む案は見送られ、バブル経済崩壊後の不況期はもちろんのこと、さらに経済が回復した後になっても、女性の採用差別が臆面もなく横行しています。主婦の座の保護をはずすのとセットで、男女雇用機会均等法を本気で効果のある法律にしなくてはならないのは当然のはずです。

今のままだと女性たちは知らない間に制度改革の狭間に落っことされて、主婦になることも、主婦でない生きかたを選ぶこともままならない、袋小路に追い込まれてしまいます。もっと論議を。そしてこれからの女性の人生がちゃんと見えてくるような制度改革を。まさに今は日本の女性たちにとって正念場なのです。

11

家族の戦後体制は終わったか

◇四半世紀が過ぎて

何なんだよ日本。
一億総活躍社会じゃねーのかよ。
昨日見事に保育園落ちたわ。
どうすんだよ　私活躍出来ねーじゃねーか。

日本では知らぬ人がいないほど有名になった匿名のブログ「保育園落ちた、日本死ね！！！」からの抜粋です。二〇一六年、子どもを入園させる保育所を探す「保活」に苦労している若い世代を中心に、共感の渦を巻き起こしました。安倍晋三内閣の掲げる政策目標である「一億総活躍社会」「女性の輝く社会」がかけ声倒れであることを、皮肉たっぷりに告発しています。

本書の日本語版の初版を出版した一九九四年から四半世紀。ちょうど人間の一世代と同じだけの時間が流れました。その一〇年前、一九八四年にわたしは娘を産みました。女性には「仕事か家庭か」のどちらかを選択せよ、という風潮が強い時代でした。なぜそんな非人間的な選択を迫られなければならないのか、仕事と個人的な幸福とのどちらもあきらめるわけにはいかない、という必死の思いがありました。それと同時に、これからは「仕事も家庭も」が当たり前の時代になるだろう、娘たちの世代のために、転換期の苦労はわたしたちの世代が引き受けよう、と考えていました。
しかし、どうでしょう。それから四半世紀がたった今も「保育園落ちた」が共感を呼ぶ社会です。「仕事も家庭も」は「当たり前」にはほど遠く、若い世代は相変わらず苦労しています。この現状を目の当たりにすると、わたしたちの世代はいったい何をしてきたのだろう、という忸怩たる思いを抑えることができません。ある年齢以上になれば他人事のように社会を批判するわけにはいきませんから。

いったいこの四半世紀に何が起きたのでしょうか、いや、何が起きなかったのでしょうか。それはどうしてなのでしょう。今あらためて問い直さないわけにはいきません。

本書では、戦後日本家族を「家族の戦後体制」もしくは「家族の五五年体制」と見ることを提案しました。性役割や家族のありかたなど、変わらないと思われがちな私生活も歴史的に変化するということ、すなわち政治や経済と同じように、ある体制（ある期間を通じて安定した構造）ができたり変容したりするということを示すためです。「家族の戦後体制」は一九五五年から七五年まで続き、それ以降は変容を始めたというのが本書の主張でした。しかし、その後の日本家族を見続けているうち、「家族の戦後体制」は一九七五年にすっぱりと終わったとは言えなくなってきました。

本書執筆後のわたしは、一九七五年以降もしつこく続く「家族の戦後体制」の呪縛力に関心を移しました。第11章ではこの四半世紀の経験をふまえ、本書のテーマである日本の家族とジェンダーの現在と未来について再考してみようと思います。「家族の戦後体制」はすっぱりと終わらなかったと言いましたが、何も変わらなかったわけではないでしょう。何が変わって何は変わらなかったのか、本書であげた三つの柱、⑴女性の主婦化、⑵再生産平等主義、⑶人口学的移行期世代、に沿って見直すことから始めましょう。

◇女性の脱主婦化

「戦後、日本女性は主婦化した」という本書の中心的主張については、第三版への序文の中で若干の修正を行いました。推計結果にもとづくと、主婦化は戦前から始まっていたであろうというのが第一点です。推計は推計ですので、どのような仮定をおいたのかをよく検討してみないといけませんが、都市の中流に近代家族が成立したのは戦前期のことですので、社会の一部での主婦化は戦前から始まっていたでしょう。しかし、近代家族が大衆化したのは日本では第二次世界大戦後のことですから、女性は主婦であるのが当たり前、ということになったのは、本書の主張のとおり戦後のことと言ってよいでしょう。

第三版への序文では、もう一つの修正の可能性を示唆しました。二一世紀に入っても女性の脱主婦化がほとんど進まないのが日本の特徴だという岩井八郎の研究を引用して、「家族の戦後体制」は一九七五年に終わったと言ってよいのか、という問いを残しました。その後、岩井は女性のM字型就業パターンなどの「戦後日本型ライフコース」は一九七〇年代から九〇年代に顕著になったと言っています。[*1]「このような傾向は、団塊の世代よりも若い年齢層の女性でも継続し、一九七〇年代前半に生まれた『団塊ジュニア』になるまで、ほぼ同様のライフコースをたどる人たちが多かった」というのです。[*2] 性別分業に関するかぎり、「家族の戦後体制」的なパターンは九〇年代まで残ったと言ってもいいでしょう。

これに対し、一九九〇年代に二〇代を過ごした「団塊ジュニア」は「二〇歳代後半から三〇歳代の就業率が上昇して」おり、同時に「非正規雇用の割合が上昇」しています。[*3]「戦後日本型ライフコース」は九〇年代からようやく変化しました。しかし女性の就業率上昇と雇用の不安定化が同時に起きたため、「家族の戦後体制」が終わって女性活躍の時代が来たと簡単に言うわけにはいかない複雑な状況となりました。

二一世紀に入ってすでに二〇年がたとうとしている現在の状況はどうでしょうか。転換期である一九九〇年代以降、M字の底の上昇には目を見張るものがあります（図11-1）。北西ヨーロッパや北米諸国と同じ台形型（もしくは逆U字型）に近づきつつあります。

誰の労働力率が上がったのでしょうか。未婚か有配偶かという婚姻状態によって分けてみると、未婚女性の労働力率は一九九七年までに上昇しきっており、それ以降、とりわけ二〇〇七年から二〇一七年の一〇年間には、二〇歳代から三〇歳代という子育て年齢の有配偶女性の労働力率が大幅に上昇しました（図11-2）。結婚したら女性は主婦になる、というパターンは崩れかけています。

根強かった出産退職の慣行も、二〇一〇年代に入って変化を始めたようです。二〇一〇年代前半に第一子を出産した女性のうち、出産前に就業していた人の約五三パーセントが就業を継続しています

図 11－1　年齢別女子労働力率の変化

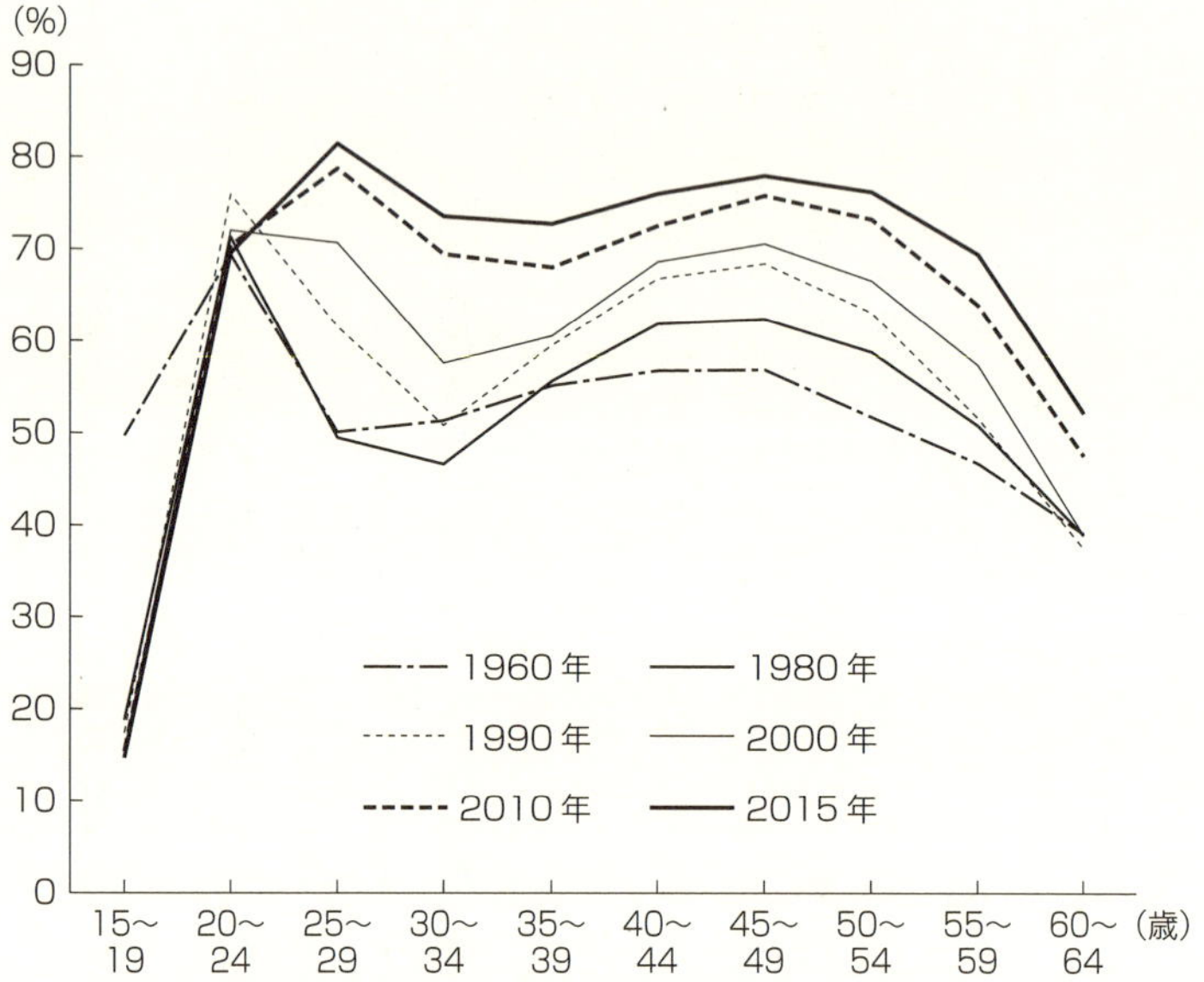

（資料）　国立社会保障・人口問題研究所「人口統計資料集」2018 年版，表 8－3 より作成。総務省統計局「国勢調査報告」。

（図11－3）。育児休業制度が効果を上げていることがわかります。しかしその後で直面するのが保育所入所という壁。冒頭で紹介した「保育園落ちた」の背景には、出産後も就労継続する女性の急速な増加がありました。

現実の変化には意識の変化が先行していました。内閣府が実施している「男女共同参画社会に関する世論調査」とその前身にあたる調査によると、女性が職業をもつことについての考え方は、一九八六年までは「中断再就職」志向が多数派でしたが、一九九二年以降は「中断せず両立」志向が増加して、男性では二〇〇二年、女性では二〇〇四年から逆転して、二〇一四年に一時的なゆらぎが見られたものの、二〇一

図 11－2　婚姻状態別年齢別女子労働力率の変化

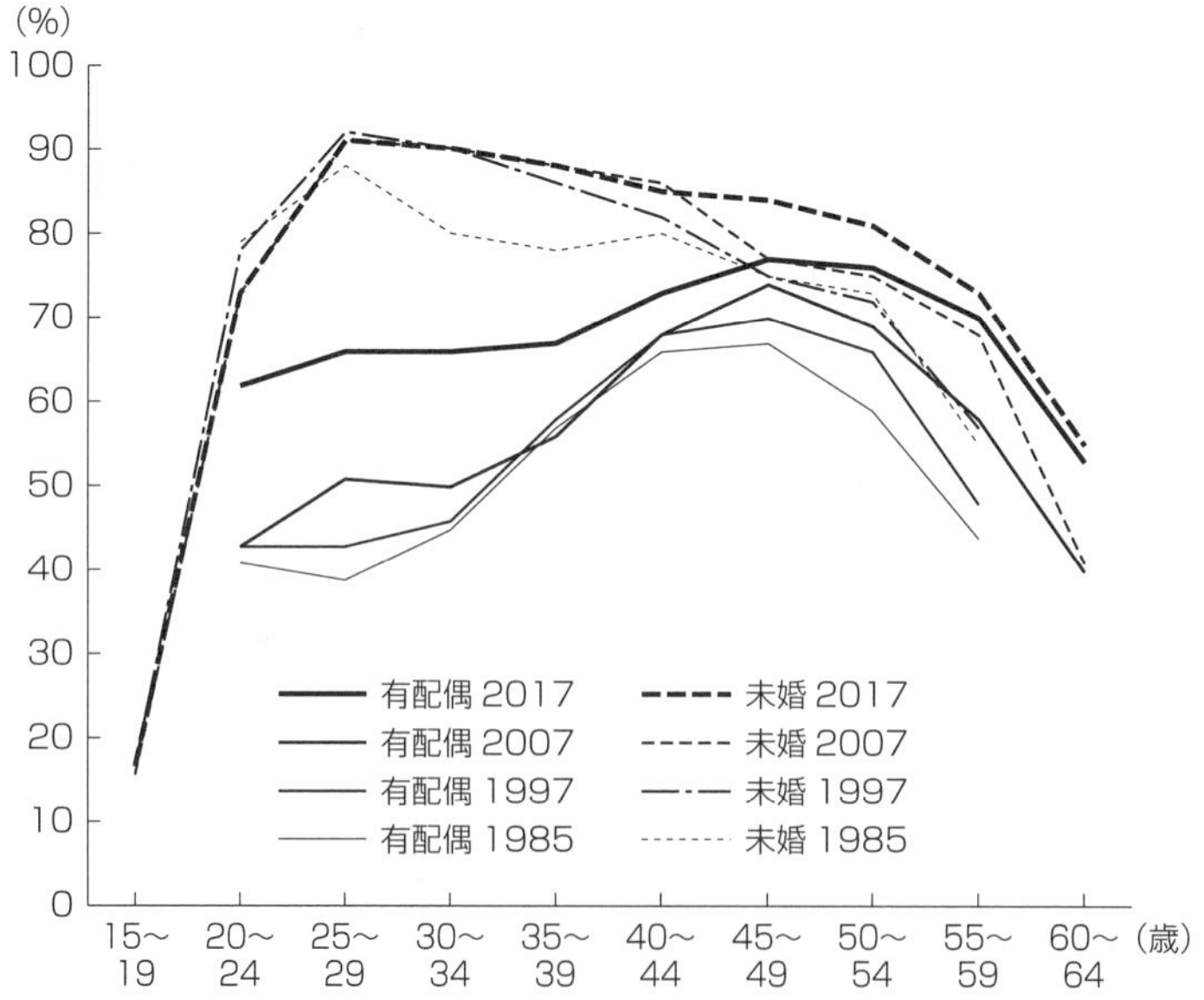

（資料）「働く女性の実情」平成 19，29 年版。総務省「労働力調査」（昭和 60 年，平成 9，19，29 年）。

六年までその差は拡大しています（図11－4）。わずかではありますが、男性のほうが逆転が早かったというのが面白いとわたしは思っています。一九九〇年代末の経済危機以降、雇用が不安定化した時代に、自分一人の収入で一家を支えるなんてたまらないと思う男性が増えたのでしょう。しかし意識の変化に対応した現実の変化が目に見えるようになるまでに一〇年かかり、さらにその現実の変化を支える保育所などの制度づくりはまだ追いつきません。

◇女性の非正規雇用

ここまで、一九九〇年代を転換点として、女性の脱主婦化が現実にも意識の面でも進行したことを見てきました。

図 11－3　第 1 子出産前後の妻の就業経歴

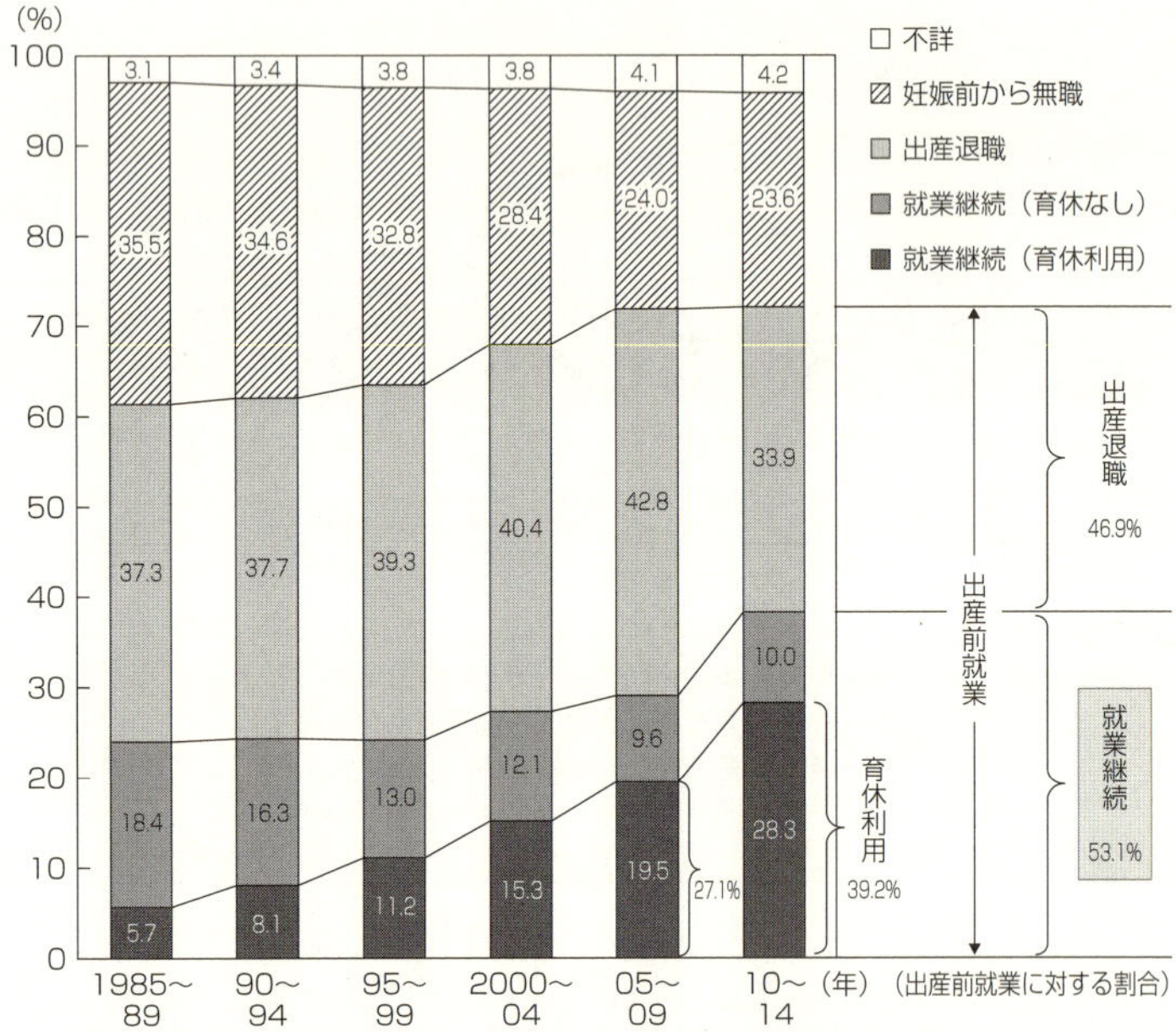

（資料）　国立社会保障・人口問題研究所「第 15 回出生動向基本調査（夫婦調査）」。
（出所）　内閣府男女共同参画局『男女共同参画白書（平成 30 年版 ）』 I －3－7 図。

しかし、すでに触れたように、女性の就労拡大は非正規雇用の拡大と軌を一にしていました。非正規雇用の拡大は女性に限った問題ではありませんが、男性ではおもに高齢層と若年層の現象であるのに対し、女性は全年齢層が直面しています（図11－5）。

「家族の戦後体制」の時代には、未婚のときは正社員として働き、結婚や出産を機に非正規になるのが女性の典型的なライフコースとされ、女性に非正規が多いのは家庭責任があるからだと説明されました。しかし今や未婚であっても女性は非正規という、性別のみによる剥き出しの差別が復活しまし

図 11－4　女性が職業をもつことについての考え方

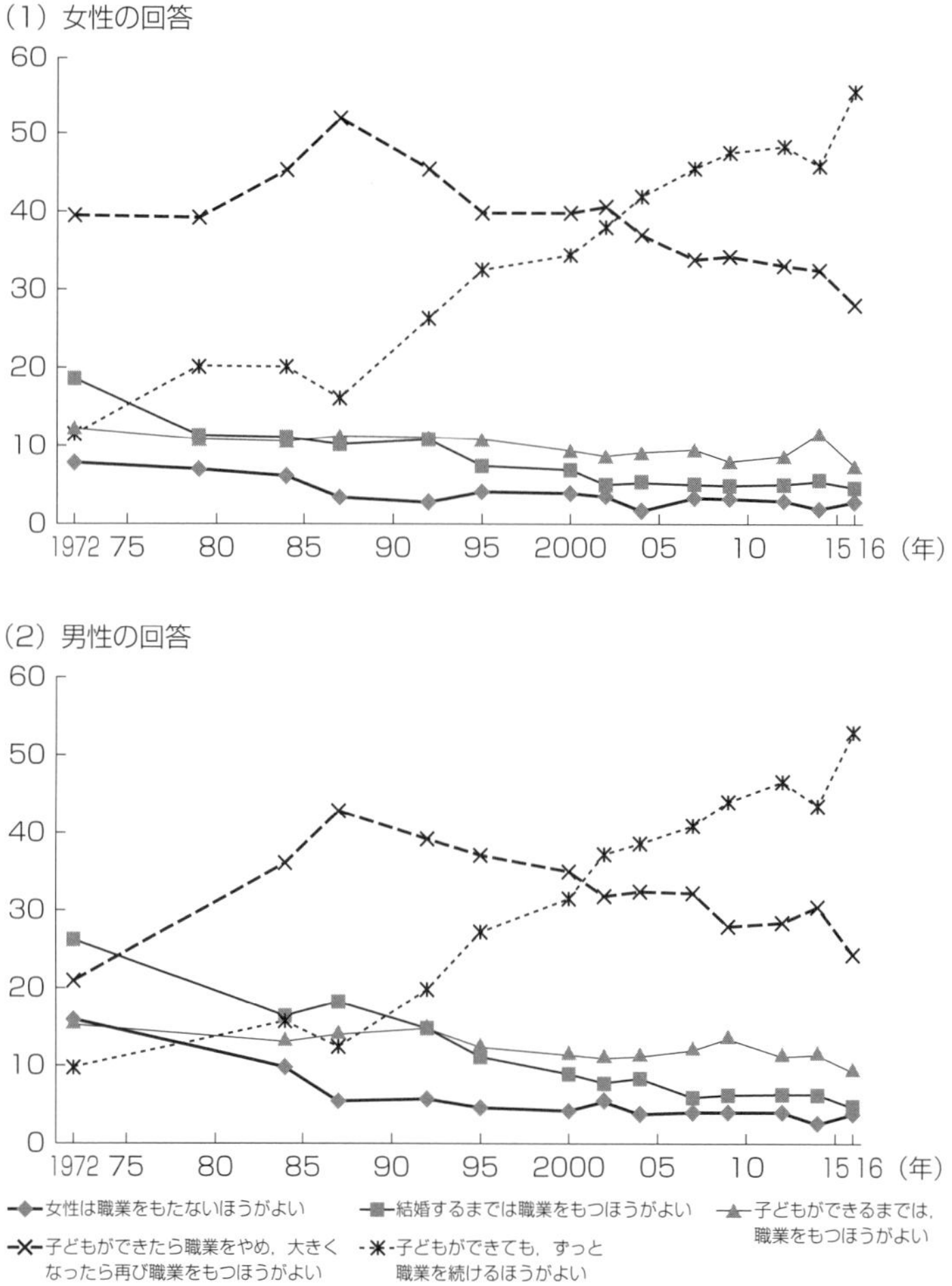

（資料）「男女共同参画社会に関する世論調査」(2000，2002，2004，2007，2009，2012，2014，2016 年)，「男女平等に関する世論調査」(1992，1995 年)，「女性に関する世論調査」(1987 年)，「婦人に関する世論調査」(1972，1979，1984 年)。

図 11－5　年齢別労働力率の就業形態別内訳（女性と男性）2013 年

（1）女　性

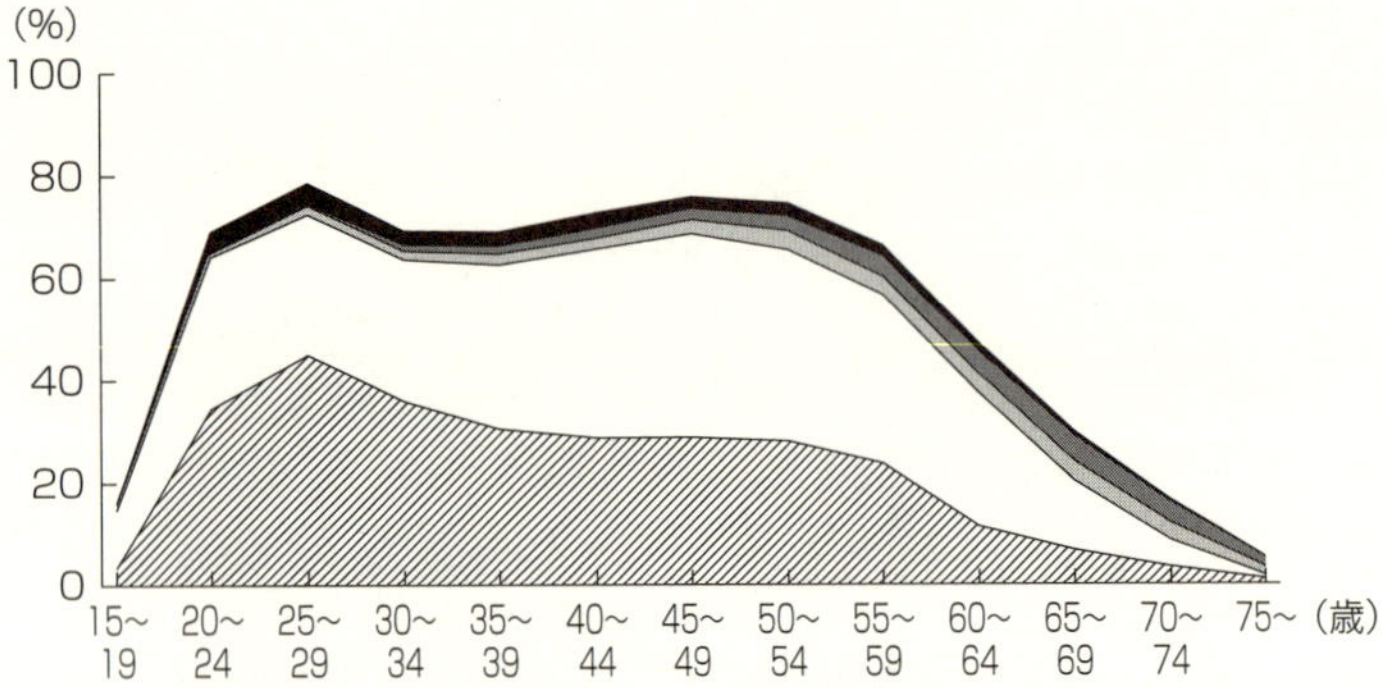

15 歳以上人口：5,738 万人　　労働力人口：2,804 万人

■ 完全失業者：103 万人　　■ 家族従業者：142 万人
■ 自営業主：139 万人　　□ 非正規雇用者：1,296 万人
▨ 正規雇用者：1,110 万人

（2）男　性

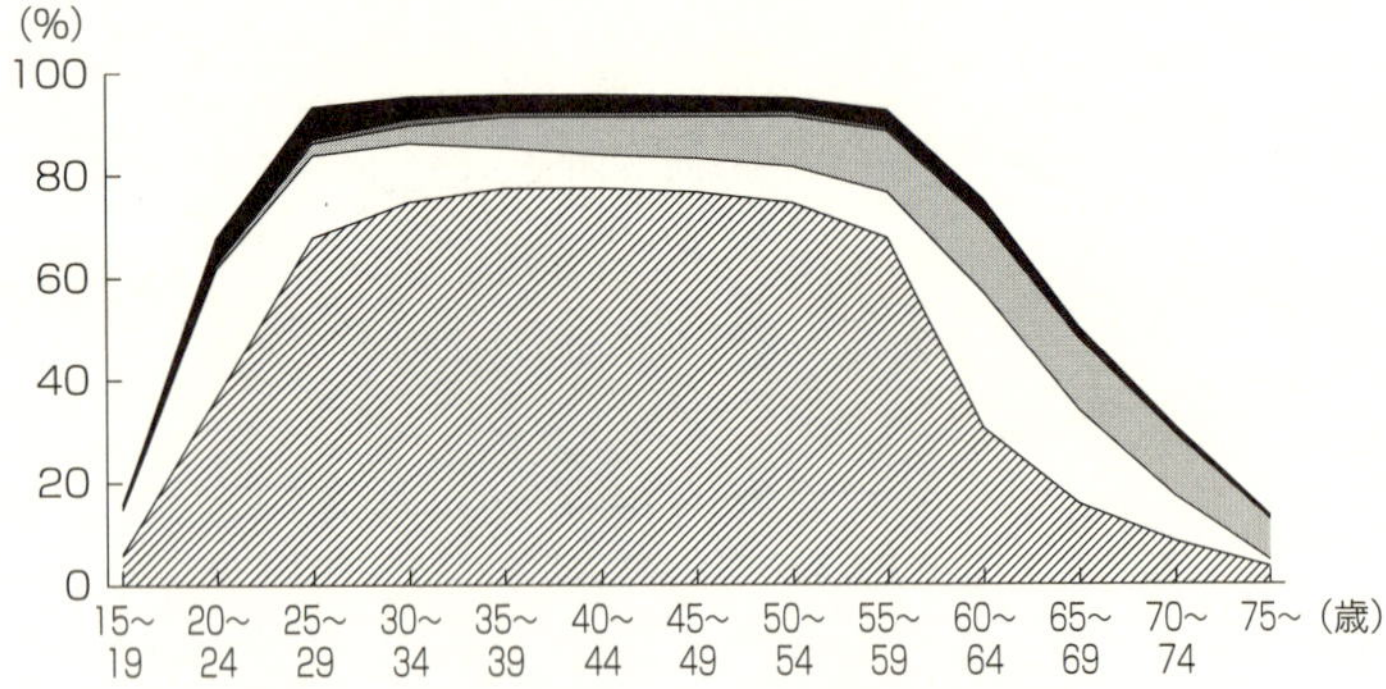

15 歳以上人口：5,349 万人　　労働力人口：3,773 万人

■ 完全失業者：162 万人　　■ 家族従業者：32 万人
■ 自営業主：415 万人　　□ 非正規雇用者：610 万人
▨ 正規雇用者：2,536 万人

（資料）『男女共同参画白書（平成 26 年版）』 I -特-17 図,「労働力調査（基本集計）」（平成 25 年）による。

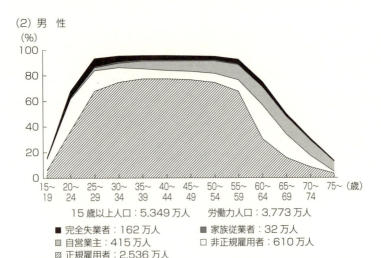

た。かつては正社員のＯＬが担っていた補助業務が「派遣」などのかたちで外部化されただけで、差別は常にあったとも言えますが、正社員なら当たり前の雇用の継続や労働者としての権利を非正規労働者は大幅に制限されています。たとえば女性の就業継続のために重要な育児休業制度は、次年度の雇用が定まっていない非正規労働者はほとんど適用外になってしまうため、大きな問題になっています。図11-3の「出産退職」に分類された人たちの中には、こうしたケースがかなり含まれていると推測されます。また、単身者、ひとり親などとして世帯の主たる稼得者の役割を担っている女性にも、非正規雇用は少なくありません。女性は家計補助者だから非正規でよいという暗黙の想定が、それが当てはまらない時代になったのに、ゾンビのように徘徊しているようです。「家族の戦後体制」の外に歩み出した女性たちに社会環境は温かくありません。

そのせいでしょうか。メディアの中の主婦の描かれかたが、二〇〇〇年代以降に変化しました。戦後日本の女性雑誌の中の女性像と男性像を調べた研究で、一九五五年ころに「素敵な奥様」という固定的な女性像が成立したことを発見したことはプロローグで触れました。その後、主婦像は一九八〇年代から主婦雑誌からも姿を消しました。憧れの女性像ではなくなったのでしょう。しかし、二〇〇〇年前後から、広告やドラマに肯定的なイメージの主婦像が再び登場するようになりました。わたしが最初に気づいたのは、「私たち、主婦で、ママで、女です」というキャッチコピーの二〇〇九年のトヨタ・パッソセッテの広告でした。二〇一三年に上戸彩が演じた「半沢直樹」の妻も思い出してください。非正規として、あるいは正社員としてでも、働くことがストレスフルな世の中なので主婦の姿がうらやましく思える。しかし直樹のような男性は減っているので、現実的な選択でないこともわかっている。図11－4で見た意識調査で二〇一二年に逆転が起きて、若い女性の専業主婦願望が高まっていると話題になりましたが、景気回復とともに意識も継続就労志向に戻ったのは、こうした複雑な事情ゆえではないでしょうか。

◇再生産平等主義の崩壊

次に人口学的指標に目を移してみましょう。第3章の「二人っ子革命」では、「家族の戦後体制」のもとでは出生率が合計特殊出生率二・〇あたりで安定し、誰もが結婚して二、三人の子どもをもつ再生産平等主義の社会が実現されたことを見ました。その後はどうなったでしょうか。

ジェンダー関係と異なり、人口学的指標を見るかぎり、「家族の戦後体制」を揺るがす変化は一九七〇年代後半から明らかとなりました。出生率の低下、離婚率の上昇、初婚年齢の上昇などです。世界的には「第二次人口転換」と呼ばれる変化と重なります。いえ、実はよく見ると世界のトレンドと日本の動きは重なる部分とそうでない部分があるのですが、それについては章の後半で再論することにしましょう。

この四半世紀の日本の変化でもっともはっきりしているのは、「再生産平等主義」の崩壊です。表3－1にあるように、子どもを産まなかった既婚女性の割合は、戦前からほぼ低下の一途をたどってきましたが、一九五〇年代生まれ以降、再び上昇しています。一九七〇年代後半から八〇年代に出産

図11‐6　50歳時の未婚割合（生涯独身率）の上昇

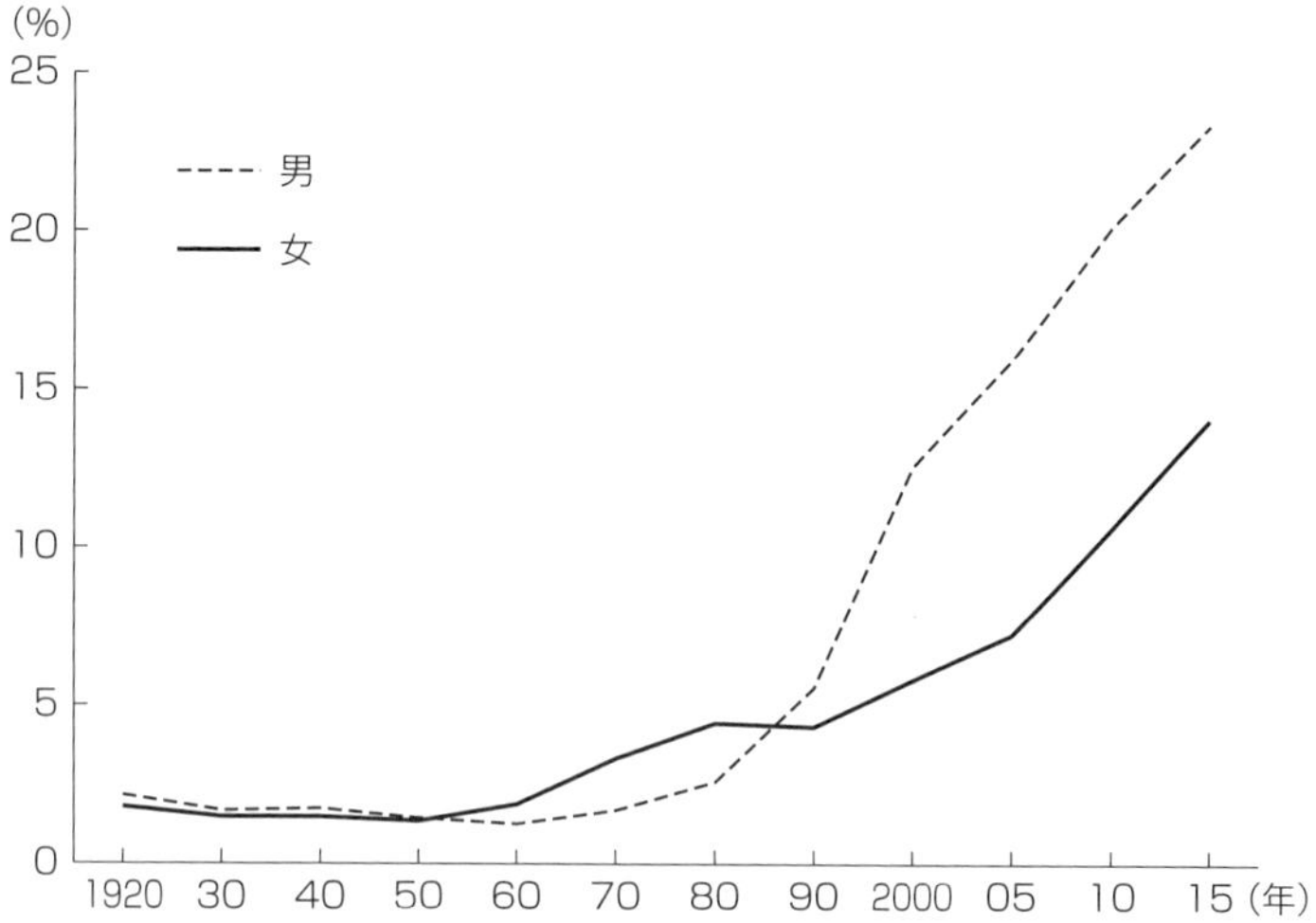

（資料）　国立社会保障・人口問題研究所「人口統計資料集」2018年。総務省統計局「国勢調査報告」。

していた世代です。一九六五～七〇年生まれでは一〇パーセント近くが無子で、一九世紀末の明治時代のような数値に戻ってしまいました。これは既婚女性についての無子割合ですので、結婚しない人も含めたすべての女性のうち生涯に一度も子どもを産まない女性の割合はさらに高く、一九五五年生まれの一二・六パーセントから、「団塊ジュニア」の一九七〇年生まれでは二八・二パーセントに上昇すると推定されています。[*4]三～四人に一人の女性は子どもを産まないということです。

結婚についても、「生涯独身」と言われる五〇歳まで結婚しない割合が一九九〇年代以降急上昇し、二〇一五年には男性の二三・四パーセント、女性の一四・一パーセントが「生涯独身」[*5]という社会になりました（図11‐6）。誰もが結婚して子どもをもつ社会は完全に消え去りました。

結婚したり子どもをもったりという人生の基本も平等に実現できないなんて、とんでもない社会になった、と嘆いている方もいるかもしれませんが、それはちょっと待ってください。わたしは歴史人口学という研究もしてきたので、江戸時代の日本やそのころのヨーロッパや中国に生きた人たちのことを多少は知っています。江戸時代の農村では東北でも濃尾でも豊かな階層ほど子どもの数が多く、下層の家は跡取りを残せずに絶家したり上層の家の子を養子にもらったりしていました。また日本は伝統的に皆婚社会だったと信じられてきましたが実際にはそうではなく、江戸時代の西南地域のある村では女性の二一パーセント、男性の一二パーセントが生涯独身だったという研究結果もあります。[*6]近世ヨーロッパでは男女の一割が生涯独身だったことは第3章でも書きました。女児の間引きをしていた清朝時代の中国では三〇代男性の二〇パーセントは未婚であり、一〇パーセントは生涯独身であったようです。[*7]人類史の中では、誰もが結婚して同じような数の子どもをもつ、再生産について皆が平等だった社会のほうがおそらく例外的でした。

それでは現代社会は画一的な生きかたを強制されない人生選択の自由度の増した社会なのでしょうか。この楽観的な見かたにも全面的に賛同することはできません。独身で生きる人生、子どもをもたない人生には、ポジティブもネガティブも含め、各人各様の理由があります。自分で好ましいと思える人生を選べたのかどうかを評価のポイントとするなら、二〇一五年に「生涯独身」と判定される年齢に達した五〇歳の人たちが、若いころどのような人生展望をもっていたかを伺わせる調査結果があります。彼らが調査対象世代だった一九九二年の独身者調査では、一八歳から三四歳の独身者のうち「一生結婚するつもりはない」と答えた人は男女それぞれ四・九パーセント、五・二パーセントでした。[*8]結婚への志向は年齢とともに変化するとはいえ、彼らの世代の現実の生涯独身率とは数倍の開きがあります。結婚する気はあったのに結果としてしなかった人が多いことが推察されます。一九九〇年代以降の経済状況がそのひとつの原因でしょう。意思があるのに結婚できない理由を尋ねると、「適当な相手にめぐり会わない」に次いで「結婚資金が足りない」があがり、その割合は上昇傾向にあります。[*9]二〇一五年の独身者調査では「一生結婚するつもりはない」割合は増加したとはいえ、男性の一二パーセント、女性の八パーセントです。[*10]「家族の戦後体制」の終焉と多様性の拡大は、本意でない人生も生んでしまったようです。結婚ばかりでなく、子どもをもつこと、仕事をもつこと、そのほかのさまざまな選択肢も含め、多くの人が自分で好ましいと思える人生を選べる社会を実現するにはどうしたらよいのでしょうか。

◆「家」の終焉

第4章「核家族化の真相」では、人口学的世代に注目することから、「家族の戦後体制」を特徴づける二つのことを説明しました。家制度と両立する核家族化と、きょうだいネットワークの強さです。「家族の戦後体制」の時代に社会の中心を担っていた人口学的移行期世代（一九二五～五〇年生まれ）、いわゆる昭和ヒトケタから団塊の世代までの人たちは、二〇一五年までにすべて高齢者となりました。

図 11－7　類型別世帯割合の推移

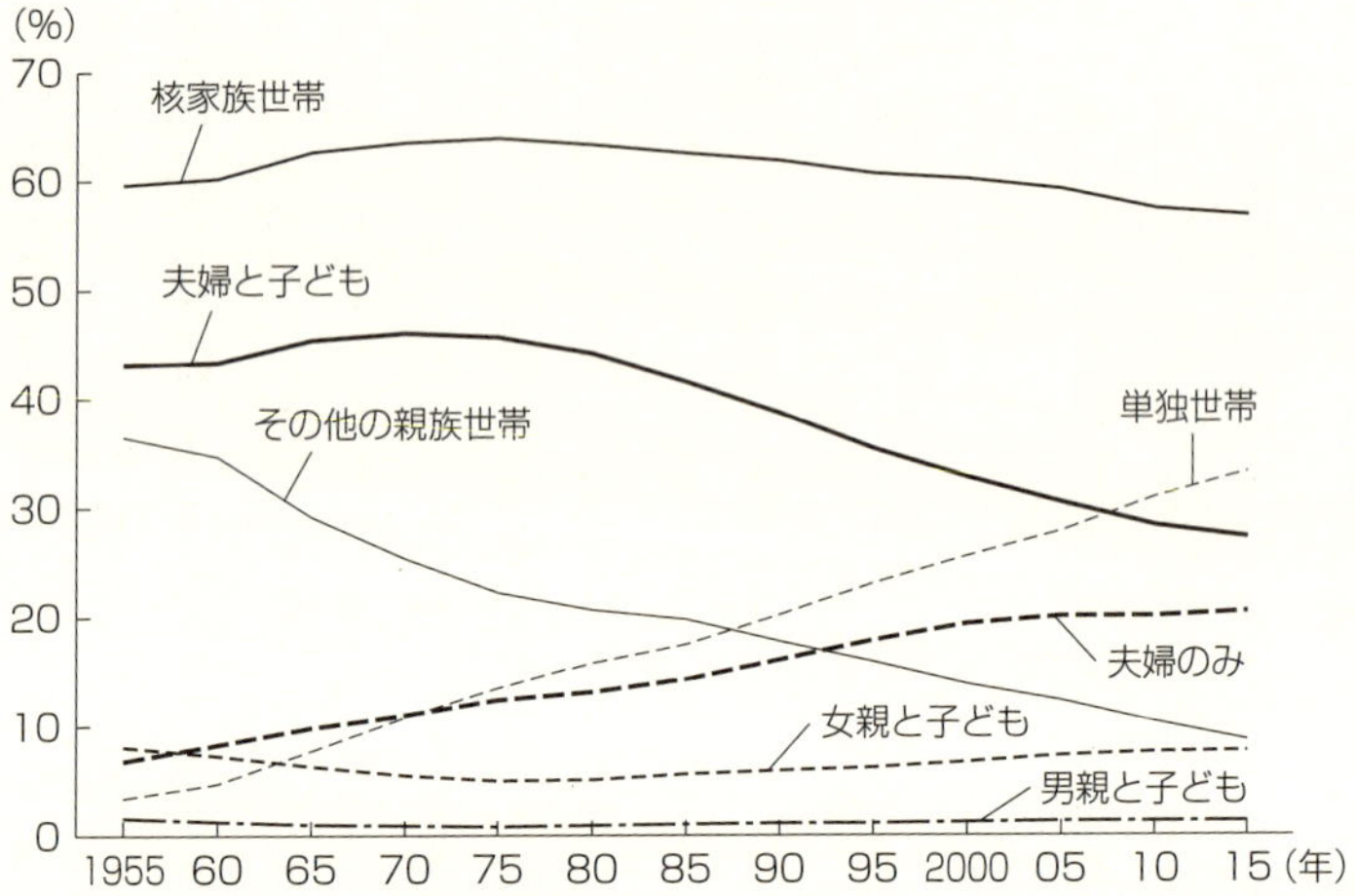

（資料）　総務省統計局「国勢調査報告」。
（出所）　国立社会保障・人口問題研究所「人口統計資料集」2018 年，「国勢調査報告」1965 年。

さまざまな意味で〝お得〟だった人口学的移行期世代が中心から去ることで、日本の家族や社会はどのように変容したでしょうか。

まずは世帯構造の変化を見てみましょう。第4章を思い出してください。実数で見ると（主に拡大家族である）「その他の親族世帯」数はほとんど変化していないというのが、「家制度と両立する核家族化」説の根拠でした（図4－2）。二〇〇〇年の「その他の親族世帯」数は一九五五年とほとんど同じです。しかし、二一世紀に入ってから、明らかな減少が始まりました。弟妹を都会に送り出して実家の家を守ってくれた「田舎のお兄さん」はもういないのです。二〇一五年には「その他の親族世帯」数は「女親と子ども」と「男親と子ども」の合計とほとんど同じになってしまいました（図11－7）。かつての日本家族の典型だった「家」型の世帯が、例外的とされたひとり親世帯と今や同数なのです。核家族世帯（「夫婦と子ども」「女親と子ども」「男親と子ども」「夫婦のみ」）は今も多数派ではありますが、その割合は一九七五年をピークに低下しており、いわゆる「核家族化」が始まった高度経済成長初期よりもすでに低くなりました（図4－1も参照）。「核家族」の中でも「夫婦と子ども」からなる〝家族らしい家族〟の減少は著しく、二〇一五年には全世帯の二七パーセントでしかなく、三三パーセントのひとり暮らし世帯（単独世帯）に抜かれてしまいました（図11－7）。かたちを見る限り、日本の家族はすっかり変わりました。「家」は維持できず、核家族化は反転し、しかも核家族の内実も変わりました。

しかし、第二次世界大戦後の日本で大きな論争の的となった核家族化説は、単なる形態の変化を問題にしたのではありませんでした。直系家族制から夫婦家族（核家族）制への変化という、世帯形成規範の変化が見られるのかどうかが理論的焦点でした。一人の子どもは結婚後も親と同居し続けるというのが直系家族制規範です。第三版への序文で触れたように、廣嶋清志らの研究により、子どもの結婚時に子どもと同居した親の割合は高度経済成長期から低下したことがわかりましたが、途中同居型に変容した可能性もあり、結論は持ち越されていました。

そこでここでは国立社会保障・人口問題研究所が実施してきた「世帯動態調査」を用いて、年齢別の子どもとの同居割合の変化を検討してみましょう。図11－8は一八歳以上の子どもがいる人のうち同居子のいる人の割合を示したものです。規範の強さを見るために子どものいない人は除外してあるので、全体の同居割合はこれよりも低くなります。このように子どものいる人に限ってみても、一人

図 11－8　18 歳以上の同居子のいる割合

(1) 女　性

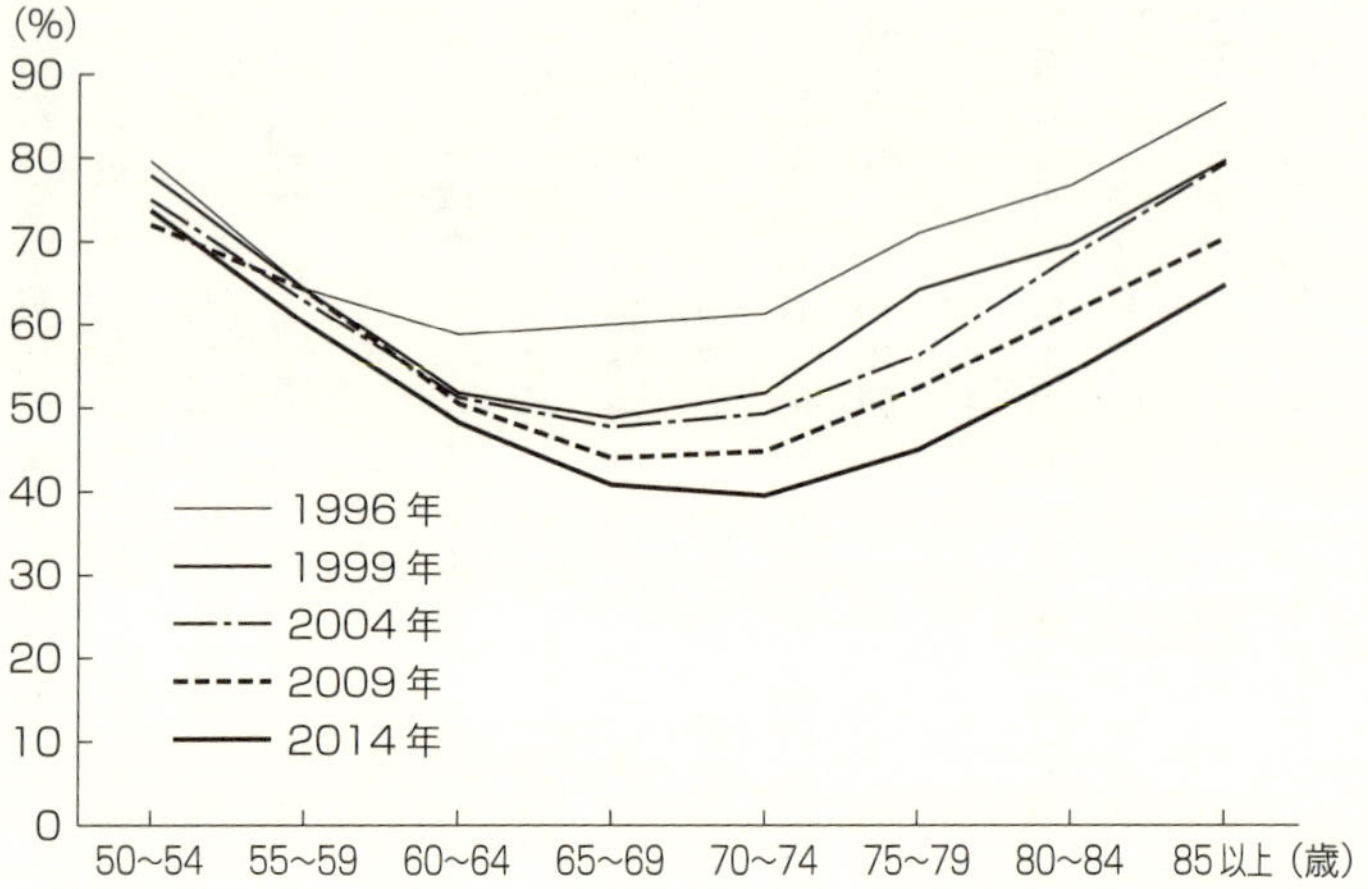

(2) 男　性

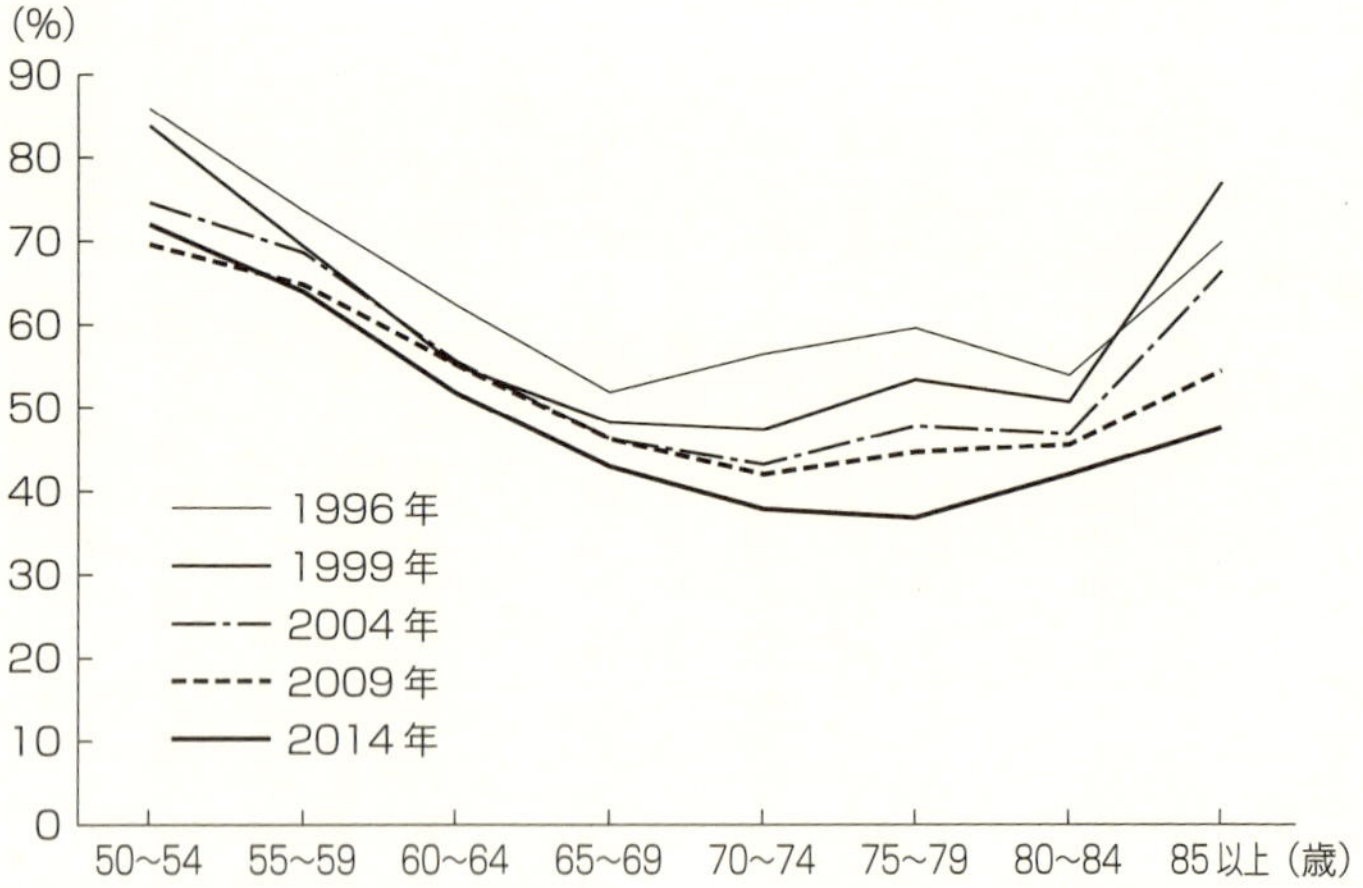

（資料）　国立社会保障・人口問題研究所「世帯動態調査」1996 年，1999 年，2004 年，2009 年，2014 年の各年による。

の子どもは親と同居し続けるという厳密な直系家族制規範は実行されていません。それどころか父親が六〇代まで子どもの離家が続いており、同居割合は近年ほど低下し、かつボトムはより高齢に移動しています。同居割合が再び上昇するのは父親が八〇代以上という超高齢になってからで、身体的な衰えが出ないと途中同居もしないということのようです。母親の側から見ると再上昇のタイミングはもっと早いので、配偶者との死別が同居のもうひとつのきっかけと推察されます。老化や配偶者との死別による子どもとの同居はヨーロッパの核家族社会でも見られるパターンでしたから、[*11]これはもはや直系家族制規範による途中同居とは言えないのではないでしょうか。一九六〇年代に流行語となった「核家族化」がついに現実となったようです。歌舞伎役者や政治家など特定のグループを除き、「家」の終焉を宣言すべきときかもしれません。

このように言うと、反論が予想されます。欧米諸国と比べれば日本の高齢者の子どもとの同居率は依然として高い、「家」の文化伝統は今も日本社会の特性をかたちづくっているのではないかと。六〇歳以上の男女を対象とした「平成二七年度 第八回 高齢者の生活と意識に関する国際比較調査」（内閣府）によると、子どもと同居している割合は、日本の四〇・三パーセントに対してアメリカ一七・八パーセント、ドイツ六・六パーセント、スウェーデン二・九パーセントと大きく差がついています。しかし図9-1で見たように、一九五〇〜六〇年代には欧米諸国でも四〇パーセントは珍しくありませんでした。当時の欧米諸国では夫婦家族（核家族）制規範が優勢でしたから、二一世紀の日本も核家族社会になったうえで一定程度の親子同居（特に配偶者と死別した親との）を実現していると考えても

図 11－9　高齢者の世帯形態

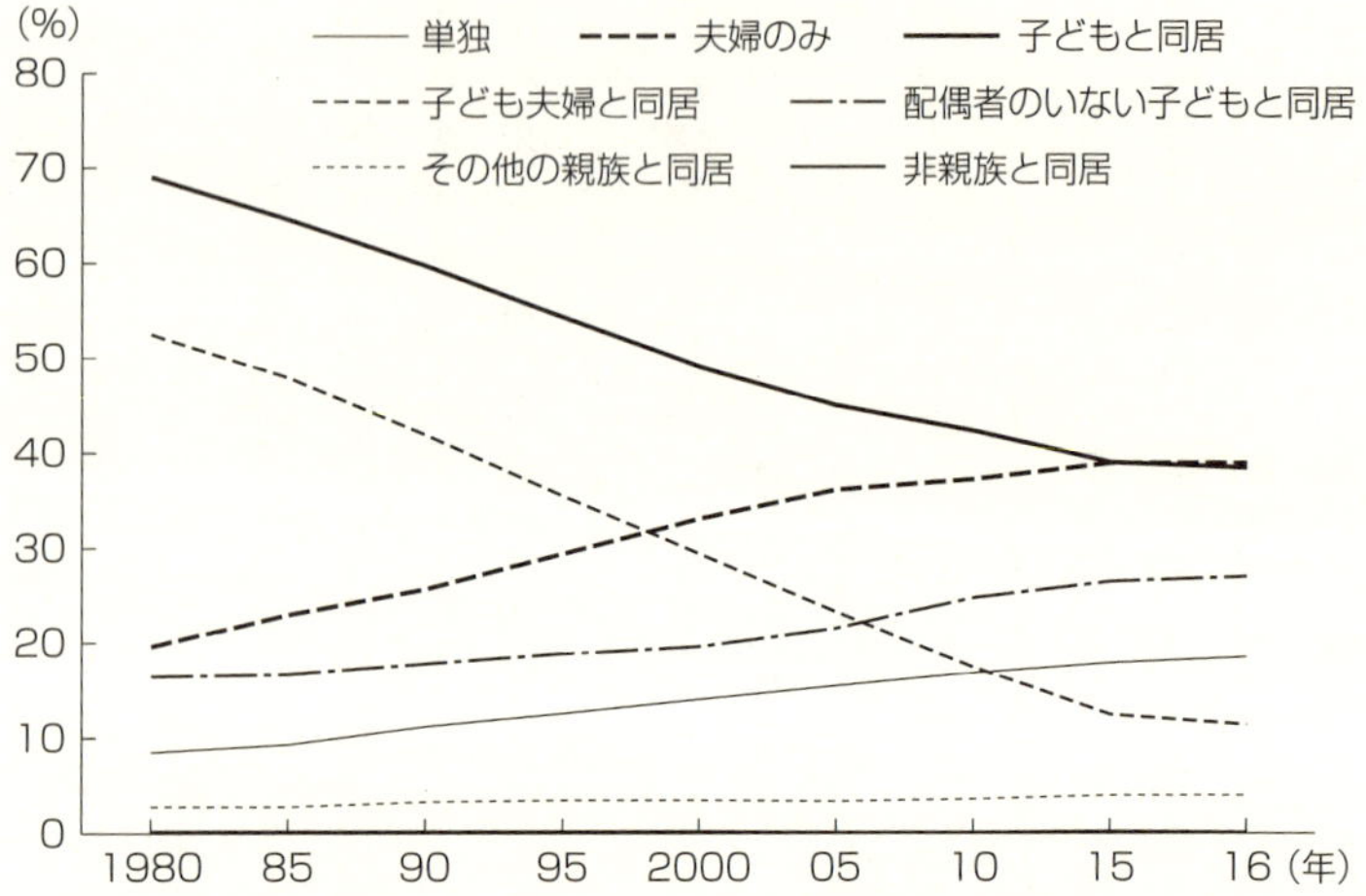

（資料）　国立社会保障・人口問題研究所「人口統計資料集」2018 年。厚生労働省政策統括官（統計・情報政策担当）「厚生行政基礎調査報告」および「国民生活基礎調査」による。

おかしくありません。

　同居の内実にも目を向けないとなりません。子どもとの同居が減ったばかりでなく、子ども夫婦よりも未婚子との同居のほうが多数派になったのは大きな変化です（図11－9）。未婚子が親元に残って高齢になった親の面倒を見るというのは、核家族社会での典型的な高齢期親子同居のパターンです。近代初期のヨーロッパでは末子、とりわけ末娘がこの役回りになりがちでした。この役に当たると自分が婚期を逃したり子どもをもてずに老後に困ったりしますから、きょうだい間で先を争って離家してこの役を押し付け合っていたようです。現代の日本では、未婚子との同居というと、パラサイトシングル型の子どもが親に依存する同居を想像しがちですが、現実には未婚の同居子（男女とも）は既婚の別居子よりも経済面や相談面で親を援助しているという調査結果があります[*12]。また、低所得の親子が相互依存するタイプの同居が増加しているという研究もあります[*13]。未婚同居子は、「親が暮らしていけなくなったら子は親と同居すべき」「親が寝たきりになったら子どもが介護するのは当然」とする強い家族主義的な介護観をもっていると稲葉昭英は指摘しています[*14]。「家」が終焉し、核家族制規範が優位となったにもかかわらず、従来の家族主義的相互扶助規範に忠実であろうとする未婚子たちが、結果として新たな家族のパターンを作り出しているのでしょうか。あるいはさまざまな事情で親と同居しているという現実を、「伝統」規範をもちだして自分にも他人にも納得させようとしているのでしょうか。規範と現実との関係は、さらなる検討を必要としています[*15]。

◆深刻化する孤立育児

少し視野を広げれば、同居しなくても、近居や別居の親子や親族間で、さまざまな相互援助が行われています。ヨーロッパや北米の社会では親子同居率は低くても、別居子と親との関係は日本よりも緊密であることが知られてきました。アジアの社会もそうです（図11－10）。世帯のかたちばかりにこだわらず、世帯をこえた親族ネットワークのはたらきを見ていく必要があるでしょう。親子同居が減った現在の日本ではなおさらに。

人口学的移行期世代が去ったことの影響は、親族ネットワークにも影響を与えています。「子から親へ」の援助では「夫婦の個人化」、すなわち夫婦のそれぞれが自分の親に多く援助する傾向が見ら

図 11－10　高齢者の別居子との交流頻度（週 1 回以上会ったり連絡をとったりする 60 歳以上男女の割合）

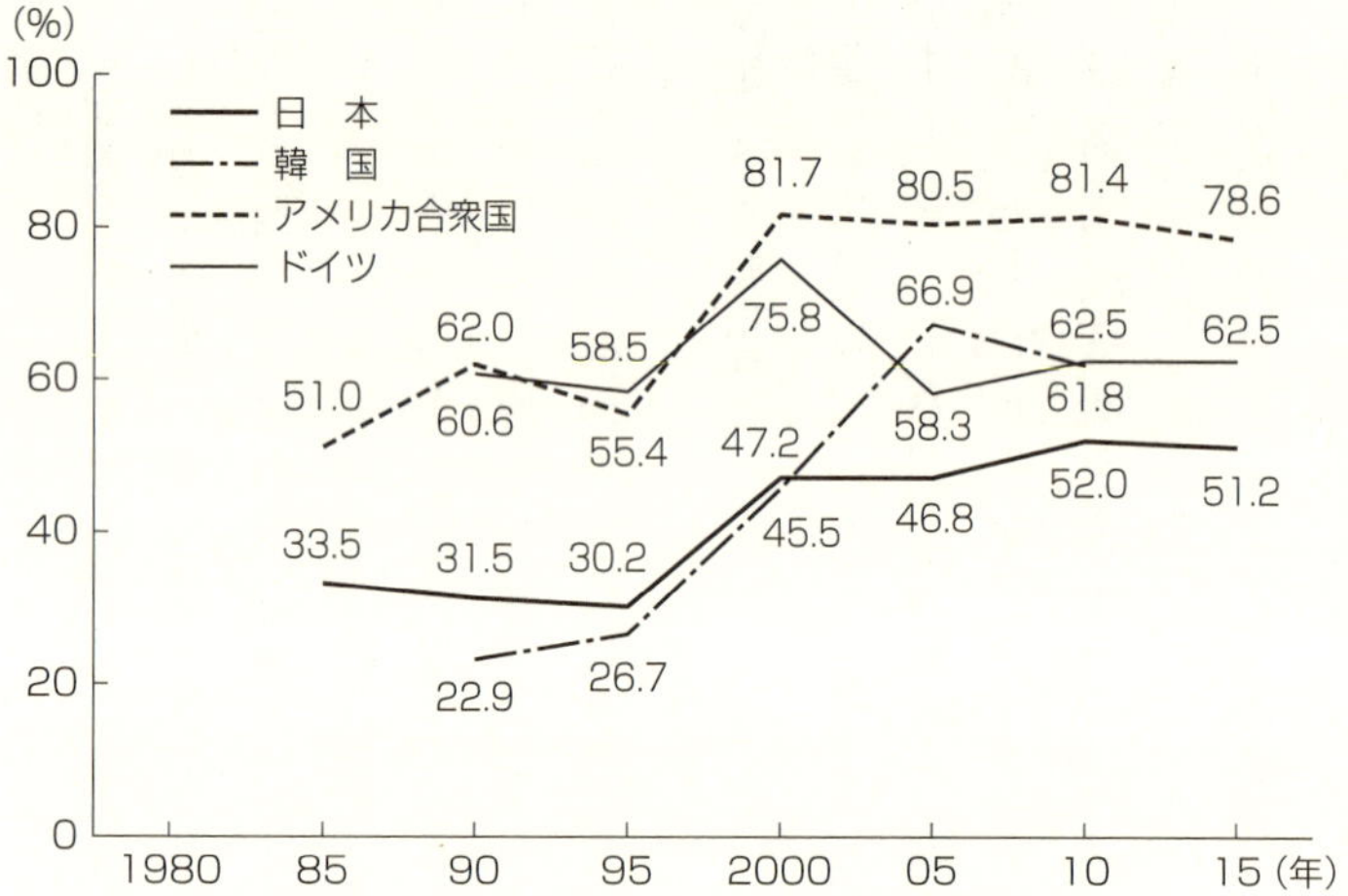

（資料）　内閣府「高齢者の生活と意識に関する国際比較調査」2015 年。

れると大和礼子は指摘しています。本書で「双系化」と呼んだ現象がデータの正確な分析によって確認されました。女性の脱主婦化にともなう経済力上昇もこの傾向を強めています。また、女性は両方の親に同じように援助をして親族関係維持役割を果たしている人も多いことがわかりました。[*16] 女性たちは規範どおり父系を立てながら、自分の親にも気を配って頑張っているようです。

しかし、人口学的世代交代にともない、親族ネットワークの全般的な縮小が起こるのは本書で指摘したとおりです。きょうだい数の減少した人口学的第三世代が親になった一九八〇年代、縮小した親族ネットワークを補うように近隣の子育てネットワークが活性化されたのも見ました。比喩的に言えば「育児ネットワーク一定の法則」というようなものが成り立つかもしれないと、そのころのわたしは漠然と考えていました。しかしその後、第三版への序文に書いたように、近隣ネットワークをつくるストレスが問題となりました。

四半世紀を経て振り返れば、「育児ネットワーク一定の法則」は成り立ちませんでした。一九八〇年代に比べて、二〇〇〇年代には孤立育児と育児不安がさらに進んだという研究があります。一九八〇年と二〇〇三〜〇四年という二〇年あまりの時をおいて、乳幼児の親を対象に比較可能な質問紙による調査を実施した原田正文によれば、「近所でふだん世間話をしたり、赤ちゃんの話をしたりする人」が一人もいない母親の割合は四カ月健診の段階では一六パーセントから三二パーセントに倍増、「育児のことで今まで心配なこと」が「しょっちゅうあった」母親の割合は四カ月健診の段階では一一パーセントから一四パーセントに、三歳半では七パーセントから一四パーセントに増加しました。他方、「育児の手伝いをしてくれる方」がいると答えた割合も、年齢にかかわらず約六〇パーセントから約九〇パーセントに大幅に増加しました。具体的には父親（つまり夫）と母方祖父母が倍以上手伝ってくれるようになりました。[*17] 親族ネットワークから近隣ネットワークへの転換は芳しくなく、少なくなった家族・親族を総動員している様子が浮かびあがってきます。同居慣行が変化したにもかかわらず家族主義的な老親援助を頑張る同居未婚子たちと、どこか通じるところがありませんか。

12

20 世紀システムを超えて

◇二〇世紀システムの転換と日本

前章では本書の三つの柱に沿って、「家族の戦後体制」のその後を見てきました。一九九〇年代までの変化は比較的緩やかだったが、その後は加速し、女性は脱主婦化し、再生産平等主義は崩壊し、人口学的世代交代によって「家」は終焉したということでした。劇的な変化が起きて「家族の戦後体制」は跡形もないとすら思えます。しかし他方で日本社会は変わらないという実感を多くの人がもち、「保育園落ちた」のような苛立ちを抱えています。このギャップはいったいどこから来るのでしょうか。

この問いに答えるため、一見回り道のようですが「急がば回れ」で、日本社会が直面している状況を、世界的な視野で見直してみましょう。一国内だけを見ていると答えがわからないとき、他の社会の経験と照らし合わせてみると、思わぬところにヒントが見つかることがあります。しかもヨーロッパや北米諸国ばかりでなく、アジアの隣国とも比較してみることが大切です。

「家族の戦後体制」とは「二〇世紀近代家族」の日本における姿だというのが本書の理論的骨格でした。「二〇世紀近代家族」とは大衆のものとなった近代家族であり、その成立はほとんどすべての人が同じような家族をもつことを前提にした社会の成立でもありました。

この考えをさらに進めて、「二〇世紀システム」と呼べるような国家、経済、家族の組み合わさった体制があって、「二〇世紀近代家族」はその一角をなしていたと、その後のわたしは考えています。

わたしの想定する「二〇世紀システム」とは、

(1)　ケインズ型福祉国家

(2)　フォード的生産様式と大量消費社会

(3)　男性稼ぎ主‐女性主婦型の近代家族

からなる社会システムです。二〇世紀の先進諸国に共通して成立しました。急にかたい話になりましたが、少々辛抱しておつきあいください。

これらは別々に語られることが多いですが、それぞれが他を維持するための条件となっているので、セットとして見るべきだろうと考えます。*1 たとえば社会のすべての人が「近代家族」をつくるためには、ケインズ政策とフォード的生産様式に支えられた安定した（男性の）完全雇用と、男性稼ぎ主の退職後の生活を保障する年金制度など、「二〇世紀システム」の経済と国家による支えが必要でした。近年の社会科学では(1)と(2)を一体として考えることはたまにありますが、(3)の家族も含めて三位一体と見なければならないということを強調したいと思います。国民であり生産者であり消費者でもある人間を育て、癒し、社会に送り出す(3)のはたらきが無ければ、社会を維持できないのですから。

「二〇世紀システム」は一九七〇年代に崩壊しました。オイルショックとニクソンショックをきっかけとした欧米先進国の経済の低迷が続き、福祉国家の見直し、ケインズ主義政策から新自由主義政策への転換などが起きて、「二〇世紀システム」の根幹が失われました。その背景には日本を先頭とするアジアの国々の経済的な追い上げという、より深く本質的な原因があったのではないでしょうか。

ここで、日本は他の先進諸国と立ち位置が違ったことに注目してください。日本はまだ追い上げる側でした。一九七〇年代の日本は世界的な不況の影響も受けましたが、ほどなく立ち直り、八〇年代には未曾有の経済的繁栄を誇りました。「ジャパン アズ ナンバーワン」と言われた時代です。日本の経済はまだ若く、欧米先進国を凌ごうという勢いがありました。日本経済が一転して「失われた二〇年」と後に呼ばれた長期の不調に陥るのは九〇年代のことでした。欧米先進国とのこの二〇年のタイムラグが、彼の地での「二〇世紀システム」の崩壊後も日本の「家族の戦後体制」を生き延びさせた根本原因でしょう。しかし九〇年代、とりわけその末に大きな打撃を受けると、さしもの「家族の戦後体制」も劇的な変容を始めました。ざっくりと言えば、日本の九〇年代は欧米諸国の七〇年代に当たると考えられるように思います[*2]。

本書のテーマである(3)を中心に見ても、日本の一九九〇年代は欧米諸国の七〇年代だったと言えそうです。(3)の家族に注目すれば、「二〇世紀システム」は「人口転換」に始まり「第二次人口転換」に終わったと言ってよいでしょう。出生率の人口置換水準までの低下である「二人っ子革命」は（第一次）「人口転換」の一部でした。「産業革命」がモノの生産の近代を生み出したように、「人口転換」は人間の〝生産〟――というより、人が生きるということそのもの――の近代を生み出しました。これに対して「第二次人口転換」は、（第一次）「人口転換」が生み出した「二〇世紀近代家族」の前提条件の多くをくつがえしました。

人口転換は人口構造の高齢化を必然的にもたらします。六五歳以上人口の全人口に対する割合が七

図12－1　高齢化率（65歳以上人口の全人口に対する割合）の上昇

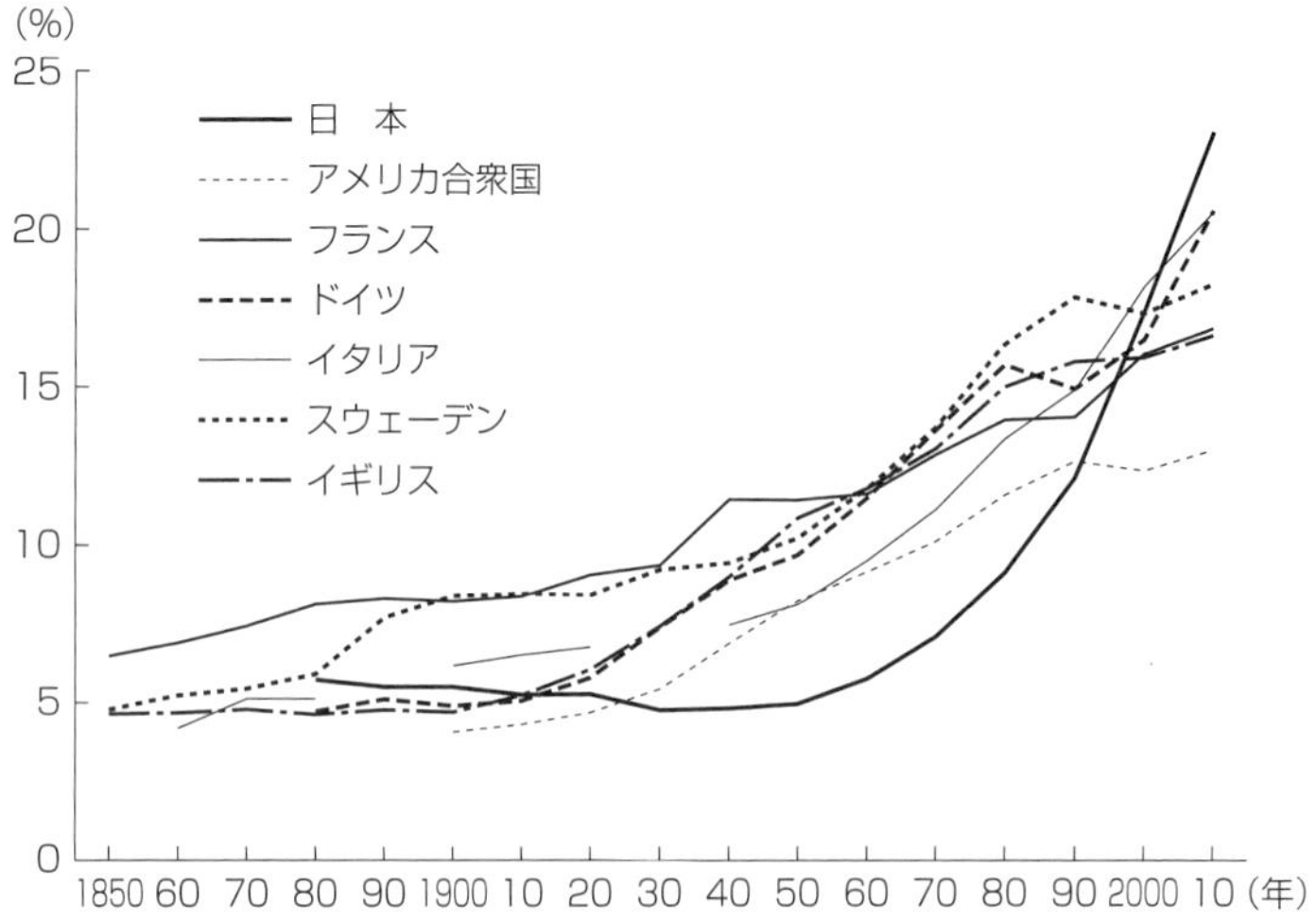

（資料）　国立社会保障・人口問題研究所「人口問題資料集」2018年。

パーセントを超えると「高齢化社会」、一四パーセントを超えると「高齢社会」と呼びますが、ヨーロッパの多くの国々が「高齢社会」の段階に達したのが一九七〇年代だったのに対し、[*3]同時期の日本は人口学的にまだ相当に若い社会でした。高齢化は経済成長も鈍化させますから、一九七〇～八〇年代の日本は自分だけがハンディなしの競争をしていたようなものです。しかし九〇年代になると日本でもロケットに乗ったようなスピードで高齢化が進み、あっというまに世界一の高齢社会になってしまいました（図12－1）。高齢社会の到来という意味でも、日本の九〇年代はヨーロッパの七〇年代だったのです。

人口と経済は大きく見れば相互に関連しています。（第一次）「人口転換」の結果である人口高齢化が経済成長の鈍化をもたらし、経済不況が「第二次人口転換」を進行させ、それによって人口高齢化が加速するというように。国家、経済、家族の特定のかたちでの組み合わせにより、人口と経済のある種のバランスが作られていた「二〇世紀システム」が揺らぎだしました。それが多くの先進国では一九七〇年代に起こり、日本では九〇年代に起きたという見取り図を描いておきましょう。

◇制度改革とその効果

二〇世紀に「先進国」だった国々は、その世紀の終盤から、「二〇世紀システム」からの転換という課題に直面してきました。ではこれらの社会はどのようにこの課題に立ち向かってきたのでしょうか。本書のテーマである人口学的変化とジェンダーの変化に特に注目しながら、世界のいくつかの地域を見ていきましょう。

二〇世紀の「先進国」の多くを擁する欧米地域では、第10章で紹介したように、一九六〇年代末から「第二次人口転換」が始まりました。出生率の人口置換水準以下への低下、婚姻年齢の上昇（晩婚化）、生涯独身率の上昇、離婚率の上昇、同棲の増加、婚外子出生率の上昇などの一連の変化からなる転換でした。第10章で紹介したように、レスターゲは個人主義の伸長という価値的要因がその原因であると考えました。一九六〇年代末から七〇年代の若者の運動が生み出した新しい価値観や性革命が、消費主義とあいまって、子どもをもつよりカップルの生活を大切にしたいとか、家族のために我慢しないといった生きかたを広めたというのです。他方、経済的問題が晩婚化・未婚化や離婚率上昇の背後にあると考える人たちもいました。

価値か経済か――この問いに答えるヒントになりそうな研究結果があります[*4]。一九九〇年代までのヨーロッパで起きた離婚の増加は、最初は高学歴層が牽引したが、次第に低学歴層のほうで目立つようになったというのです。また福祉国家の支出の多い国では低学歴層の離婚が抑制されることから、この層の離婚は経済的な理由によるところが大きいことがうかがわれます。離婚増加の引き金を引いたのは新しい価値観をもった高学歴層だったが、不況が深刻化するにつれ経済的要因による離婚が増えていったと推定できるでしょう。

まず価値観の変化、それから経済問題の発生。この順序が絶妙だったとわたしは秘かに思っています。一九七〇年代にヨーロッパが長期の不況に陥り、経済的理由により「二〇世紀システム」の理想どおりの家族を作れない人たちが生じたとき、すでに「二〇世紀システム」を相対化する理念が生まれていたのは幸いでした。マックス・ウェーバーが言うように、社会の変化の動因は経済であっても、変化の方向を決める転轍手の役割を果たすのは理念ですから。一九七〇年代初めの学生運動世代は、不況期のヨーロッパで国や地方の行政、企業や社会運動の担い手となり、政治の世界にも入っていきました。緑の党が有名な例ですね。政治の側がこの世代を積極的に登用しようとする動きもありました。家族の有無や結婚しているかどうかにより法的扱いが変わらないようにする「ライフスタイル中立性」、そのための「個人を単位とする社会」をめざした制度改革が進みました。また、すべての政策にジェンダーの視点を組み込む「ジェンダー主流化」(gender mainstreaming)が、制度改革の理念として国際的に共有されるようになりました。一九七五年の「国際女性年」およびそれに続く「国連女性の一〇年」、九五年の北京会議（第四回世界女性会議）と、ジェンダー平等を促進した国際機関のイニシアティブも大きい力をもちました。各国政府のみならず非政府機関や民間部門にも影響を与えました。

ではこうした制度改革はどのような結果をもたらしたでしょうか。しばしば参照されるのが本書第三版への序文でも紹介した女性の就労と出生率との関係の変化です。ＯＥＣＤ諸国における特殊合計出生率（ＴＦＲ）と女性の労働力率との関係は、一九八〇年以前は一方が高いほど他方は低くなる逆相関の関係にありましたが、九〇年代以降はこの関係が逆転したことが知られています。逆転とまで言えるかという議論もありますが、女性の就労が出生率を低下させる度合いが弱まったことは確かです（図12-2）。保育所の利用や育児休業とその所得保障の充実、およびフレックスタイム勤務や質のよいパートタイム就業の普及といった就労環境の改善など、仕事と家庭を両立しやすくする制度が整った結果です。特に後者の就労環境改善の効果が大きいと山口一男は分析しています。[*5] 国別の変化を見ると、アメリカやスウェーデンは一九八〇年、フランスは一九九〇年、イギリス、イタリア、日本は二〇〇〇年を底に、出生率の低下傾向が上昇へと転じ、女性の労働力率もほぼ一貫して高まっています。たしかに制度的対応の早かった国で出生率の回復も早かったようです。しかしドイツの出生率は横這い、韓国ではさらなる低下が続いており、どちらの国も明確な政策的対応をしたにもかかわらず、出生率においては効果が出ていません。また早い時点でどちらの指標も上昇したスウェーデンは、

図12－2　OECD諸国における合計特殊出生率（TFR）と女性労働力率

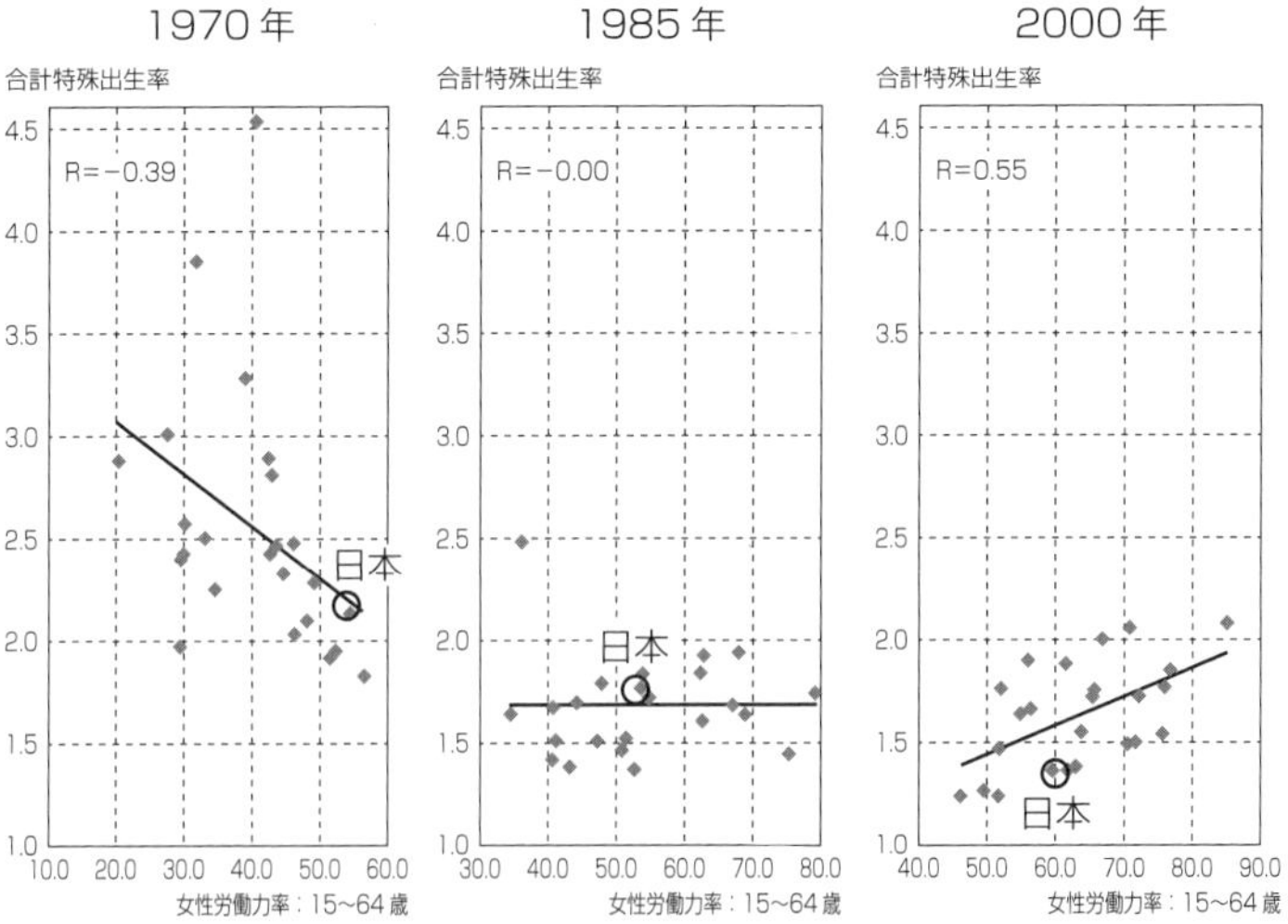

（出所）　内閣府男女共同参画会議「少子化と男女共同参画に関する専門調査会」,「少子化と男女共同参画に関する社会環境の国際比較報告書」（平成17年）。

出生率も労働力率もその後いったん低下してまた回復しており、単純な一方向的変化をするとは言えないようです（図12－3）。

◇家族からの逃走

では、欧米圏以外の地域では何が起こっているでしょうか。「第二次人口転換」はどこまで普遍的な現象かを問う中で、東アジアの「第二次人口転換」の特徴が注目を集めています。ヨーロッパや北米よりも低い水準までの極端な出生率低下、晩婚化・生涯独身率上昇・離婚増加など婚姻に関する変化の一部は起きているけれど、同棲と婚外子出生だけは増えないのです。*6

なぜ東アジア諸国はこうした共通性をもつのでしょうか。韓国の社会学者チャン・キョンスプ（Chang Kyung-Sup 張《チャン》慶《キョン》燮《スプ》）の「リス

図 12 - 3　合計特殊出生率（TFR）と女性労働力率の国別推移

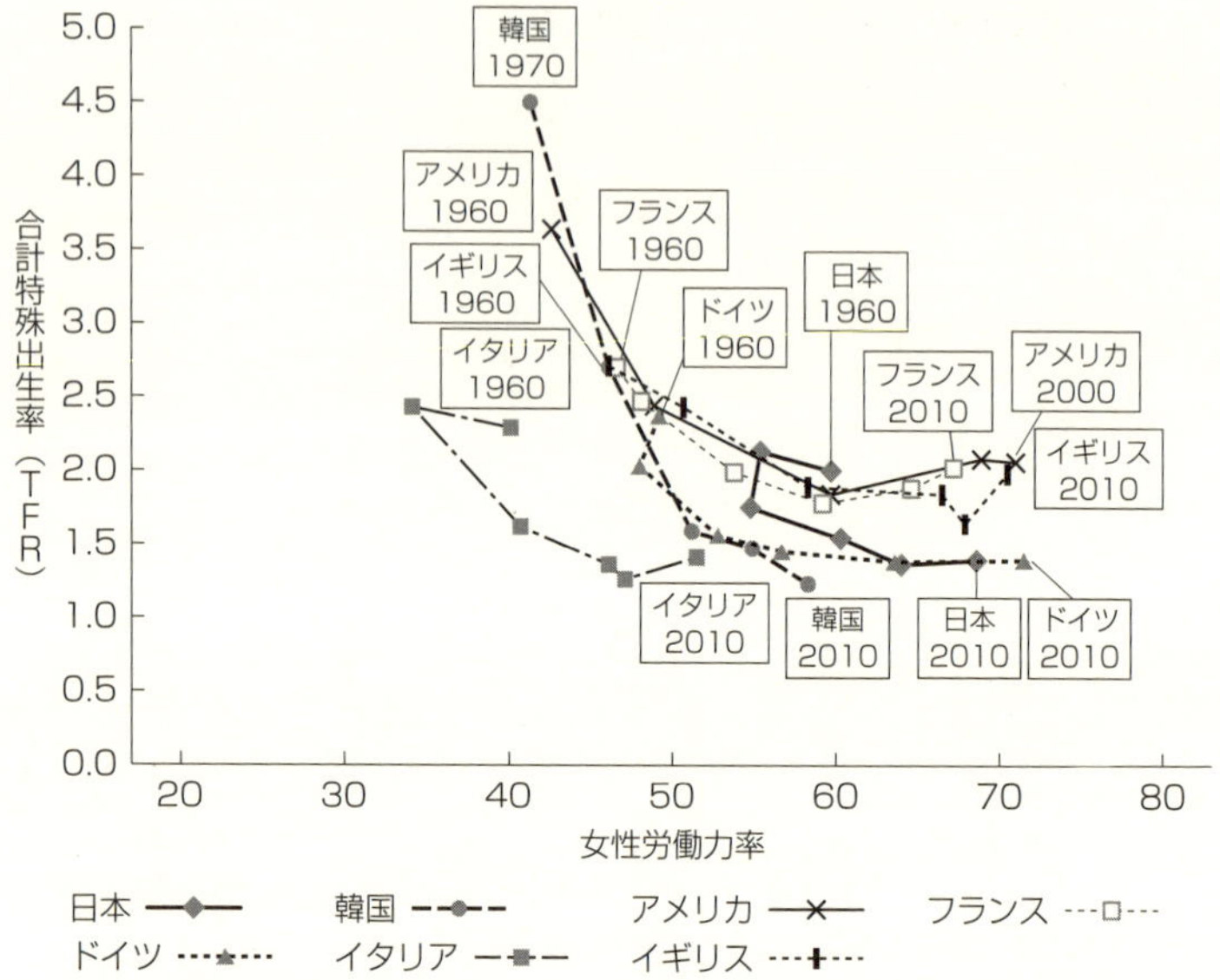

（資料）女性労働力率：OECD Stat。合計特殊出生率（TFR）：国立社会保障・人口問題研究所「人口統計資料集」2013 年。

ク回避的個人化」説は、この問題に秀逸な説明を提供してくれます[*7]。東アジアでは家族が社会の単位であり、急速な社会の変化の中で個人が背負うリスクや負荷の受け皿として家族が機能してきたと言われます。いわゆる家族主義です。このおかげで、東アジアの社会は「圧縮された近代（compressed modernity）」を乗り切ってきたのだとチャンは言います。たとえばあなたが失業したり病気をしたりしたとき、家族が生活の面倒を見てくれるから、あなたはなんとかやっていくことができます。温かい家族の絆に支えられて心強いですね。

　しかし同じことを反対側から見てください。あなたの家族がなにか問題を抱えたら、あなたが支えないとなりません。妻や夫が大きな借金をしたら、子どもが就職できなかったら、きょうだいが離婚したら、老親が認知症になったら、あなたが自分自身の仕事や私生活を犠牲にして家族を助けることになるかもしれません。家族がリスクの受け皿になる社会は、反対から見れば家族がリスクになる社会でもあるのです。家族をもつ覚悟ができなくて晩婚化し、子育ての物心両面のコストを考えて低出生率になるのはそのためです。すでにある家族の重荷に耐えかねて離婚することもあります。チャンが「リスク回避的個人化」と呼ぶのはこのことです。家族が支え合う家族主義的な社会だからこそ「家族からの逃走」が起こる——なんと皮肉な逆説ではありませんか。他方、同棲や婚外子出産のように、積極的に家族を否定するような選択はとれません。家族が助けてくれなくなれば、この社会で生きてゆくのは非常に難しいですから。東アジアの家族は「無くても大変、あっても大変」なのです。

チャンは「個人主義なき個人化」という言葉も作りました。ウルリッヒ・ベックの「制度化された個人主義」[*8]を意識した用語です。「制度化された個人主義」とは現代の労働市場、教育システム、福祉国家などを含む現代の社会構造が「個人化された生活環境やライフスタイル」を支援しているということです。しかし東アジアでは、こうした条件なしに逃避的個人化が進んでいます。東アジアの社会構造は反対に家族を単位とした生活環境やライフスタイルを追求するよう人々を誘導していますから、「制度化された家族主義」と言えるでしょう。家族の実態は変化しているのに、従来どおりの家族を前提とする社会制度は変わらない。だからますます「家族からの逃走」が起こり、結果として個人化が進む。あるいは家族主義を貫こうとして無理な苦労を引き受ける。変化しているのに変化していないような日本社会の奇妙な実感は、東アジア地域に共通して見られる構造、すなわち現実の変化とそれにもかかわらず強固に維持される家族主義的な制度とのギャップから生まれているのではないでしょうか。

◇繁栄の中のつまずき

さて日本に焦点を戻しましょう。欧米諸国の制度改革を牽引した若者運動世代は日本にも存在しました。現在は高齢期に入った「団塊の世代」です。日本のこの世代は、なぜヨーロッパやアメリカの同世代のように制度改革の力強い推進者にならなかったのでしょうか。改革志向の人たちと政府との相互不信という今日まで続く不幸な関係もひとつの原因でしょうが、決定的だったのはマクロな社会経済状況の違いだとわたしは考えます。この世代が社会に出てから二〇年あまり、日本はかつてないほどの好況を謳歌しました。絶好調の日本社会で改革への機運はしぼみました。これほどうまくいっているのに、何を変える必要があるのだというように。「団塊の世代」はサラリーマンと専業主婦という「家族の戦後体制」のライフスタイルをもっとも典型的なかたちで実現した世代となりました。第7章で取り上げたニューファミリーですね。

他の先進諸国との二〇年の時間差は、政治にも決定的な影響を与えました。エズラ・ヴォーゲルの『ジャパン アズ ナンバーワン』が出版された一九七九年に施政方針演説を行った大平正芳首相は、

「欧米諸国を手本とする明治以降百余年にわたる近代化の精華」を称える一方、その限界を口にしました。オイルショック後の「成長の限界」（ローマクラブ報告書、一九七二年）を意識し始めた世界の思潮を大平は共有していました。しかしその裏側では、西洋文明は限界だから日本文化の出番だというような、「楽観的で自己肯定的な」期待もありました。[*9] オイルショックをひとり乗り越えたという自信から、「田園都市構想」「文化の時代」「家庭基盤充実」など日本の特性（と思われたこと）を強調する政策研究会を立ち上げ、西洋の後追いではない政策を構想するという日本の政治家の念願を果たそうとしたのです。

大平の急死により実行されなかった大平研究会の提言を継承したのは、一九八二年に首相の座に就いた中曽根康弘でした。中曽根は元来の政治的立場もあり、大平研究会の「自己肯定的な」側面を肥大化させました。[*10] なかでも政策的に重要だったのは、「家庭基盤充実」とリンクした「日本的福祉社会」構想です。政府の役割を限定し、自助と家族や地域、企業による扶助と市場の利用を強調するこの構想は、一九七九年にすでに自民党が発表していました。ヨーロッパの経済的不調の原因は福祉国家の肥大にあるという当時のメディアも書き立てていた主張を背景に、ヨーロッパ型の福祉国家建設からの方向転換を志向したのです。イギリスのサッチャー首相、アメリカのレーガン大統領が主導していたケインズ型福祉国家から新自由主義への方向転換という、世界の潮流に歩調を合わすことになりました。

後から振り返って不思議に思うのは、このころの日本は、当時のヨーロッパのような経済不況とも大きすぎる福祉国家とも無縁だったということです。むしろ十分な経済的余裕をもって福祉国家建設を進めるチャンスでした。しかしその方向は抑制され、繁栄の生んだ富はバブルとなって消えました。

わたしはここに「自己オリエンタリズム（Self-Orientalism）」とでも呼べるようなメカニズムが作用したと考えています。サイードの言う「オリエンタリズム」により「西洋」と対照的なイメージを貼り付けられた「東洋」の人々が、その気になってそれを自分のアイデンティティにしてしまうことです。当時の言論は文化論に流れていて、日本の経済的成功も「日本的経営」や「集団主義」という文化的要因により説明されました。日本の人口構造の若さや賃金の相対的な安さといった有利な条件があったことにはほとんど目が向けられず、将来の人口高齢化への危惧も語られませんでした。日本の伝統家族を再強化すれば、離婚の増加も高齢化も止められると思ったのでしょうか。家庭基盤の充実を基礎としてこの構想を実現しようとする中曽根の姿勢は、彼の国会発言における「家族」への言及の際立った多さにも表れています。[11]

ジェンダーに関しても、中曽根政権はその後の日本の女性の生きかたに影響を与えるきわめて重要な三つの政策を実施しました。主婦の年金権の確立（第三号被保険者）を含む社会保障制度改革、国際的要請に促された男女雇用機会均等法の制定、そして労働者派遣法の制定です。これらの新制度により日本の女性は「主婦」「キャリアウーマン」「パート・派遣労働者」に三分割されることとなりました。これらはすべて一九八五年のことなので、「ジェンダーの八五年体制」とでも呼んでおきましょう。[12]「主婦」のいる近代家族を守りつつ、世界の潮流であるジェンダー平等と新自由主義も進めるという政策でした。

　思い出しておいていただきたいのは、「主婦」のいる近代家族は日本の伝統ではなかったということです。中曽根は性別分業した三世代同居の家族を「日本の社会の原単位」と述べていますが、[*13]本書で見てきたようにこれはフィクションです。「自己オリエンタリズム」の作用により、アジアの社会でしばしば起きる「近代の伝統化」[*14]という現象と言えましょう。一九七〇年代から個人化とジェンダー平等の進んだ欧米社会と対比して、近代家族が自国の伝統であるかのような勘違いをしているアジアの社会は少なくありません。

　その後、一九九〇年代には急速な人口高齢化が起きて、長期の経済不況が始まったのはすでに見たとおりです。八〇年代とは対照的に、九〇年代の政策は欧米諸国とほぼ同じ方向をめざしたものでした。エンゼルプランや新ゴールドプランの推進、介護保険制度の準備など、九〇年代の改革を進めた橋本龍太郎首相は大平内閣の厚生大臣であり、当時は「日本型福祉社会」構想のような家族主義的方向を志向していたと言います。しかし、その後の想定しなかったほどの出生率低下や介護問題の深刻化を見て、「家族の機能を社会的にバックアップしていく必要」を痛感したと九六年の国会答弁で述べています。[*15]客観的情勢の変化に加え、フェミニスト研究者、厚生省（当時）などのフェミニスト官僚（フェモクラット）、「高齢社会をよくする女性の会」などの女性運動などの後押しもありました。しかし九〇年代末の経済危機により橋本内閣は退陣して改革は不完全に終わり、バックラッシュへと流れが変わりました。

経済危機に加え、一九八〇年代に再強化された家族主義的な制度もまた、改革を阻むものとして作用しました。欧米諸国が改革の道筋をつけようとしていた八〇年代、日本は文化的過信から、客観的な社会科学的分析によることなく、「戦後体制」を固定する後ろ向きの制度改革を行いました。これがその後の改革の障害となり、「失われた二〇年」を招いたと言うことができるでしょう。好事魔多しと言いますが、八〇年代の繁栄の中につまずきの石が隠れていたのです。

◆縮んだ戦後体制

では、これらの「改革」（反改革？）の結果、どのような社会が作られたでしょうか。欧米諸国で標準となったような個人化と多様化を前提とする社会が作られたわけではありません。他方、「二〇世紀システム／戦後体制」が変わらず維持されたとも言えないでしょう。本章で見てきたように、二一世紀になって、日本社会はすっかり変わってしまいました。

ひとことで言えば、現在の日本社会は「縮んだ戦後体制」と呼べるのではないでしょうか。[*16]従来型のシステムはなくならなかった。構造を変えないまま、縮んで小さくなった。そしてその外側に、システムに入れない人々が取り残されて溢れている。図にしてみれば、図12－4のようなイメージです。雇用、家族、ライフコースなど異なる対象に注目した研究が、旧来のシステムの縮小や、安定と不安定の並存について論じています。[*17]

戦後体制の縮小と包摂されない人たちの発生は、経済、家族、国家のすべての領域で同じように見

図12-4　縮んだ戦後体制

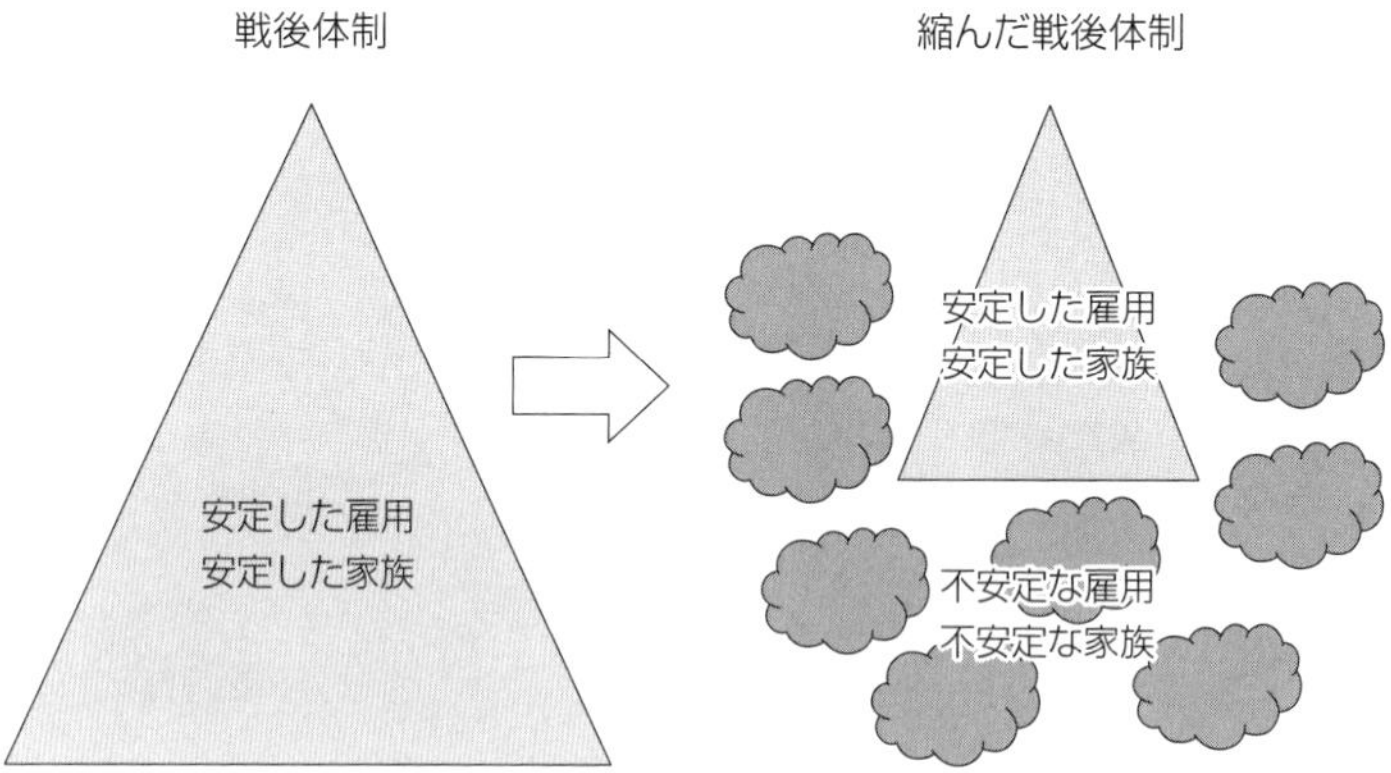

（出所）　落合（2018）（＊1）より。

られます。正社員として入社したら長期間にわたって身分保障される日本的経営は残っています。しかし同じ会社の中に、派遣だったり年限付きだったりあるいは自営扱いだったり、さまざまなかたちの「非正規」社員が働いています。正社員は戦後体制の時代のように結婚しますが、非正規雇用だとなかなかそうはいきません。しかも似た者どうしの同類婚が増加して、正社員は正社員どうしで結婚して、より確かな安定を求める傾向が強まりました。正社員の妻は離職して主婦になることもありますが、妻も正社員のまま育児休業を取得して雇用継続しながら子どもをもつこともできるようになりました。他方、非正規雇用では結婚に踏み切りにくいうえ、育児休業も適用外にされることが多く、子どもをもつことも雇用継続も容易ではありません。「ジェンダーの八五年体制」で作り出された三つの役割に女性が分断され、男性もそれに対応して分断されています。正社員なら安心なのかと言えば、長時間労働でワークライフバランスを保

図12－5　制度のタイプと包摂範囲

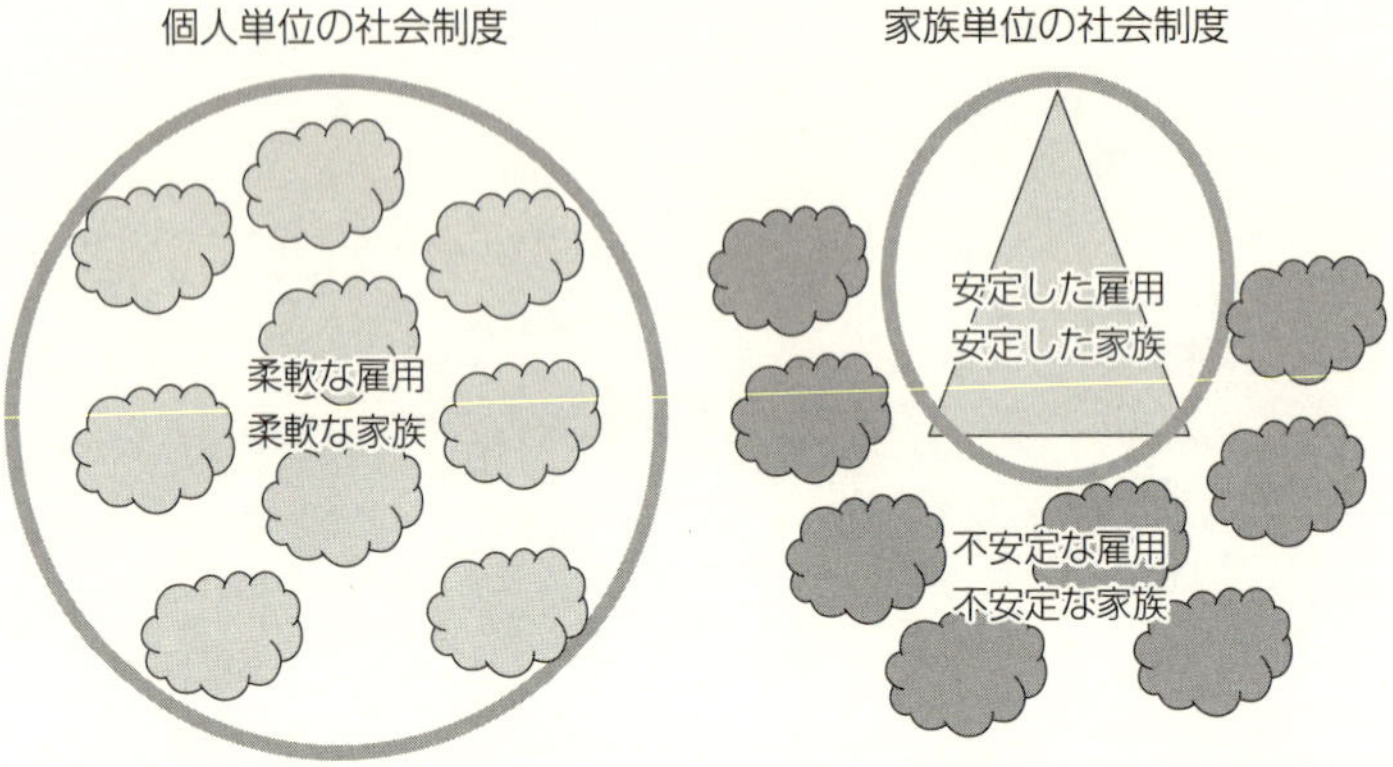

（出所）　落合（2018）（＊1）より。

てず、メンタルヘルス問題が多発し、こちらはこちらの問題を抱えています。

一九九〇年代に欧米諸国で推奨された個人単位の社会制度――制度化された個人主義――とは、家族が多様化し、個人のライフコースも多様になり、標準的な家族をもつ人ばかりではなくなった社会で、制度から取りこぼされる人が出ないようにする工夫だったと言えます。しかし企業単位と家族単位の制度が多く残る日本では、社会保障の対象として想定されているのも「縮んだ戦後体制」の中にいる人たちなので、経済と家族の領域で包摂されない人たち、そこから脱落した人たちは、セイフティネットの網の目からもこぼれてしまいます（図12－5）。経済、家族、国家のすべてについて、「縮んだ戦後体制」の内と外という二重構造が生じているのが現在の日本なのです。日本社会は変わったのに変わらないという奇妙な実感はここから生まれているのでしょう。

◆二〇世紀システム以後の世界

縮んでも頑固に居座り続ける日本の戦後体制は、これからどうなってゆくのでしょうか。いえ、どうしていったらよいのでしょうか。

さしもの戦後体制も変わるのだろうかと思わせるような政策的な変化が、ごく近年になって起きています。「保育園落ちた」では揶揄されましたが、「女性活躍」「女性が輝く」といったフレーズがこれほど聞かれるのは初めてではないでしょうか。二〇一八年末の入管法（出入国管理及び難民認定法）改正も拙速と批判されましたが、これを契機に「移民」に関する議論が一気に解禁になった感があります。いずれも深刻な労働力不足でお尻に火がついたからです。すでに見たように日本は一九九〇年代には高齢社会に突入していましたが、「失われた二〇年」の不況のせいで、労働力不足はなかなか顕在化しませんでした。それもあって対策もせずにいたため、景気がよくなって労働力問題が一気に深刻化しました。

「女性」と「移民」は高齢社会の労働力不足解決のために欧米先進国が採用した定番政策です。子育てと仕事が両立しやすい制度をつくることが、出生率にプラスの効果をもつのはすでに見たとおりです。図12-6はフランス、ドイツ、日本の人口動態の変化を示したものです。子育てと仕事が両立しやすい社会を作ったフランスでは、出生率が死亡率を上回り、順調な自然増加が続いています。しかし出生率と死亡率の差である自然増加だけで人口規模や適切な年齢構造を保てる国は少なく、ドイ

図 12-6　人口動態のフランス・ドイツ・日本の比較

(1) フランス

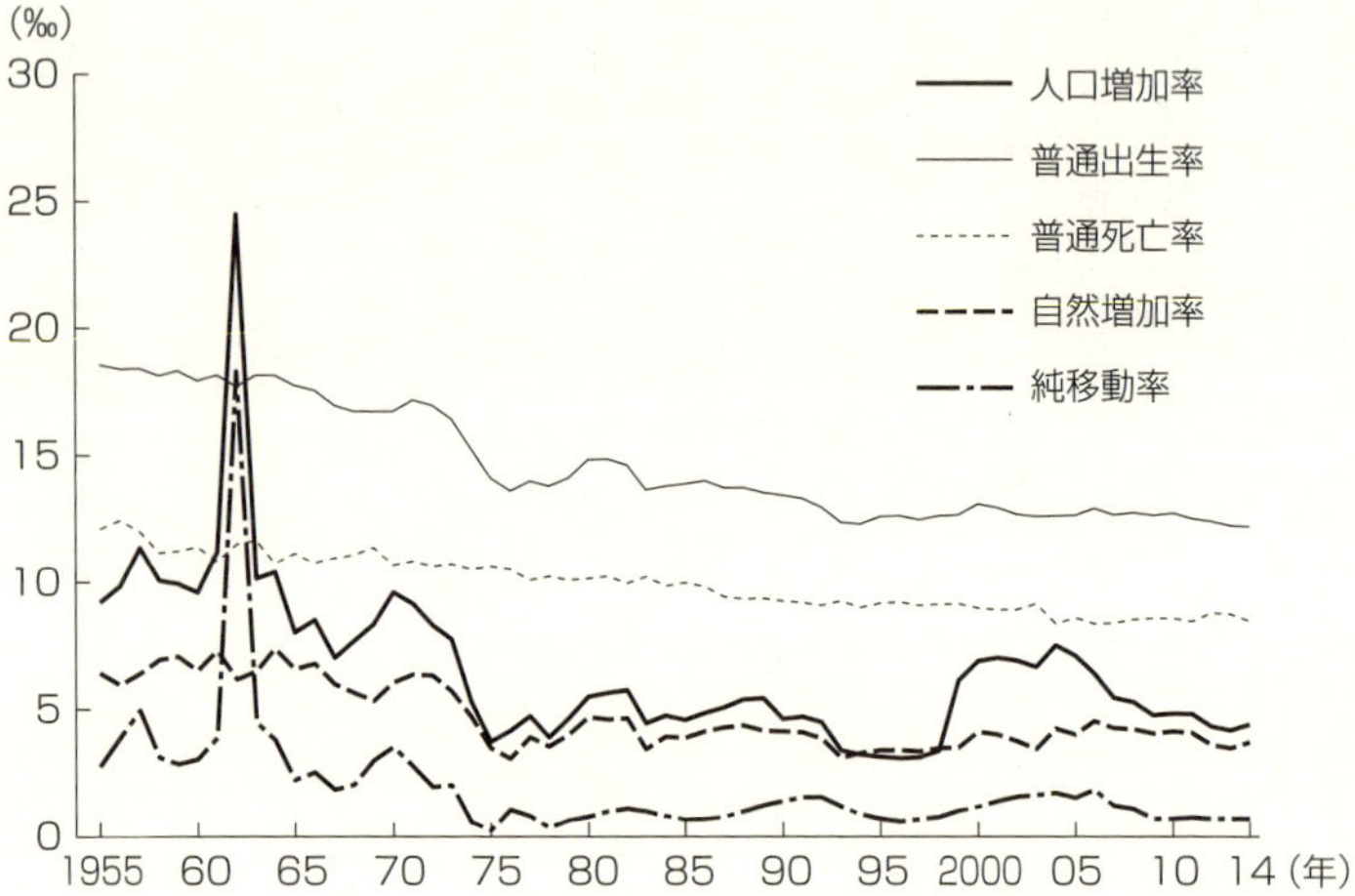

(2) ドイツ

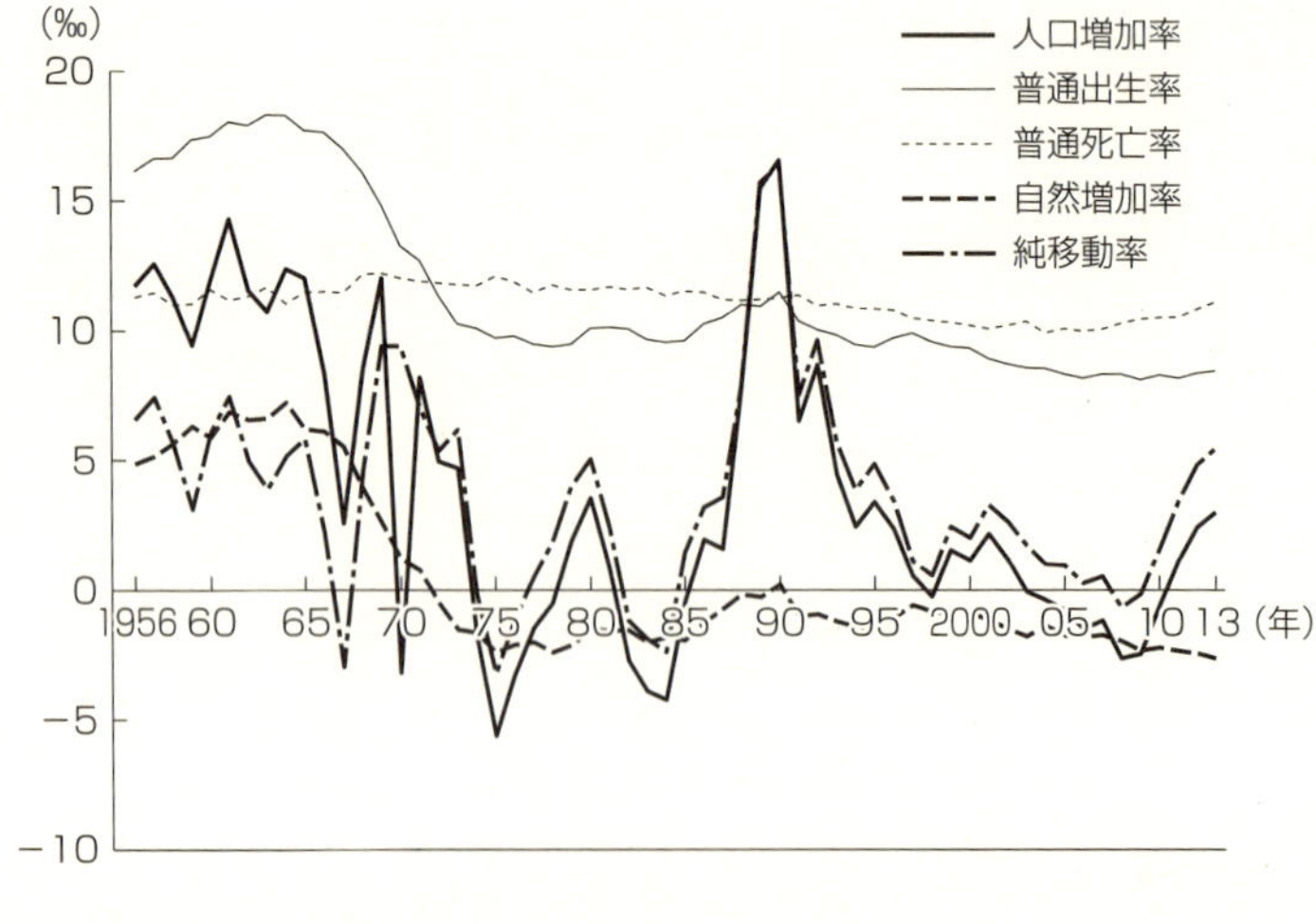

(3) 日　本

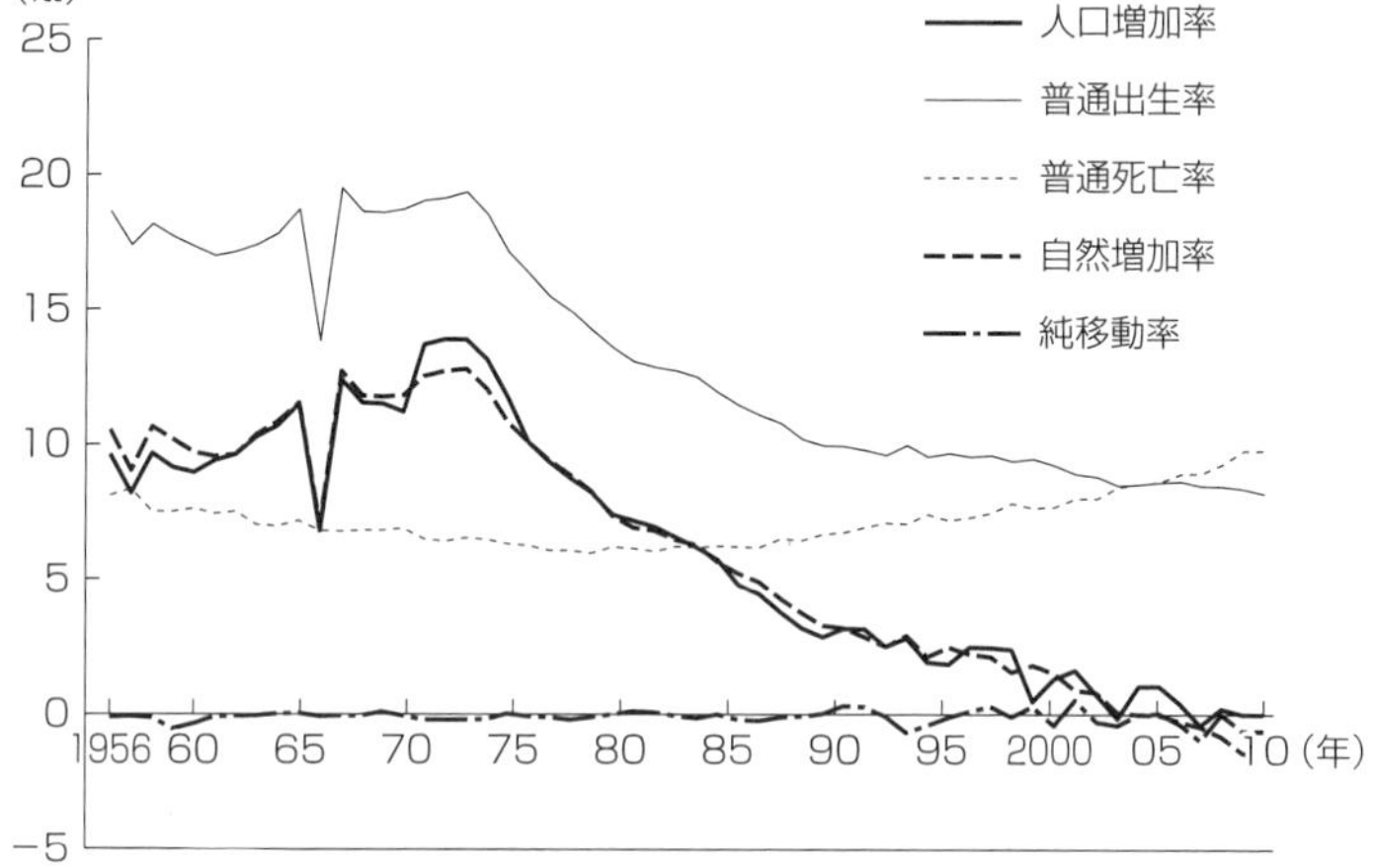

(出所)　OECD stat。

ツのように移民も受け入れてようやくバランスを保つという国もあります。日本で自然増加率がマイナスになったのはドイツより三〇年以上も後でしたが、移民を受け入れていないため近年のトータルの人口増加率は日本のほうが低く、年齢構造についても、二〇一〇年時点の生産年齢人口割合は日本六二パーセント、ドイツ六六パーセントと、すでに日本のほうが小さくなってしまいました[*18]。

入管法改正をめぐって明らかになったのは、一九八五年の女性政策と同じく、旧来のシステムはなるべく変えずに、その外側に正規雇用と明確に区別される身分の労働者を増やしていくという政策であることです。またもや「縮んだ戦後体制」の二重構造を作ろうとしています。女性も移民もこの社会の正規の成員と認めずに過去を固定しようとする政策は、

「失われた二〇年」を招いたことを忘れてはなりません。

今の日本に必要なのはビジョンです。東京オリンピック、大阪万博と、「夢よもう一度」と戦後の成功体験ばかり思い出していないで、現在入手できるデータから予測できる近未来を正直に見つめ、未来に向けて現実的な手を打たねばなりません。

現実的な手を考えるために役に立つのが国際比較です。どこの国も苦労しているとはいえ、ヨーロッパ諸国のとった「ライフスタイル中立性」「個人単位」「ジェンダー主流化」などの政策が効果を上げたのはすでに見たとおりです。誰もが近代家族に暮らしているという前提を捨て、多様なライフコースを生きる人たちを包摂できるような制度を作るというパラダイム転換でした。では、近隣のアジア諸国はどうでしょうか。家族主義的制度を変えられずにいるのは同じようですから、日本と同じく膠着状態に陥っているのでしょうか。

これが、そうでもないのです。「保育園落ちた」のように育児のサポートが日本では大きな問題ですが、日本以外のアジア諸社会ではメイドさんを雇用するという方法でこの問題を乗り切っているケースが多く見られます。メイドさんは同国人のこともありますが、シンガポールや香港を筆頭に、海外からの短期の移民を雇用している場合もあります。わたしがインタビューしたシンガポールのあるお母さんは、「朝は起きません。子どもに食事をさせて送り出すのはメイドの仕事ですから」と言っていました。日本のお母さんたちには驚きでしょうね。日本では一九六〇年代を最後にメイドさん（お手伝いさん、と呼ばれていました）は姿を消しましたから。メイドのほかにも学習塾を送り迎え付きの学童保育のように使うこともあり、お金で解決する手段が発達しています。つまり「市場」による解決です。[*19]

ケアなどの負担を家族が担うことを「家族主義」、家族の負担を取り除いて軽くするのを「脱家族化」と言います。「脱家族化」は公的保育所のように国家や地方自治体によるものだけでなく、メイドさんの雇用や民間サービスの利用のように市場によるものもあります。「脱家族化」には「国家化」と「市場化」の、少なくとも二つの方向があると言っておきましょう。言ってみれば「ヨーロッパ型」と「アメリカ型」ですね。日本以外のアジア社会は、「アメリカ型」により急速に近づいているようです。さらにコミュニティやNGOなど非営利の団体等の役割が大きい社会もあります。「家族」を含めた四つのセクターがアジアの各社会の子どもと高齢者のケアに果たしている役割の大きさを比べてみると、日本はアジアの中では国家や地方自治体による支援が比較的発達した社会ですが、メイドさんはほとんど存在せず、家族に負担が集中した社会だということがわかります。[*20] 日本の女性の就労継続が今も難しい背景には、こういうはっきりした理由があったのです。シンガポール、タイ、中国などでは、出産後も働き続けるのが多数派です。[*21]

ただし「市場化」は家族の経済的負担を除きませんので、少なくともアジア社会の例では出生率上昇にはつながらないようです。「市場化」政策の本家アメリカは出生率も女性の就労率も高いですが、[*22] そうなるにはよほど徹底した移民受け入れ国になる必要がありそうです。ヨーロッパでもケアサービスの市場化が進んでいますが、シンガポールなどとの大きな違いは、市場でのケア購入にかかるコストの一部が公的補助によりまかなわれる仕組みを作っている国が多いことです。[*23] 日本の保育所や介護保険もこの方向です。韓国も急速にこの方向を進めています。「国家化」か「市場化」かではなく、その両方、さらに「コミュニティ／NGO」も加わって、社会のさまざまなセクターが家族の負担をシェアするような方向に世界は動いています。

二〇世紀的な標準をはずれて多様な人生を送る人たちを包摂することのできる社会制度づくりが、二一世紀の活力ある社会づくりに効果を発揮します。未婚のひとり親や移民の子どもたちをないがしろにするような制度を続けていては、未来の社会を支えてくれる次世代を育てることはできません。またワークライフバランスは働く女性のためだけではありません。仕事だけの人生はたまらないと男性たちも思い始めています。

「二〇世紀」を引きずるのはもうやめて、「二一世紀」にふさわしい社会を作っていきましょう。

エピローグ

21 世紀家族へ

初版から四半世紀を経て三度目の改訂の機会をいただき、「家族の戦後体制」の成立と変容を論じた本書は、その終焉まで見守ることとなりました。しかし、実態としての変容が起きたにもかかわらず、制度面での対応が伴わず、法律のような国家の制度から働きかたなど民間企業の慣行に至るまで、いまだに「家族の戦後体制」を前提とした社会制度が日本社会には多く残っています。このギャップがさまざまな場面での生きづらさを生み、制度から取りこぼされる人たちを生じさせているというのが、本書の結論です。

視野を広げれば、「家族の戦後体制」とは、二〇世紀の先進諸国に共通して成立した「二〇世紀システム」の一角をなす「男性稼ぎ主 - 女性主婦型の近代家族」の日本版と見ることができるでしょう。二一世紀に入ってもう二〇年も経とうとしているのに、日本はまだ「二〇世紀」を引きずっているということです。今回の改訂では『二一世紀家族へ』というタイトルを刷新することも検討しましたが、日本はそういう意味ではまだ「二〇世紀」なので、皮肉なことにこのままでよいという結論に至りました。「二一世紀」に適合した、この時代の人々が生きやすいような「二一世紀システム」をつくろう、という決意を込めて。

とはいえ、本文中にも書いたように、ある年齢以上になれば他人事のように社会を批判するわけにはいきません。この社会がこのようであることに、ごく小さなことや間接的なことも含めて、何も責任がないとは言えませんから。そこで、エピローグでは、本書の初版を出版してからわたしが関わってきたことを振り返りながら、この四半世紀の日本社会の動きを見直してみたいと思います。歴史を共有し、反省を教訓に変え、バトンを次の世代に渡すために。

◇一九九〇年代

本書の初版は一九九四年に出版されました。その前に国民生活審議会専門委員（一九九一年より）を務め、国民生活指標の改定にささやかな貢献をさせていただいたことは本文中にも書きました。初版刊行後の一〇年間は、政府の審議会や懇談会、地方自治体の審議会などの委員となる機会がかなりありました。どうも本書は当時の行政関係の方々のニーズに合ったようで、「霞が関の本屋で平積みになってたよ」などと聞かされて驚いたものです。各地の女性センターで講演させていただく機会も多く、「家族の多様化と個人化」「ジェンダー平等」は時代の空気に溶け込んでいました。遅かれ早かれこの社会もこうした方向に進んでゆくだろうと漠然と思っていました。現在の若い人たちはそういう時代があったことを知らないようなので、あえて書いておきます。

そうしたなかでさまざまな出会いもありました。おひとりだけお名前を挙げるなら、厚生省の課長でいらした椋野美智子さん。一九九八年に「少子社会を考える――子どもを産み育てることに『夢』を持てる社会を」という特集を組んだ『厚生白書（平成一〇年版）』のとりまとめをお手伝いさせていただきました。「大切なのは、二一世紀の日本を『男女が共に暮らし子どもを産み育てることに夢を持てる社会』にすることである」「出生率の回復を目指す取組みとして、個人の自立を基本として『多様性と連帯の社会』をつくることが求められるのではないだろうか」などといった白書らしからぬ見出しがつけられ、「少子化対策」という上から目線ではなく、個人とくに女性の目線からの分析と提言がなされました。橋本龍太郎内閣時代のことでした。ちょうどこの時期に、男女共同参画社会基本法（一九九九年施行）と介護保険法（二〇〇〇年施行）という、二一世紀の家族とジェンダーのあり方に大きな影響を及ぼした法律の制定準備も進められていました。

中央官庁だけでなく、地方自治体にも個性的な職員がいらして、また新聞記者やテレビのディレクターにもこの分野に力を入れている方が各社・各局に必ずいらして、その多くは女性で、ゆるくつながっていたように思います。

印象に残る男性の課長さんもいらっしゃいました。二〇〇四年に税制調査会基礎問題小委員会の有識者ヒアリングに呼ばれたとき、その課長さんは趣旨を説明するために京都まで来てくださいました。「わたしは税というのはたくさん取ればいいというものではないと思っています。税というのは社会の形をつくるものだと思うのです」とおっしゃったのをよく覚えています。いわゆる「主婦の座」の保護、女性の就労を阻む「壁」をはずすことを考えていらっしゃいました。結局、税調の答申は出たものの、実行されなかったのですが。

このように一九九〇年代から二〇〇〇年代の初めまでは、この国の制度を変えねばならないという強い意志をもった人たちが各所にいて、力を尽くしていました。いわゆる「権力側」も一枚岩ではないのです。しかし、一枚岩ではありませんから、もちろん反対の人もいます。二〇〇四年の税調の小委員会では、「だけど女性が働くのは自分のためでしょ。生活のために働いている女性なんて見たことない」などとおっしゃるオジサン委員もいて、「それはあなたの周りの方だけを見ているからです」と反論しました。一九九八年に「少子化への対応を考える有識者会議」のメンバーとなったときは、内閣総理大臣決裁ですから、何回かの討議の結果を居並ぶ大臣の前で報告しましたが、煙草を吸いながら聞いている大臣のなんと多かったことか。少子化の大きな要因である子育て費用の軽減が必要と訴えるメンバーを遮って、「子どもを産むのは国民の義務だろう。金の問題にするなどけしからん」と叱りつける大臣までいました。会議録には書かれていないでしょうから、こういうところに書きとめておくのも必要かと思って書きます。

このようなせめぎ合いの結果、それでも進展はありました。二〇〇三、四年頃、大学の授業で本書の内容を講義すると、「知ってます。高校で習いました」というリアクションが返ってきて、初版刊行当時は「目から鱗」と言われたのに、そんなに当たり前になったならよかった、と思ったものでした。しかしその一〇年後には、「初めて聞きました」という反応に戻ってしまいました。大学生も、それに残念なことにジャーナリストの方たちも。

◆二〇〇〇年代

つまり、風向きが変わったのはそれからです。二〇〇〇年代に入ってから、わたしは複数の科目の高校の教科書の執筆者になりました。二〇〇二年に検定を通った「家庭基礎」は、指導要領が改訂されて個人にも目を向けて家族や生活を考えていく方向になったと聞いて、執筆を引き受けました。しかし検定の委員会は厳しく、長いこと調整を繰り返すことになりました。家庭科の教科書は、歴史の教科書に続いて批判のターゲットにされました。憲法改正を望む人たちは第九条とならんで第二四条を目の敵にしていました。倫理の教科書も二〇〇二年に検定を通りました。そして学校で使われていましたが、二〇〇六年にもう一度検定を受けることになりました。「近代以前には、性的に自由な社会がかなり存在した。江戸時代までの日本はその典型例であり、同性愛もまれではなかった。また、処女にこだわる価値観もなかったので、離婚も再婚もたいへん多かった」という注は全面的に削除されました。「避妊」という言葉も「性交渉が前提ととられる」ので削除を要請され、家族の多様化について「固定観念を捨てて」と書いた箇所も「よい固定観念もある」と調整を求められました。

ちょうどその頃、いわゆる「過激な性教育」批判や、女らしさ・男らしさの否定につながるという「ジェンダーフリー教育」バッシングが強まっていました。そもそも「ジェンダー」という言葉を公文書や教育で使用するなという動きもありました。二〇〇六年三月には福井県の図書館からジェンダー関係の図書が撤去されて、訴訟にも発展しました。同年一一月に日本学術会議学術とジェンダー委員会が「ジェンダー視点が拓く学術と社会の未来」と題する長文の提言で、ジェンダーとは「社会的・文化的性（性別・性差）」を意味する学術用語であり、世界的にその必要性・有効性を認められていると強調したのは、これらのジェンダーバックラッシュに対抗するためでした。このあたりの経緯についてさらに詳しく知りたい方は、伊藤公雄さんのものなど、本も何冊か出ていますので、どうぞ参照してください。

そうなのです。日本は変わりました。二〇〇〇年代に入ってからじわりじわりと。一九九〇年代末の経済危機が契機となったと言う人もいます。経済だけではなく政治的な力もありました。ここでは、何はさておき、風向きが変わり始めていた一九九〇年代末にしっかり成果を出した方たち、男女共同参画社会基本法と介護保険法の制定に尽力された方たちに、お礼を言いたいと思います。男女共同参画社会基本法はその後のジェンダーに関する法整備を進めるための礎となっています。また介護保険法なしには、今のわたしたちは、高齢者もそれを支える世代も、とてもやっていけないでしょう。

一九九〇年代を知っている者としては、なぜその後の逆転を止められなかったのか、と思わざるをえません。ふと気になることを言えば、近頃の「保育園落ちた」や#MeTooのような広範な盛り上がりによる後押しが、当時はそれほど強くなかったように思います。「高齢社会をよくする女性の会」のような社会運動が力を発揮しましたが、一般的な広がりということでは、ウーマンリブや女性学が盛んだった一九七〇年代や八〇年代のほうがあったかもしれません。九〇年代には追い風になったという油断があったからでしょうか。制度づくりという重要だが辛気くさい作業には、熱狂とは別のタイプの後押しが必要だったからでしょうか。図11-4で見たように、一九九〇年代末にはそれまでとは異なる意識が強まってきていましたが、まだ始まったばかりでした。女性の就労継続にしても、現実の変化が起きるにはさらに一〇年かかりました。そういう意味では、変化がはっきりした今こそ、幅広い支持を得て何かを実現できる好機なのではないでしょうか。

◇二〇一〇年代

さてその変化のはっきりした時期に起きた、忘れられないことがあります。うまくお伝えできるかどうか自信がないのですが、わたしもどう考えたらよいか完全にはわからないので、一緒に考えてもらえないでしょうか。二〇一〇年に日本学術会議社会学委員会ジェンダー研究分科会の主催で「ジェンダーから展望する新しい社会のしくみ――女性の貧困・雇用・年金」と題するシンポジウムをしました。阿部彩さんと岩井八郎さんとわたしが企画して「女性の貧困」という動画を作ったので、そのお披露目をするというのが一つの目的でした。ライフコース研究、社会政策研究、家族研究の知見を組み合わせて、「市場」「国家」「家族」のいずれにも包摂されないことにより女性たちが貧困状態に陥ってゆくというメカニズムをコンパクトに示し、教材などとして使ってもらって、「女性の貧困」に目が向くようにしたいと考えていました。従来から問題とされている「男性の貧困」に加えて「子どもの貧困」に注目が集まる一方で、「女性の貧困」が見えなくされていると感じたからです。映像作家の土佐尚子さんに監督を依頼し、当事者のインタビューと統計やイラストなどを組み合わせて作品に仕上げました。わたしたち三人は映像の素人、土佐さんは社会問題についての作品は初めてということで、なかなか思うようにできなかったのは間違いありません。映像にすると言語化されない（意図しない）メッセージも伝わってしまうことに、論文にはない難しさがあることを知りました。それでも動画を作りたいと思ったのは、論文や本の限界を感じていたからです。力及ばずながら、実践と表現との両方へ研究を開いていきたいと考えていました。

しかし、そのお披露目の場は、貧困運動関係のアクティビストたちの一風変わった洗礼を受けました。観客席にはムシロ旗が立ち、風刺たっぷりの仮面劇まで登場しました。仮面劇はちょうどシンポジウムの休憩時間だけという優しい配慮つきでもありました。彼女たちの論点の第一は、自分たちのようになるなと言いたいのか、ということでした。第二は、「市場」と「国家」と「家族」のどれにも包摂なんかされたくない、自分たちはその外側で生きていくんだ、ということでした。正確に要約できているかどうかわかりませんが、わたしに突き刺さったメッセージはその二つでした。ムシロ旗に仮面劇――本音を言うと、一九七〇年代の小劇場のような展開に、わたしは内心ワクワクしてしまったのですが、主催者側としてはここで面白がってばかりいるわけにはいかないでしょう。批判にしっかり答えなくては。その場ではそれなりにやりとりをし、動画はお蔵入りということになりましたが、このときのことは鮮明な記憶として残り、ときどき考えています。シンポジウムの登壇者でもあり一人二役だった栗田隆子さんも近著『ぼそぼそ声のフェミニズム』（作品社、二〇一九年）に書いていらしたので、やはり印象的な出来事だったのだと思います。

一〇年近く経って振り返るに、この出来事はいくつかの意味での溝を象徴していたのでしょう。まず世代の溝。フェミニズム的な考えをもつ人たちが揃っていたと思いますが、はっきりした社会の変化の前の世代と後の世代では、問題としていることも求める解決も違っています。前の世代にとっては女性の就労と育児などの家庭の負担の夫婦間での分担が中心的な課題でした。それに対し、後の世代では、就労も家庭をもち子どもをもつことも、当たり前でも望ましいことでも必ずしもありません。まともな職が減って、メンタルなストレスと付き合いながらの就労が常態化し、自分の家庭をもつかどうか迷い、もとうとすれば婚活でも妊活でもひと苦労。前の世代の処方箋は役に立たないと感じるのでしょう。しかし、「婚姻制度・年金制度・企業体質が女性の貧困をグルになって推し進めているという視点はどこにもないのか」と言われると、まさにそれが動画とシンポジウムで主張したことだったのに、つまり変化の前の時代にできた三つのセクターに共通する女性差別的な仕組みの問題点が、変化によって露わになって人々を苦しめていると主張したのに、なぜ届かなかったのだろうとがっくりきてしまいます。

もうひとつ、栗田さんは「アカデミックなフェミニズム」という表現を使っています。そこに溝を感じたからでしょう。シンポジウムを思い起こすと、こういうところが嫌だったんじゃないかな、と思い当たることもあります。学者という人たちは男女を問わず鼻持ちならないところがあるのかもしれません。内容的には「キャリア教育の充実と社会保障の整備だけがクローズアップ」されていて、『暴力』や『差別』の話がほとんど存在していなかった」と批判されています。たしかに動画制作の過程でも、「病気と水商売と暴力が出てこないと『女性の貧困』のリアリティは描けない」という意見がありました。議論の末、あらぬ誤解を避けるため、今回は深く触れないことにしよう、ということにしたのでした。出演してくださった方たち、協力してくださった方たちと、動画制作の目的から始めて、もっとていねいに話し合えば、よりよい解決があったのかもしれません。

学歴エリートへの批判はたいてい当たっているものですから、謙虚に聞くべきでしょう。しかし、少し複雑な思いもあります。学者や官僚になっている女性たちも、何十年か前には不安をかかえる女の子だったりしたのでしょうから。今よりも女性を採用する企業は少なく、選べる仕事が他になかったという人もいるでしょう。女性が懸命に何者かになろうとして幸運にも実現できると、「あちら側の人」にしてしまう。これは残念なことではないでしょうか。男性と同じように、社会のあらゆる場所に女性がいて、違う場所で違う能力やものの見方を身につけた女性たちがつながってこそ、何かができるのではないかと思います。

女性に関する政策を実現するには「ビロードの三角形」もしくは「ビロードの四角形」が働くことが重要だと言われます。フェミニスト官僚、ジェンダー研究者、女性運動家、それに政治家が連携して法改正などに成功するケースが多いというヨーロッパやアメリカの経験から生まれた言葉だそうです。別にこの三者ないし四者にかぎらず、企業の人たち、メディア関係者などの役割も重要ですし、男性が入ってもいいと思いますが、異なる視点や権限をもった異分野の人たちが連携するのは大きなことをするために重要です。日本ではこの連携がへたなのが問題ではないかとわたしは思っています。「エリート女性」に対する冷ややかな目がこれと関係しているように思います。古い話ですが、わたしが大学生の頃、「雇用平等法反対」という運動がありました。男女雇用機会均等法として成立した法律のことですから、今にして考えると反対なんてとんでもなかったのですが、労働基準法の女性保護撤廃とセットになった悪法だということになっていました。労働者の権利を犠牲にして、エリート女性に都合のよい法律を作ろうとしている、という批判でした。しかし現在から見れば、すべての働く女性にとって、男女雇用機会均等法はやはり無ければ困る法律だったのではないでしょうか。

ヨーロッパでも一九七〇年代の女性運動は国家に批判的でしたが、一九九〇年代には立場を変えていました。国家が女性の権利を守り、支援する政策を作るように、市民たちも要望しました。しかし日本では今でも国家の家族生活への介入に批判的な見方が強いと言えましょう。もちろん国家の性質や信頼度にもよるのです。このあたりにも官僚や政治家の女性との連携をしにくくする要因があるのかもしれません。

「家族の戦後体制」が終わりを告げ、新たな時代に適合した枠組みをつくるには、新しい発想が必要です。さまざまな角度から現実を見て構想を練ることができるように、社会のさまざまな場所にいる人たちがつながり合えるようにする方法を探っていきませんか。

◆注

第三版への序文

＊1　本調査研究の成果については、落合恵美子・山根真理・宮坂靖子編『アジアの家族とジェンダー』（勁草書房、二〇〇七年）および落合恵美子・上野加代子編著『二一世紀アジア家族』（明石書店、二〇〇六年）を参照。

＊2　「高齢者に優しいアジア伝統家族」というステレオタイプの実証的検証としては、落合恵美子「高齢者の『子ども』との同居——東北農村における階層と居住形態」同編『徳川日本のライフコース——歴史人口学との対話』ミネルヴァ書房、二〇〇六年を参照。

＊3　詳細は落合恵美子「世界のなかの戦後日本家族」歴史学研究会・日本史研究会編『日本史講座10　戦後日本論』東京大学出版会、二〇〇五年を参照。

＊4　原田尚「家族形態の変動と老人同居扶養」『社会学評論』二九巻一号、一九七八年。伊藤達也『生活の中の人口学』古今書院、一九九四年。

＊5　廣嶋については本書第4章＊6を参照。盛山については、盛山和夫「『核家族化』の日本的意味」直井優・盛山和夫・間々田孝夫編『日本社会の新潮流（ニューウェーブ）』東京大学出版会、一九九三年。

＊6　加藤彰彦「家族変動の社会学的研究——現代日本家族の持続と変容」早稲田大学大学院文学研究科博士論文、二〇〇三年。

＊7　Laslett, Peter, "Family and Household as Work Group and Kin Group: Areas of Traditional Europe Compared," Wall, Richard, Jean Robin, and Peter Laslett eds., *Family Forms in Historic Europe*, Cambridge University Press, Cambridge, 1983. 本論文の拡張版の邦訳は、『ヨーロッパの伝統家族と世帯』（酒田利夫・奥田伸子訳）リブロポート、一九九二年。

＊8　合同家族世帯の伝統をもつ中国では、近代化にともない、親元に子どもを一人しか残さない「直系家族化」が起きている

という指摘がある。Cartier, Michel, "Three Generation Families in Contemporary China: the Emergence of the Stem Family?," Fauve-Chamoux, Antoinette and Emiko Ochiai eds., *House and the Stem Family in EurAsian Perspective*, EAP, International Research Center for Japanese Studies, Kyoto, 1998.

*9 梅村又次ほか編『長期経済統計2 労働力』東洋経済新報社、一九八八年。

*10 岡本英雄・直井優・岩井八郎「ライフコースとキャリア」岡本英雄・直井道子編『現代日本の階層構造4 女性と社会階層』東京大学出版会、一九九〇年。データは一九八五年「社会階層と社会移動」（SSM）調査より。

*11 田中重人「性別分業の分析――その実態と変容の条件」大阪大学大学院人間科学研究科博士論文、一九九九年。データは一九九五年「社会階層と社会移動」（SSM）調査より。

*12 関心のある方は、田中・前掲論文および同「性別分業を維持してきたもの――郊外型ライフスタイル仮説の検討」盛山和夫編『日本の階層システム4 ジェンダー・市場・家族』東京大学出版会、二〇〇〇年、加藤・前掲論文など参照。

*13 岩井八郎「ライフコース論からのアプローチ」石原邦雄編『家族と職業』ミネルヴァ書房、二〇〇二年、五〇頁。

*14 岩井八郎・真鍋倫子「M字型就業パターンの定着とその意味――女性のライフコースの日米比較を中心に」盛山編・前掲書。

*15 落合恵美子「母親による育児の限界」『近代家族の曲がり角』角川書店、二〇〇〇年。

*16 落合恵美子「タイ都市中間層の形成と家族の幸福」青木保ほか編『アジア新世紀4 幸福』岩波書店、二〇〇三年。

*17 森岡清美「家族社会学のパラダイム転換をめざして」『家族社会学研究』一〇巻一号、一九九八年。

プロローグ

*1 落合恵美子「ビジュアルイメージとしての女」女性史総合研究会編『日本女性生活史5 現代』東京大学出版会、一九九〇年、二〇三〜三四頁（同『近代家族の曲がり角』角川書店、二〇〇〇年、一七一〜二一六頁に加筆して収録）。

1 女は昔から主婦だったか

＊1 Nyberg, Anita, "The Social Construction of Married Women's Labour-force Participation: the Case of Sweden in the Twentieth Century," *Continuity and Change*, 9-1, 1994, pp. 145-156.

＊2 Saito, Osamu, "Gender, Workload and Agricultural Progress: Japan's Historical Experience in Perspective," Leboutte, R. ed., *Protoindustrialization*, Librairie Dronz S. A. 落合恵美子「失われた家族を求めて」河合隼雄・大庭みな子編『現代日本文化論2 家族と性』岩波書店、一九九七年、五二頁（同『近代家族の曲がり角』角川書店、二〇〇〇年、六三〜八七頁に収録）。

2 家事と主婦の誕生

＊1 Oakley, Ann, *Housewife*, Allen Lane, London, 1974（岡島茅花訳『主婦の誕生』三省堂、一九八六年）。最初の引用は Hunt, Andrey, *A Survey of Women's Employment*, Government Social Survey, HMSO, London, 1968. 次の引用は *Oxford English Dictionary*.

＊2 石垣綾子「主婦という第二職業論」『婦人公論』一九五五年二月号（上野千鶴子編『主婦論争を読むⅠ』勁草書房、一九八二年に収録）。

＊3 清水慶子「主婦の時代は始まった」『婦人公論』一九五五年四月号（上野編・前掲書に収録）。

＊4 梅棹忠夫「妻無用論」『婦人公論』一九五九年六月号（上野編・前掲書に収録）。

＊5 イギリスにおける家事労働論争については以下の論文を参照。Himmelweit, Susan and Simon Mohun, "Domestic Labour and Capital," *Cambridge Journal of Economics*, 1977-1. 竹中恵美子「労働力再生産の資本主義的性格と家事労働——家事労働をめぐる最近の論争によせて」『経済学雑誌』八一巻一号、大阪市立大学、一九八〇年。久場嬉子「家事労働と生活様式——ヒメルヴァイト＝モハン『家事労働と資本』を読んで」『経済評論』一九七九年三月。

＊6 Delphy, Christine, *Close to Home: A Materialist Analysis of Women's Oppression*, trans. by Diana Leonard, The University of Massachusetts Press, Amherst, 1984, p. 16.

*7 川越修・姫岡とし子・原田一美・若原憲和編著『近代を生きる女たち』未来社、一九九〇年。

*8 姫岡とし子『近代ドイツの母性主義フェミニズム』勁草書房、一九九三年。

*9 角山栄「家庭と消費生活」角山栄・川北稔編『路地裏の大英帝国』平凡社、一九八二年。なお、ビートン夫人の本は、さまざまな改訂をさまざまな編者により加えられたかたちではあるが、今日も書店で販売され続けている。

*10 Verdier, Yvonne, *Façons de dire, Façons de faire*, Gallimard, Paris, 1979（大野朗子訳『女のフィジオロジー』新評論、一九八五年）第三章。

*11 西川祐子「住まいの変遷と『家庭』の成立」女性史総合研究会編『日本女性生活史』第四巻〈近代〉、東京大学出版会、一九九〇年、三七～四一頁。

*12 千本暁子「日本における性別役割分業の形成——家計調査をとおして」荻野美穂・落合恵美子ほかと共著『制度としての〈女〉』平凡社、一九九〇年、一八七～二二八頁。

*13 経済企画庁『国民生活白書（昭和三五年度版）』一九六〇年。

3 二人っ子革命

*1 Muramatsu, Minoru, "Abortion in Modern Japan," presented to the IUSSP-IRCJS Workshop on "Abortion, Infanticide and Neglect in Asian History," held at the International Research Center for Japanese Studies, Kyoto in 1994.

*2 調査に同行を許してくれた吉村典子さんに感謝する。吉村さんによると、一〇回以上人工妊娠中絶手術を受けた女性も珍しくないそうである。吉村典子『子どもを産む』岩波書店、一九九二年、一四二頁。

*3 Becker, Gary S., "An Economic Analysis of Fertility," National Bureau Committee for Economic Research, *Demographic and Economic Change in Developed Countries*, Princeton University Press, 1960. Becker, Gary S., *A Treatise on the Family*, Harvard University Press, Cambridge, 1981.

＊4　Ariès, Philippe, *L'enfant et la vie familiale sous l'ancien régime*, Seuil, Paris, 1960（杉山光信・杉山恵美子訳『〈子供〉の誕生』みすず書房、一九八〇年）。アリエスの方法論についてはその後さまざまな批判があり、彼の知見をうのみにすることはできないが、「子どもの心性史」という分野を拓き、近代固有の子ども観の出現という問題を指摘した功績は否定しえない。

＊5　アリエス・前掲訳書、五三～五四頁。

＊6　Badinter, Elisabeth, *L'amour en plus*, Flammarion, Paris, 1980（鈴木晶訳『母性愛という神話』筑摩書房、一九九一年）。

＊7　Pollock, Linda, *Forgotten Children*, Cambridge University Press, Cambridge, 1983（中地克子訳『忘れられた子どもたち』勁草書房、一九八八年）。

＊8　Loux, Françoise, *Le jeune enfant et son corps dans la médicine traditionnelle*, Flammarion, Paris, 1978（福井憲彦訳『〈母と子〉の民俗史』新評論、一九八三年）。

＊9　バダンテール・前掲訳書、二〇九頁より引用。

＊10　久徳重盛『母原病』教育研究社、一九七九年（現在、サンマーク出版で一九九一年に発行）。

＊11　同書、二三～二四頁。

＊12　同書、二四頁。

＊13　Donzelot, Jacques, *La police des familles*, Editions De Minuit, Paris, 1977（宇波彰訳『家族に介入する社会』新曜社、一九九一年）二〇頁。

＊14　Hajnal, John, "European Marriage Pattern in Perspective," Glass, D. V. and D. E. C. Eversley eds., *Population in History*, Edward Arnold, 1965（木下大志訳「ヨーロッパ型結婚形態の起源」速水融編『歴史人口学と家族史』藤原書店、二〇〇三年、三四九～四一三頁）。

＊15　Coale, Ansley J., "The Decline of Fertility in Europe from the French Revolution to World War II," Behrman, S. J. et al. eds., *Fertility and Family Planning*, University of Michigan Press, Ann Arbor, 1969. Coale, Ansley J. and Susan Cotts

Watkins eds., *The Decline of Fertility in Europe*, Princeton University Press, 1986.

＊16　井上輝子・江原由美子編『女性のデータブック〔第三版〕』有斐閣、一九九九年、一一頁。

4　核家族化の真相

＊1　Murdock, George P., *Social Structure*, Macmillan, 1949（内藤莞爾監訳『社会構造』新泉社、一九七八年）第一章。

＊2　湯沢雍彦『図説家族問題の現在』日本放送出版協会、一九九五年、一六～一七頁。

＊3　落合恵美子「テレビの家族たちはどうして輝くのか」『八〇年代の正体』（別冊宝島一一〇号）、JICC出版局、一九九〇年、二四一～五五頁（同『近代家族の曲がり角』角川書店、二〇〇〇年、二一七～四三頁に収録）。

＊4　伊藤達也「同時代を形成する人々」『教育と情報』三八〇号、文部省、一九八九年（同『生活の中の人口学』古今書院、一九九四年、一八七～二一二頁に収録）。

＊5　同論文参照。

＊6　廣嶋清志「戦後日本における親と子の同居率の人口学的実証分析」『人口問題研究』一六九号、一九八四年、三一～四二頁。

＊7　同論文参照。

＊8　Whyte, William H., *The Organization Man*, Simon and Schuster, New York, 1956（辻村明・佐田一彦訳『組織のなかの人間』東京創元社、一九五九年）二四八頁。

＊9　増田光吉「鉄筋アパート居住家族の Neighboring」『甲南大学文学会論集』一一号、一九六〇年。

＊10　小山隆「日本における親族関係の農村と都市の比較」『第9回国際家族研究セミナー報告書』日本ユネスコ国内委員会、一九六六年、四七頁。

＊11　兵庫県家族問題研究所『核家族の育児援助に関する調査研究報告書』一九八七年。

＊12　森岡清美・本間淳・山口田鶴子・高尾敦子「東京近郊団地家族の生活史と社会参加」『国際基督教大学学報ⅡB　社会科学

ジャーナル』七号、一九六八年、二六三頁。

＊13　増田・前掲論文、一一頁。

＊14　一九六〇年代と八〇年代の家族の社会的ネットワークの比較の詳細については、落合恵美子「家族の社会的ネットワークと人口学的世代――六〇年代と八〇年代の比較から」蓮見音彦・奥田道大編『二一世紀日本のネオ・コミュニティ』東京大学出版会、一九九三年、一〇一～三〇頁（同・前掲書＊3　八九～一二七頁に収録）。

5　家族の戦後体制

＊1　落合恵美子『近代家族とフェミニズム』勁草書房、一九八九年参照。

＊2　川島武宜『日本社会の家族的構成』学生書房、一九四八年、三頁。

＊3　落合恵美子「近代家族の誕生と終焉」『現代思想』一三巻六号、青土社、一九八五年（同・前掲書＊1　二～二四頁に収録）。

＊4　落合恵美子「家族社会学のパラダイム転換」同・前掲書＊1　第六章、一三六～六九頁。検討した教科書は、Waller, Willard (and Reuben Hill), *The Family*, Holt, Rinehart and Winston, 1938（一九五一年にヒルにより改訂）; Bell, Norman W. and Ezra F. Vogel, *A Modern Introduction to the Family*, Free Press, New York, 1960. 森岡清美・望月嵩『新しい家族社会学』培風館、一九八三年。

＊5　Parsons, Talcott and Robert F. Bales, *Family*, Routledge and Kegan Paul, New York, 1956（橋爪貞雄ほか訳『家族』黎明書房、一九八一年）。

＊6　このような枠組みは、戦前期の戸田貞三の著作にも明瞭に見出せる。広い視野において見れば、敗戦という経験そのものより、そもそも近代世界の中における日本の位置自体が、こうした枠組みを要請したのだといえよう。

＊7　家族問題研究会編『山室周平著作集　家族学説史の研究』垣内出版、一九八七年、三〇八頁。

＊8　Chang Kyung-Sup, *South Korea under Compressed Modernity: Familial Political Economy in Transition*, London:

Routledge, 2010.

6 ウーマンリブと家族解体

＊1 女性解放連絡会議準備会・田中美津「便所からの解放」一九七〇年八月（溝口明代・佐伯洋子・三木草子編『資料日本ウーマン・リブ史Ⅰ』ウィメンズブックストア松香堂、一九九二年、二〇五頁に収録）。

＊2 江原由美子「からかいの政治学」は当時のメディアのウーマンリブ報道の権力作用を的確に分析している（同『女性解放という思想』勁草書房、一九八五年、一七二～九四頁に収録）。

＊3 溝口ほか編・前掲書、一四八頁。

＊4 同書、二〇一頁。

＊5 同書、一七二頁。

＊6 河野信子が『無名通信』に「女の論理」と題して執筆した連載が特によく知られている。この連載の一部は後に『女の論理』（柳下村塾出版、一九七三年）としてまとめられた。

＊7 溝口ほか編・前掲書、一七五頁。

＊8 同書、一七二頁。

＊9 同書、七一頁。

＊10 同書、一三七頁。

＊11 同書、一二七頁。

＊12 同書、二〇六頁。

＊13 同書、二〇五頁。

＊14 井上輝子『女性学とその周辺』勁草書房、一九八〇年。江原・前掲書、藤枝澪子「ウーマンリブ」『女の戦後史』朝日新聞社、一九八五年。秋山洋子「榎美沙子と中ピ連――リヴ私史ノート」（『女性学年報』一二号、一九九一年、一〇九～一五

頁）は同時代の運動参加者の立場からの中ピ連批判。上野輝将「出産をめぐる意識変化と女性の権利」女性史総合研究会編『日本女性生活史』第五巻〈現代〉（東京大学出版会、一九九〇年）は、運動の紹介としては中ピ連中心という偏りがあるが、法改正推進側の経緯に詳しい。ウーマンリブ運動についてはほかに、井上はねこほか『あさってに虹を駆ける』（とおからじ舎、一九八六年）、『インパクション』七三号（特集・リブ二〇周年、一九九二年二月）、『状況』一九九二年六月号（特集・フェミニズム重層的支配構造を撃つ）など。溝口ほか編『資料日本ウーマン・リブ史』は全三巻。

＊15　溝口ほか編・前掲書、二二四頁。

＊16　同書、一六二頁。

＊17　同書、二一二頁。

＊18　同書、一九五頁。

＊19　同書、二〇二～〇三頁。

＊20　同書、二四六頁。

＊21　同書、二四六頁。

＊22　同書、一〇九頁。

＊23　同書、一九五頁。

＊24　坂元良江「家族解体を試み続けて」『思想の科学』一〇二号、一九七九年三月。著者は後に体験を『結婚よりもいい関係──非婚の家族論』（人文書院、一九八八年）にまとめた。

＊25　落合恵美子「近代とフェミニズム」女性学研究会編『講座女性学4　女の目で見る』勁草書房、一九八七年、二三三～五八頁（同『近代家族とフェミニズム』勁草書房、一九八九年、二一四～三九頁に収録）。

＊26　姫岡とし子『近代ドイツの母性主義フェミニズム』勁草書房、一九九三年。

＊27　Freeman, Jo, *The Politics of Women's Liberation*, David Mckay Co., 1975（奥田暁子・鈴木みどり訳『女性解放の政治学』未来社、一九七八年）一七～一八頁。

＊28　Friedan, Betty, *Feminine Mystique*, W. W. Norton, 1963（三浦冨美子訳『新しい女性の創造』大和書房、一九六五年〔一九七七年増補版〕）。
＊29　落合・前掲書＊25 第九章参照。
＊30　吉本隆明、大熊信行など男性知識人による批判的な家族論が出されたのもこの時期の特色だが、吉本の「対幻想」などの概念に典型的に示されるように、彼らの家族観も近代家族の理想の外に出られていないように思われる。

7　ニューファミリーの思秋期

＊1　経済企画庁『国民生活白書（昭和五一年度版）』一九七六年、一三九頁。
＊2　「戦後っ子夫婦」（朝日新聞連載、一九七六年）の小テーマと掲載時期は次のとおり。
夫と妻の力学　　二月九日〜一三日
ニューファミリー　　三月一五日〜二五日
子産み・子育て　　四月二〇日〜二九日
二つの世代　　六月二一日〜七月一日
＊3　同連載（ニューファミリー）参照。
＊4　同連載（夫と妻の力学）参照。
＊5　総理府「婦人に関する意識調査」一九七三年。
＊6　「最近の夫婦の意識調査」朝日新聞、一九七六年二月二日・三日。調査実施は一月中旬、対象は東京都内の二〇〜三〇代の入居者の多い団地の夫二〇六人、妻二七四人。
＊7　同朝日新聞調査。
＊8　同朝日新聞調査および「ニューファミリーの生活レポート」『クロワッサン』一九七七年七月号。後者の調査実施は一九七六年、対象は全国の若い夫婦。

＊9 同朝日新聞調査。「戦後っ子夫婦」二月一八日付で紹介。

＊10 「実はお化けだった？ ニューファミリー」朝日新聞、一九七七年九月一六日。

＊11 同新聞記事および湯沢雍彦「総説」『家庭科教育』（増刊）一九七八年三月。

＊12 「ニューファミリー」の実態調査は注にあげたものくらいだが、そのような名称で呼ばれなくなって以降の団塊の世代の意識調査はその後あいついで刊行された。月刊アクロス編集室『大いなる迷走——団塊世代さまよいの歴史と現在』パルコ出版、一九八九年。「団塊世代の意識調査」『アクロス』一九九〇年八月号。総理府広報室「戦後ベビーブーム世代の生活意識」一九九〇年。兵庫県家庭問題研究所『団塊の世代の生活意識に関する調査研究報告書——女性のライフコースを中心に』一九九二年。貝塚康宣「ＪＮＮデータバンクから・二一六・団塊の世代（主婦）はジュニアの尻を叩くのがお好き」『調査情報』一九九〇年一〇月。

＊13 戦後日本の女性雑誌に現れた男女のビジュアルイメージの歴史的変遷については、落合恵美子「ビジュアルイメージとしての女」女性史総合研究会編『日本女性生活史5 現代』東京大学出版会、一九九〇年、二〇三〜三四頁（同『近代家族の曲がり角』角川書店、二〇〇〇年、一七一〜二一六頁に加筆して収録）。

＊14 前掲朝日新聞調査。

＊15 落合・前掲論文、一五七頁参照。

＊16 共同通信社編『日本人の性』文藝春秋、一九八四年、二三三〜三六頁。

＊17 湯沢雍彦「ニューファミリー管見」『ＵＰ』六六号、一九七八年四月。

＊18 朝日新聞連載「戦後っ子夫婦」ニューファミリー第一回へのコメント（一九七六年三月一五日付）。

＊19 中野収「歩きはじめたニューファミリー」『創』一九七六年九月号。

＊20 斎藤茂男『妻たちの思秋期』共同通信社、一九八二年。

＊21 落合・前掲論文、一六四頁参照。

＊22 落合恵美子『近代家族とフェミニズム』勁草書房、一九八九年。

＊23　高橋久子編『変わりゆく婦人労働』有斐閣、一九八三年、第一章、第三章。
＊24　兵庫県家庭問題研究所・前掲報告書の二九頁、三五頁で紹介されている。
＊25　共同通信社編・前掲書、二三三〜三六頁。

8　親はだめになったか

＊1　久徳重盛『母原病』サンマーク出版、一九九一年、一八五〜八六頁。
＊2　プロローグでもふれたように、人口学的要因によるところが大きい一人暮らし老人の増加をマイナスの指標に含めたり、学校で起きている子どもの問題も家庭の問題として扱ったりと、家族の悪化を示すよう、指標自体があらかじめ構成されていたとも言える。湯沢雍彦は、国民生活指標の家族の取り扱いについてたびたび批判している。湯沢雍彦・森まゆみ『いま「家族」に悩むあなたへ』コンパニオン出版、一九八五年など。
＊3　落合恵美子「新人類女性はアグネスをめざすか」『婦人公論』一九八八年八月号（同『近代家族とフェミニズム』勁草書房、一九八九年、二八〇〜九四頁に収録）。
＊4　母子相互作用論については、Klaus, M. H. and J. H. Kennell, *Maternal-infant Bonding*, The C. V. Mosby Company, 1976（竹内徹・柏木哲夫訳『母と子のきずな』医学書院、一九七九年）。
＊5　Bower, T. G. R., *A Primer of Infant Development*, W. H. Freeman and Company, 1977（岡本夏木ほか訳『乳児期』ミネルヴァ書房、一九八〇年）。落合恵美子「現代の乳幼児とその親たち——母子関係の神話と現実」『現代人のライフコース』（三沢謙一他と共著）ミネルヴァ書房、一九八九年、一〜五三頁。
＊6　馬場謙一・木村栄『母子癒着』（有斐閣、一九八八年）は、著者の一人、木村がこの問題を母親の立場から徹底的に掘り下げたユニークな本である。医者や教育者ではなく母親の立場からの現代育児論がこのころにようやく登場してきた。ほかに平尾桂子『子育て戦線異常アリ』（汐文社、一九九一年）、結木美砂江『みんな悩んでママになる』（汐文社、一九九〇年）など。

＊7　牧野カツコ「乳幼児をもつ母親の生活と〈育児不安〉」『家庭教育研究所紀要』三号、一九八二年、三四〜五六頁。

＊8　牧野カツコ「育児における〈不安〉について」『家庭教育研究所紀要』二号、一九八一年、四一〜五一頁。同「〈育児不安〉概念とその影響要因についての再検討」同一〇号、一九八八年、二三〜三一頁。

＊9　兵庫県家庭問題研究所『核家族の育児援助に関する調査研究報告書』一九八七年。

＊10　牧野・前掲論文（＊8　一九八八年、三〇頁）。

＊11　牧野カツコ「乳幼児をもつ母親の学習活動への参加と育児不安」『家庭教育研究所紀要』九号、一九八七年。

＊12　牧野・前掲論文＊7。

＊13　兵庫県家庭問題研究所・前掲報告書、二二頁。およびその要旨である落合恵美子「育児援助と育児ネットワーク」『家族研究』創刊号、兵庫県家庭問題研究所、一九八九年（同・前掲書＊3　九三〜一三五頁に収録）を参照。

＊14　矢澤澄子「現代女性の今日と明日」『横浜市民女性の生活実態と意識調査』第二部、横浜市市民局婦人行政推進室、一九八八年。

＊15　兵庫県家庭問題研究所・前掲報告書、一八頁。

＊16　兵庫県家庭問題研究所・前掲報告書、一一五〜二五頁。

＊17　兵庫県家庭問題研究所・前掲報告書、一四〜一五頁。

＊18　Ariès, Philippe, "The Family and the City," *Daedalus*, 106-2, p. 235, 1977.

9　双系化と家のゆくえ

＊1　八〇年代以降の数値は、厚生省統計情報部「国民生活基礎調査」各年版より。

＊2　廣嶋清志「若年有配偶男子の世帯形成動向——過去と未来」『人口学研究』一六号、一九九三年、一〜一五頁。有配偶男子の親との同居率の一九八五年までの上昇とその後の低下は、「二つの逆方向の傾向が合成された結果である」という。「同居可能率は一九八五年までは過去の人口転換にともなう出生率低下（きょうだい数の減少）によって急速に上昇し、その結

果、同居率は上昇したが一九八五〜九〇年においては二〇歳代を中心に同居可能率が上限の九〇パーセントにほぼ達したため、同居実現率のこの間の一貫した低下が直接に同居率の低下に表れたものであるといえる。」なお、同居率は同居可能率と同居実現率との積という関係にある。

＊3 落合恵美子「テレビの家族たちはどうして輝くのか」『八〇年代の正体』（別冊宝島一一〇号）、JICC出版局、一九九〇年、二四一〜五五頁（同『近代家族の曲がり角』角川書店、二〇〇〇年、二一七〜四三頁に収録）。

＊4 坪内玲子『日本の家族』（アカデミア出版会、一九九二年）二一〜三頁、もこの問題を指摘している。

＊5 Kurosu, Satomi and Emiko Ochiai, "Adoption as an Heirship Strategy Under Demographic Constraints: A Case from Nineteenth-century Japan," *Journal for Family History*, 20-3, pp. 261-288, 1995. および黒須里美・落合恵美子「人口学的制約と養子――幕末維新期多摩農村における継承戦略」（速水融編『近代移行期の家庭と歴史』ミネルヴァ書房、二〇〇二年、一二七〜六〇頁）はこの点に焦点を当てた考察である。

＊6 明治三年の多摩の三三カ村について調査した黒須・落合・前掲論文は二〇パーセントという値を得た。湯沢雍彦「日本における婿養子縁組の統計的大勢」（『新しい家族』三〇号、一九八三年、二一〜二九頁）は同時期の静岡県において全成人男子の二三パーセントが養子だったという数字を紹介している。

＊7 服藤弘司『相続法の特質』（創文社、一九八二年）は幕末の金沢藩において三九・七パーセントとしている。

＊8 湯沢・前掲論文参照。

＊9 湯沢・前掲論文参照。

＊10 坪内良博・前田成文『核家族再考』弘文堂、一九七七年。口羽益生・坪内良博・前田成文編『マレー農村の研究』創文社、一九七六年。坪内良博・坪内玲子『離婚』創文社、一九七〇年。

＊11 たとえば、Parsons, Talcott and Robert F. Bales, *Family*, Routledge and Kegan Paul, New York, 1955, p. 10.

＊12 Laslett, Peter ed., *Household and Family in Past Time*, Cambridge University Press, Cambridge, 1972.

＊13 インドや中国のような父系複合家族規範をもつ社会では、女児の中絶や嬰児殺しにより子ども数を減らしても息子を確保

するという戦略で、従来の家族制度と出生力転換の両立を図っていた。

＊14　岡崎陽一『家族のゆくえ』東京大学出版会、一九九〇年。

＊15　アメリカにおける非同居ながら密接な親子関係については、リトワク、サスマンらの研究がよく知られている。リトワクはこの異居近親関係（kin family network）を修正拡大家族（modified extended family）と呼んだ。Litwak, Engene, "Extend Kin Relations in an Industrial Democratic Society," Shanas, Ethel and Gordon Streib eds., *Social Structure and Family: Generational Relations*, Prentice-Hall, 1965. Sussman, Marvin B. and Lee G. Burchinal, "Kin Family Network," *Marriage and the Family Living*, 24-3, 1962.

＊16　落合恵美子「家事労働力不足の時代」石川実・大村英昭・塩原勉編『ターミナル家族』ＮＴＴ出版、一九九三年、七九〜一〇二頁（同・前掲書＊3一四九〜七〇頁に収録）参照。

＊17　この点については、経済学者清家篤氏の示唆による。

＊18　落合仁司・落合恵美子「家父長制は誰の利益か」『現代思想』一九巻一一号、一九九一年、一九九〜二〇七頁。

＊19　同論文二〇〇〜〇一頁参照。

＊20　落合恵美子・阿部彩・埋橋孝文・田宮遊子・四方理人「日本におけるケア・ダイアモンドの再編成――介護保険は『家族主義』を変えたか」『海外社会保障研究』一七〇号、国立社会保障・人口問題研究所、二〇一〇年、四〜一九頁。

＊21　津止正敏「家族介護者の現状と課題」『国民生活』一七号、二〇一五年。

＊22　落合恵美子「ケアダイアモンドと福祉レジーム――東アジア・東南アジア六社会の比較研究」落合編『親密圏と公共圏の再編成――アジア近代からの問い』京都大学学術出版会、二〇一三年、一七七〜二〇〇頁。

10　個人を単位とする社会へ

＊1　旧来の女性役割からの女性の解放を説く女性学が一九七〇〜八〇年代に発達したのと同じように、男性役割からの男性の解放を説く「男性学」あるいは「メンズ・リブ」もさかんになった。中村彰・中村正編『男がみえてくる自分探しの本棚』

（かもがわ出版、一九九七年）、伊藤公雄『男性学入門』（作品社、一九九六年）、伊藤公雄・樹村みのり・國信潤子『女性学・男性学』（有斐閣、二〇〇二年）などが先駆的。

＊2　van de Kaa, Dirk J., "Europe's Second Demographic Transition," *Population Bulletin*, 42-1, p. 16. March 1987, Population Reference Bureau, Washington.

＊3　van de Kaa, op. cit., p. 17.

＊4　Hoem, Britta and Jan M. Hoem, "Family Policies and Fertility Trends in Sweden," presented to the workshop on Swedish family and society held in the International Research Center for Japanese Studies, 1996.

＊5　東京新聞一九九五年一〇月一六日付。

＊6　速水融・小嶋美代子『大正デモグラフィ――歴史人口学で見た狭間の時代』文藝春秋、二〇〇四年、一六四頁。

＊7　ヨーロッパ諸国の出生率変動と家族政策については、阿藤誠編『先進諸国の人口問題――少子化と家族政策』（東京大学出版会、一九九六年）参照。

＊8　阿藤誠「先進諸国の出生率の動向と家族政策」阿藤編・前掲書、四〇～四二頁。

＊9　van de Kaa, op. cit. のほか、Lesthaeghe, R., "The Second Demographic Transition in Western Countries: an Interpretation," IPD-working paper 1991-2 など。

＊10　Anderson, Michael, "What is New about the Modern Family: an Historical Perspective," Occasional Paper 31, Office of Population Censuses and Surveys, 1983. アンダーソンは後にこの論考を発展させ、イングランドとウエールズについての実証データを補強した論文を発表した。Anderson, Michael, "The Social Implications of Demographic Change," F. M. L. Thompson ed. *The Cambridge Social History of Britain, 1750-1950*. Cambridge University Press, Cambridge, 1990, pp. 1-70.

＊11　日本の家族社会学の創設者戸田貞三は著作の中で「近代的法制を備えて居る国々の中で、離婚の最も多い国は何処であるかと問われるならば、何人でも直ちに日本と北米合衆国を挙げるであろう」と書いている（戸田『家族と婚姻』中文館書店、

一九三四年、一三六頁)。

＊12　二カ村とは仁井田村と下守屋村で、史料の残存期間はそれぞれ一七二〇～一八七〇年、一七一六～一八六八年である。図10-5作成には、これら二カ村の全期間に起こった婚姻を扱った。出典は、落合恵美子「失われた家族を求めて――徳川社会の歴史人口学」河合隼雄・大庭みな子編『現代日本文化論13　家族と性』岩波書店、一九九七年、三六～五七頁（同『近代家族の曲がり角』角川書店、二〇〇〇年、六三～八七頁に収録）。なお、徳川時代のライフコースと家族を再構成する歴史人口学プロジェクトの成果の全体像については、落合恵美子編『徳川日本のライフコース――歴史人口学との対話』（ミネルヴァ書房、二〇〇六年）、落合恵美子編『徳川日本の家族と地域性――歴史人口学との対話』（ミネルヴァ書房、二〇一五年）、落合恵美子・小島宏・八木透編『歴史人口学と比較家族史』（早稲田大学出版部、二〇〇九年）、黒須里美編『歴史人口学からみた結婚・離婚・再婚』（麗澤大学出版会、二〇一二年）などを参照。

＊13　落合「序論　徳川日本の家族と地域性研究の新展開」（落合編『徳川日本の家族と地域性』前掲書＊12）表序-3より。婚外子出生を含めた野母村の包括的な歴史人口学的分析は、中島満大『近世西南海村の家族と地域性歴史人口学から近代のはじまりを問う』（ミネルヴァ書房、二〇一六年）を参照。

＊14　Anderson, 1983, op. cit., p. 13.

＊15　van de Kaa, op. cit., p. 11.

＊16　Lesthaeghe, op. cit., p. 21.

＊17　目黒依子『個人化する家族』勁草書房、一九八七年、iv頁。

＊18　落合恵美子「『個人を単位とする社会』と『親子関係の双系化』」『ジュリスト』一〇五九号、一九九五年一月一五日、三七～四四頁（同・『近代家族の曲がり角』前掲書＊12　一二九～四七頁に収録）。

＊19　現行の戦後戸籍制度自体が、「家」を表示した明治戸籍からは離脱したものの、個人籍とすべきだとの議論をおさえて「近代的小家族」を単位として表示するものとして形成されたことについては、利谷信義「戸籍制度の役割と問題点」（『ジュリスト』一〇五九号、一九九五年、一二～一九頁）参照。

＊20　既婚女性の多くは、所得税を納めなければならなくなる一〇三万円、社会保険料を納めることになる一三〇万円、夫の配偶者特別控除がなくなる一四一万円を自分の収入が超えないよう、しばしば働き方を調整してきた。末包房子『専業主婦が消える』（同友館、一九九四年）参照。二〇一八年の税制改正により一五〇万円の壁になったと言われる。

＊21　Ariès, Philippe, *L'enfant et la vie familiale sous l'ancien régime*, Seuil, Paris, 1960, p. 310（杉山光信・杉山恵美子訳『〈子供〉の誕生』みすず書房、一九八〇年、三八一頁）。

＊22　伊田広行『性差別と資本制――シングル単位社会の提唱』啓文社、一九九五年、九頁。

＊23　同書、三一四～二三頁。なお伊田は三二七頁で、安川悦子の論を引きながら、わたしの立場（『近代家族とフェミニズム』勁草書房、一九八九年、二三頁）を「ファミリー主義にくるまれた平等主義的家族」論と呼び、「『近代家族』の否定に安住しているだけで、『家族』というまとまり自体を肯定し、『家族という神話』を放置している」と批判しているが、これはまったくの誤解であると言っておきたい。「平等主義的家族」とは「性別分業の廃棄を第一のメルクマールとする、いわば『自立』した諸個人の共生の場」、すなわち「シングル」どうしがたまたま共に暮らすことを選択しただけの「個人を単位とする」ライフスタイルを指していたつもりなので、ほとんど同じ立場の伊田からの批判は心外である。伊田が一人暮らし以外は「シングル」と認めないというならともかく、そうでないなら、そうした個人どうしの共生を否定する必要はないだろう。わたしが「いかなる制度が後に続くにせよ、人々はそれに『家族』という馴れ親しんだ名称を与えるなどして、そこそこ暮らしていくだろう」と書いたのは、「家族という神話」の放置ではなく、時代が変われば「家族」概念も変わる、すなわち「家族」概念は社会的に構築されているということの指摘であり、その変化をたいして気にもとめないであろう人々のいい加減さへの皮肉のつもりであった。皮肉が通じなかったとすれば残念と言うほかない。

＊24　同書、三七二～七八頁。

＊25　Sainsbury, Diane, *Gender, Equality, and Welfare States*, Cambridge University Press, Cambridge, 1996.

11　家族の戦後体制は終わったか

＊1　岩井八郎「戦後日本型ライフコースの変容と家族主義——数量的生活史データの分析から」落合恵美子編『親密圏と公共圏の再編成——アジア近代からの問い』京都大学学術出版会、二〇一三年、一二八頁。

＊2　前掲論文、一三四頁。

＊3　前掲論文、一三六頁。

＊4　国立社会保障・人口問題研究所「日本の将来人口推計（平成二九年推計）」表Ⅲ-3-6より。

＊5　五〇歳を過ぎてから結婚する人もいるが、人口学的には五〇歳まで婚姻経験のない人を「生涯独身」とする。

＊6　歴史人口学的な家族史研究の成果については、落合恵美子編『徳川日本の家族と地域性』（ミネルヴァ書房、二〇一五年）、落合恵美子編『徳川日本のライフコース』（ミネルヴァ書房、二〇〇六年）、落合恵美子・小島宏・八木透編『歴史人口学と比較家族史』（早稲田大学出版部、二〇〇九年）等を参照。九州についての研究結果は中島満大『近世西南海村の家族と地域性』（ミネルヴァ書房、二〇一六年）による。

＊7　Lee, James and Cameron Campbell, *Fate and Fortune in Rural China*, Cambridge: Cambridge University Press, 1997.

＊8　厚生省人口問題研究所平成四年「第一〇回出生動向基本調査（結婚と出産に関する全国調査）第Ⅱ報告書」一九九四年。(http://www.ipss.go.jp/syoushika/bunken/DATA/pdf/103715.pdf)

＊9　国立社会保障・人口問題研究所「第一五回出生動向基本調査（結婚と出産に関する全国調査）」、図表Ⅰ-1-11。

＊10　国立社会保障・人口問題研究所「第一五回出生動向基本調査結果の概要」二〇一七年。(http://www.ipss.go.jp/ps-doukou/j/doukou15/doukou15_gaiyo.asp)

＊11　Alter, George, "The European Marriage Pattern as Solution and Problem," *The History of the Family* 1-2, 1996.

＊12　稲葉昭英「変わる家族／変わらない家族」第九一回日本社会学会大会シンポジウム、二〇一八年。

＊13　前掲論文＊1、一四〇〜四二頁。

＊14　前掲報告＊9。

＊15　たとえば Takagi, Emiko and Merril Silverstein, 2006, "Intergenerational Coresidence of the Japanese Elderly: Are Cultural Norms Proactive or Reactive?" *Research on Ageing*, 28-4: pp. 473-492, 2006. など。

＊16　大和礼子『オトナ親子の同居・近居・援助――夫婦の個人化と性別分業の間』学文社、二〇一七年。

＊17　原田正文『子育ての変貌と次世代育成支援』名古屋大学出版会、二〇〇六年。

12　二〇世紀システムを超えて

＊1　落合恵美子「つまずきの石としての一九八〇年代――『縮んだ戦後体制』の人間再生産」アンドルー・ゴードン／瀧井一博編『創発する日本へ――ポスト「失われた二〇年」のデッサン』弘文堂、二〇一八年、九八～一〇〇頁。

＊2　同論文、九五～九七頁。

＊3　アメリカの高齢化はヨーロッパ諸国よりはるかに遅く、六五歳以上人口割合は二〇一五年にようやく一四・九パーセントに達して「高齢社会」の仲間入りをした。

＊4　Härkönen, Juho and Jaap Dronkers, "Stability and Change in the Educational Gradient of Divorce: a Comparison of Seventeen Countries." *European Sociological Review* 22-5: pp. 501-517, 2006. 一九八九年から一九九九年にヨーロッパの一七カ国で集められたデータを用いて女性の学歴と離婚リスクとの関係を調べた研究で、このうち九カ国では、低学歴層に比べた高学歴層の相対的離婚リスクは結婚年が後のコーホートほど小さくなった。

＊5　山口一男「女性の労働力参加と出生率の真の関係について――OECD諸国の分析と政策的意味」『経済産業ジャーナル』二〇〇六年四月号。

＊6　落合恵美子「東アジアの低出生率と家族主義――半圧縮近代としての日本」落合恵美子編『親密圏と公共圏の再編成――アジア近代からの問い』京都大学学術出版会、二〇一三年。

＊7　張慶燮「個人主義なき個人化――『圧縮された近代』と東アジアの曖昧な家族危機」同書所収。

＊8　ベックとベック-ゲルンスハイムがタルコット・パーソンズから拝借した用語。Beck, Ulrich and Elisabeth Beck-

Gernsheim, *Individualization: Institutionalized Individualism and its Social and Political Consequences*, Sage, 2001.

＊9 宇野重規「戦後保守主義の転換点としての一九七九〜八〇年——大平報告書・再読」アンドルー・ゴードン／瀧井一博編 前掲書＊1。

＊10 同論文および同書所収の待鳥聡史「保守本流の近代主義——政治改革の知的起源と帰結についての試論」。

＊11 落合恵美子・城下賢一「歴代首相の国会発言に見る『家族』と『女性』——『失われた二〇年』のイデオロギー的背景」落合恵美子・橘木俊詔編著『変革の鍵としてのジェンダー——歴史・政策・運動』ミネルヴァ書房、二〇一五年。

＊12 前掲論文＊1 一一五頁。

＊13 前掲論文＊11 二一四頁。

＊14 同論文 二一七〜一八頁。

＊15 同論文 二二二頁。

＊16 前掲論文＊1 一一四頁。

＊17 稲葉昭英「NFRJ98/03/08から見た日本の家族の現状と変化」『家族社会学研究』第二三巻一号、二〇一一年、四三〜五二頁。岩井八郎「戦後日本型ライフコースの変容と家族主義——数量的生活史データの分析から」落合編前掲書＊6 一五一頁。Sato Yoshimichi and Kobayashi Jun, "Coexistence of Stability and Increasing Instability in Contemporary Japan," presented at the American Sociological Association annual meeting, 2012.

＊18 前掲論文＊1 図3-10。

＊19 落合恵美子・山根真理・宮坂靖子編『アジアの家族とジェンダー』勁草書房、二〇〇七年。

＊20 落合恵美子「ケアダイアモンドと福祉レジーム——東アジア・東南アジア六社会の比較研究」落合編前掲書＊6 一七七〜二〇〇頁。

＊21 前掲書＊19。

＊22 筒井淳也『仕事と家族——日本はなぜ働きづらく、産みにくいのか』（中公新書、二〇一五年）でも特筆されている。

*23　落合恵美子「フランス福祉国家の変容と子どものケア――『アジア化するヨーロッパ』仮説の検討」『京都社会学年報』二四号、二〇一六年、一七～五五頁。

著者紹介

落合 恵美子（おちあい　えみこ）

1958年　東京生まれ。
1980年　東京大学文学部卒業。
1987年　東京大学大学院社会学研究科博士課程満期退学。
兵庫県家庭問題研究所主任研究員，同志社女子大学専任講師，「人口史と社会構造史研究のためのケンブリッジ・グループ」客員研究員，国際日本文化研究センター助教授，京都大学文学研究科助教授を経て，
現　在，京都産業大学現代社会学部教授・京都大学名誉教授。
著　書　『変革の鍵としてのジェンダー』（共編著，ミネルヴァ書房，2015年），『徳川日本の家族と地域性』（編著，ミネルヴァ書房，2015年），『親密圏と公共圏の再編成』（編著，京都大学学術出版会，2013年），『アジア女性と親密性の労働』（共編著，京都大学学術出版会，2012年），*Asia's New Mothers*（共編著，Global Oriental，2008年），『近代家族とフェミニズム』（勁草書房，1989年）など

21世紀家族へ（第4版）　〈有斐閣選書〉
家族の戦後体制の見かた・超えかた
The Japanese Family System in Transition, 4th Edition

1994年4月5日　初版第1刷発行
1997年12月25日　新版第1刷発行
2004年4月10日　第3版第1刷発行
2019年10月15日　第4版第1刷発行
2024年1月30日　第4版第4刷発行

著　者　落合恵美子
発行者　江草貞治
発行所　株式会社 有斐閣
郵便番号 101-0051
東京都千代田区神田神保町2-17
https://www.yuhikaku.co.jp/

印刷・大日本法令印刷株式会社／製本・大口製本印刷株式会社

ISBN 978-4-641-28146-2